今井健嗣

『元気で命中に参ります』

—遺書からみた陸軍航空特別攻撃隊—

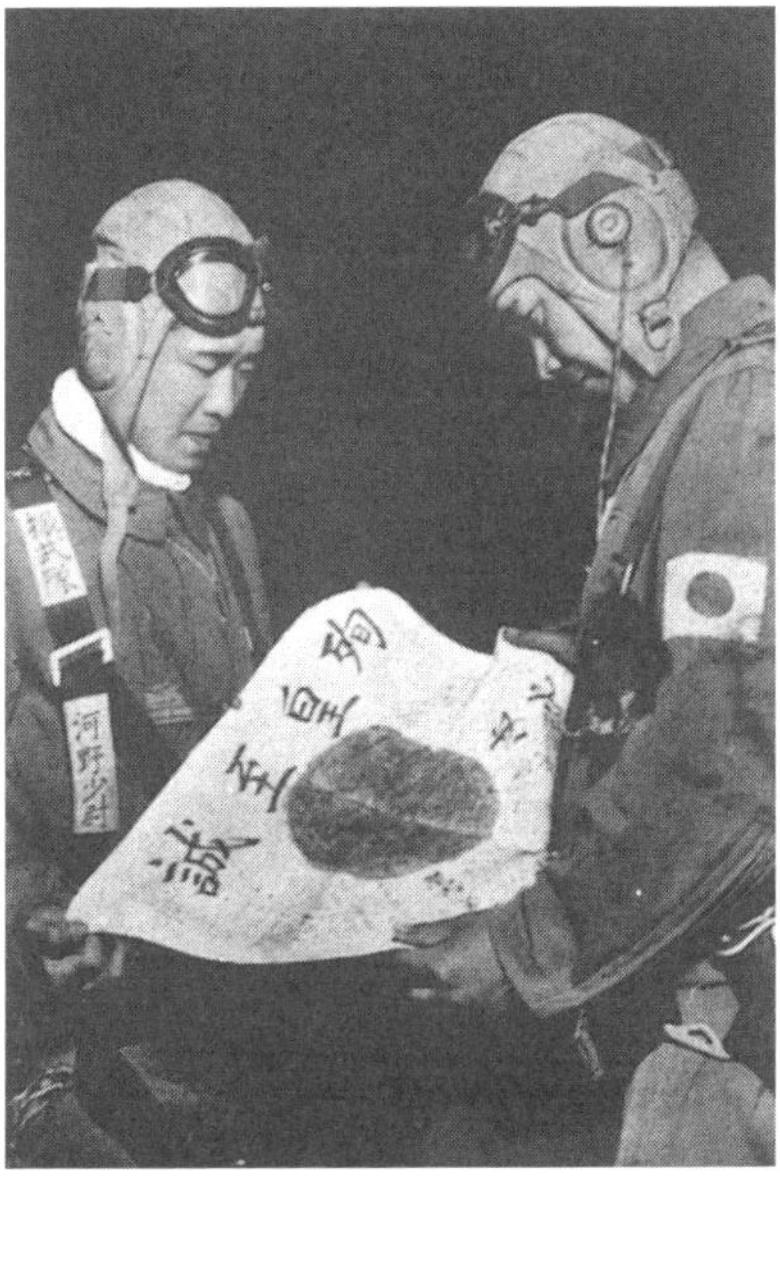

元就出版社

謝辞

本稿は、アジア太平洋戦争の末期一九四五年（昭和二〇）に生起した沖縄戦での陸軍航空特別攻撃隊について記すものである。本稿の出版にあたり多くの方々の協力と激励をいただいた。これらの方々に、まず心よりお礼を申しあげる。

苗村七郎氏（大阪府枚方市）は、元陸軍飛行第六六戦隊員であった。飛行第六六戦隊は特攻隊ではない。九九式襲撃機（後述）を主力機とした通常の攻撃部隊である。この部隊は、鹿児島県の万世《ばんせい》基地（鹿児島県加世田市）に展開していた。この同じ万世基地からは振武隊（後述）と命名された多くの特攻隊が出撃している。一九四五年（昭和二〇）に苗村七郎は特攻を志願している。しかし、これは聞き入れられなかったという。苗村七郎氏には大空への限りない憧れがあった。大学（旧制）卒業直後は陸軍特別操縦見習士官（後述）を志願し、陸軍飛行隊の士官空中勤務者（後述）となった。敗戦時は先任少尉であった。

氏は大阪で事業を営む一方、一九六〇年に万世特攻慰霊碑を建立、一九八一年には同地で加世田《かせだ》市平和祈念館（鹿児島県―後述）の建設を発起し、その実現に努力した。その後も同館の運営に腐心している。この博物館は、万世基地から出撃戦死した陸軍航空特別攻撃隊員の遺書や遺品を展示している。博物館は自治体による経営であるが、展示資料のほとんどは苗村七郎氏が収集したものである。氏は「死んだ人への悼《いた》み」のためとしている。氏は特攻を語るには、原資料が必要であるとしている。故に特攻隊員の残した遺書の保存にこだわる。このことから、敗戦後に創作された特攻「神話」や、事実関係が不十分な偏《かたよ》った特攻言説を嫌う。苗村七郎氏からは、本稿を草するに当たり多くの示唆をいただいた。

渡邊昭三氏（鹿児島県鹿屋《かのや》市）は海軍飛行予科練習生（予科練）を志願した。しかし、憧れの飛行機に乗ることはなかった。氏は一九四五年（昭和二〇）に水上特攻艇『震洋』（後述）隊員として、鹿児島県坊津基地から特攻出撃した経験をもつ（後述）。特攻からの生還者である。敗戦後は東京の大学に進み、卒業後は海上自衛隊に入隊、そこで戦時中には果たせなかった航空隊パイロットの夢をかなえた。自衛隊退官後は、鹿屋市にある海上自衛隊鹿屋基地航空史料館（鹿児島県—後述）のボランティアガイドを努めていた。筆者とはそこで出会った。氏も独善的な創作やフィクションを嫌う。氏は特攻の生還者である。しかし、特攻とは何であったかは今もって分からないとする。渡邊昭三氏からは、本稿全体にかかわって詳細にわたる教授をいただいた。

永崎笙子氏（埼玉県さいたま市）は、一九四五年（昭和二〇）当時は前田姓で知覧《ちらん》高等女学校（鹿児島県）の生徒であった。知覧基地（後述）からも、多くの特攻隊員が出撃している。知覧高女は陸軍の命令により知覧基地で出撃待機する特攻隊員の身の回りの世話奉仕をしている。この奉仕隊は知覧高女なでしこ部隊（後述）という。なでしこ部隊の生徒たちは、特攻隊員の出撃を見送っている。特攻隊員の地上での最後の姿を目撃している。永崎笙子氏は、当時のことを「日記」（後述）に記している。この「日記」は、特攻を知るうえでの貴重な資料となっている。永崎笙子氏とは直接に面談をしていない。電話と書簡でのやりとりである。それもごく簡潔なものであった。氏は多くを語るふうではなかった。言葉少なげであった。口上は物静かで上品な風情であった。頂いた書簡や資料の写しに、この人の誠意が感ぜられた。

知覧特攻平和会館（鹿児島県―後述）からは、特攻隊員遺書についてのきめ細かいご指導をいただいた。筆者は知覧特攻平和会館を何回か訪問している。しかし、膨大な資料を見落とす場合もある。また、稿が進むにつれて、新たな疑問も湧く。煩《わずら》わしいはずの問い合わせに、丁寧で親切な対応をしていただいた。

花立都世司氏（大阪市）は、敗戦後の世代である。アジア太平洋戦争からは相当の距離のある世代である。自治体の社会教育主事として、人権教育や生涯学習の最先端の現場にいる。戦争から時間的に離れた世代として、その視点から特攻に関する率直な見解を教示いただいた。そして、筆者には気がつかなかった問題提起があった。さらに花立氏からは、社会調査における「質的調査」の基本的な方法論の指摘があった。

谷川敏子氏（大阪府東大阪市）は、花立氏よりさらに若い世代に属する。筆者とは親子の年齢差がある。谷川氏も、自治体に勤める社会教育主事であり、人権教育と生涯学習の最先端の現場にいる。谷川氏からも戦争からは時間的に相当の距離のある世代として、特攻がどのように把握されているのかの率直な見解を教示していただいた。さらに、筆者が気がつかない様々な視点からの検証をお願いした。

渡邊昭三氏から紹介をいただいた元東洋大学教授の石垣貴千代氏には、出版にあたり身に余る励ましを頂戴した。教授の激励がどれほどの勇気となったかは計りしれない。
また、石垣貴千代教授から紹介をいただいた光人社専務の牛嶋義勝氏には、本稿出版にあたって一方ならぬご指導をいただいた。今、氏から頂いた身に余る懇切なご協力をしみじみと噛みしめている。
最後に、光人社牛嶋義勝氏から紹介をいただいた元就出版社取締役の浜正史氏には、拙稿の出版の一切を快くお引き受けいただいた。筆者の我ままもお許しをいただいた。身に余る光栄である。

これらの方々の励ましとご協力があって、本稿は曲がりなりにも完成し出版できた。まずもって、こころより深く謝辞を申しあげたい。

今井健嗣

『元気で命中に参ります』——目次

写真提供／著者・毎日新聞社・雑誌「丸」編集部

『元気で命中に参ります』

―遺書からみた陸軍航空特別攻撃隊―

初章——知覧と万世から（はじめにかえて）

「元気で命中に参ります」

遺書の一行をこのように認《したた》めて、ひとりの陸軍航空特別攻撃隊員は機上の人となった。兵装の三式戦闘機『飛燕』（後述）の胴体側面には、いかにも誇らしげに、少尉である自分の名前を白いペイントで書き記している。

口を真一文字に結んだ、今日に残る小さな写真のわずかな表情から、この人は律儀な性格であったと窺《うかが》い知ることが出来る。享年二二歳。一九四五年（昭和二〇）五月六日、午後五時三〇分、陸軍知覧飛行場から、第四九振武隊、第五一振武隊、そして、この人の属する第五六振武隊、さらに第六七振武隊の各隊から一二名（一二機）の特攻隊員が、沖縄に向かって飛び立っていった。

ところで、「元気で命中に参ります」の遺書とは裏腹に、この日、この一二名が沖縄周辺に遊弋《ゆうよく》する連合国軍艦船に体当たり命中した記録は残っていない。おそらく、連合国軍戦闘機の邀撃《ようげき》に合い、目標上空にさえ到達できなかったのではないかと推測する。

知覧飛行場を離陸し、地上の人々の視界から消えた後の、この一二名の消息は今では誰も知る由もない。ただ、この人の残した短い一通の遺書だけが、五九年前に起こった出来事を、今にわずかに伝えている。この人の遺書全文は本稿の最終章に記す。

知覧《ちらん》は鹿児島県薩摩半島の南部に位置する小さな城下町である。他の地の武家屋敷と違い、石塀に囲まれた造作は南国情緒を漂わせており、旅人に心地よい風情を与えてくれる。

この中世以来の武家屋敷跡から南西に徒歩二〇分ほどの丘のうえに、旧陸軍知覧飛行場跡がある。今は一面の畑である。遮《さえぎ》るもののない大空の広がりが、ここが元は飛行場であったことを偲《しの》ばせる。一九四五年（昭和二〇）三月から七月にかけて、ここから多くの陸軍特攻機がエンジンの轟音と土煙と、そして特攻隊員の様々な思いを残し、二度と踏むことのない大地を蹴って沖縄へと飛び立っていった。

知覧は陸軍航空特攻の一大基地であった。沖縄戦での知覧からの特攻戦死者は、四〇九名（筆者推計）である。陸軍航空特攻の沖縄戦の戦死者は一・〇四一名（筆者推計―後述）であることから、陸軍航空特攻隊員の約四割が知覧から出撃戦死したことになる。知覧が陸軍航空特攻の象徴とされる所以《ゆえん》である。今ここに知覧特攻平和会館（鹿児島県川辺郡知覧町郡一七・八八一番地）が運営されている。

知覧からバスで西に約三〇分に鹿児島県加世田市がある。ここにも陸軍万世《ばんせい》飛行場があった。幻の基地とも呼ばれ、その存在は当時も極秘であったという。ここからも一二三名（筆者推計）の特攻隊員が沖縄に向かって飛んでいった。ここにも加世田市平和祈念館（鹿児島県加世田市高橋一九九五－三）が運営されている。

一九四五年当時には九州と沖縄に一六ヶ所、そして台湾に六ヶ所の陸軍航空特攻基地があった。海軍航空基地をも合わせると、九州、沖縄、台湾の全体が航空特攻基地の様相を呈していた。

航空特攻とは、アジア太平洋戦争の敗戦直前に、日本陸海軍が編み出した「十死零生」の絶対死を前提とした飛行機による「体当たり攻撃」である。戦闘機、爆撃機などの飛行機に爆弾を懸架して、人もろともに「人間ミサイル」として連合国軍艦船に体当たりをする作戦を言う。

日本陸海軍による組織的な航空特攻は一九四四年一〇月二一日のレイテ沖海戦での海軍・久納好孚の出撃からはじまる。通史では同年一〇月二五日の海軍神風《しんぷう》特別攻撃隊敷島隊・関行男による特攻が最初とされているが、筆者（私）は一〇月二一日の久納好孚説を支持したい。

航空特攻は、この日から敗戦の日の一九四五年八月一五日まで続く。この間の全日数は二九九日、内一四七日間にわたり特攻出撃が実施されている。二日に一回の割合となる。そして、三・九六九（ただし、陸軍特攻戦死者一・四五八名、また海軍神風特攻の戦死者二・五一一名、いずれも筆者推計）の若者が特攻戦死した。

そのうち沖縄戦での航空特攻は、一九四五年三月二六日から始まり、敗戦の日の八月一五日まで続く。この間の全日数は一四三日、内七六日にわたり出撃が実施されている。同じく二日に一回の割合となる。知覧をはじめとした九州や台湾各地の陸海軍航空特攻基地から沖縄戦だけで三・〇〇五人（ただし、陸軍特攻戦死者一・〇四一名、また海軍神風特攻一・九六四名、いずれも筆者推計）の若者が出撃し戦死した。

航空特攻を陸軍では『と号』作戦と言い、海軍では『神風《しんぷう》特別攻撃』と呼んだ。日本陸海軍の航空特攻を総称して、「神風」あるいは「カミカゼ」と表記する著書が多い。中には陸軍と海軍の呼称の違いを区分しないままに、混同して「神風」あるいは「カミカゼ」と表記しているものもある。また、陸海軍の呼称の違いを十分に理解しつつ、説明の煩《わずら》わしさから、あえて「神風」あるいは「カミカゼ」と一括表記しているものもある。これらいずれもの「神風」「カミカゼ」表記を筆者は是としたい。

ところで、本稿は陸軍航空特攻について草するのが目的である。同じ航空特攻であっても、陸軍と海軍では微妙な差違が見受けられ、この「差違」の中にも航空特攻の重要な一面が隠されていると考える。そこで本稿では煩わしくはあるが、陸軍を「陸軍航空特攻」と表記し、海軍を「海軍神風《しんぷう》特攻」と表記する。

前述したとおり、陸軍は航空特攻を「と号作戦」としていた。特別攻撃の「と」の頭文字に由来していると考える。ゆえに陸軍航空特攻は「と号」と表記するのが正しい。ところで、当時でも、また敗戦後も「と号」ではなく「陸軍航空特攻」とするのが一般的である。そこで、本稿ではこの例に倣《なら》い「陸軍航空特攻」と表記する。

筆者が本稿を草するに至ったいくつかの直接的な理由を記し、筆者なりの問題意識を明らかにしておきたい。まず、ドイツでのことである。

筆者は一九九一年の秋に三週間ドイツに出張した。その出張も終わりに近づいたある日のデュッセルドルフのビアホールでのことである。地ビールを飲ますその店は結構に混んでいた。筆者ら日本人は一〇名、ドイツ人関係者三名、それにドイツ人の日本語通訳一名が我々のグループであった。

店に入ると、ひとりの男が筆者らを見とめて、どこから来たのかと尋ねた。身なりは豊かではなかった。むしろ貧しく見えた。労働者風の中年であった。通訳を介して「日本から来た」と答えたつぎの瞬間の、男の示した仕草が筆者には意外であった。

男はドイツ人ではなく「ギリシャ人」との通訳があった。筆者にはそのように聞こえた。我々と一緒のドイツ人たちは、その男を意に介しているようではなかった。むしろ無視しているふうであった。ドイツでの「ギリシャ人」の位置が何となく窺《うかが》い知れるような気がした。

男は、我々が日本人であることを知ると、少し身をあらためて、突然に「カミカゼ」と明瞭な日本語で叫び、片方の手を大仰に広げて「ヒュルヒュル」と飛行機が飛んでいる様《さま》をして見せた。そして、その「飛行機」をもう片方の手のひらに「ドカン」とぶつけてみせた。男なりの「カミカゼ」の表現である。そして、外国人特有の肩をすぼめる仕草をした。

その瞬間の仕草を凝視していた筆者の目線をそらし、今度は男が筆者らを無視するかのように、そして何事もなかったように、粗末なソーセージを口に運んだ。男は相当に酔いが回っていたようだ。一瞬のことである。この情景は鮮烈であった。とにかく意外であった。そして、戸惑いを覚えた。男は筆者よりは五歳から一〇歳は若かったであろう。筆者は一九四四年（昭和一九）生まれである。とにかく遠いドイツで、しかもドイツでは外国人であるその男から、何の前触れもなく唐突に「カミカゼ」を聞くとは思いもよらなかった。そして、日本人と「カミカゼ」を短絡化するその男を腹立たしく感じた。

ところで、男は「カミカゼ」を侮辱している様子ではなかった。また我々日本人に敵意とか違和感を持っているようでもなかった。筆者から目線をそらした男の表情は、どこか寂しげで、また哀しげであった。酔いのせいであろうか。ドイツでは外国人である辛さを、彼なりの「カミカゼ」に託したかったのかもしれない。そんなふうにも感じた。

男にとって「カミカゼ」とは何であるのか、「カミカゼ」の日本をどれほど知っているとでも言うのであろうか。ところで、その「カミカゼ」の当事者である我々日本人が、そもそも「カミカゼ」をどれほどに知っているのであろうか。知ってはいてもどこか歪《ゆが》んでおり、偏《かたよ》ってはいないだろうか。

つぎの直接的な理由は、鹿児島県の知覧のことである。知覧特攻平和会館には一度訪ねてみたいと前々から考えていた。しかし、大阪に住まいする筆者にとって、何の縁故もない鹿児島はやはり遠い国であった。まして知覧はさらに遠い地であった。

一九九三年の初夏のことである。書店で一冊の本が目に留まった。毛利恒之『月光の夏』（汐文社一九九三）である。知覧を舞台にした陸軍航空特攻隊員の物語である。この小説を出張途中の新幹線の中で一気呵成に読み干した。その翌日、出張先のその大きな都市で、これも偶然に映画『月光の夏』（神山征二郎監督作品　中代達矢・渡辺美佐子ら出演　一九九三）が上映されているのを知り、仕事もそこそこに映画館に飛び込んだ。そして、その年の一二月に知覧に飛んだ。

筆者はこの時にふたつの大きな発見をした。ひとつは特攻隊員が残した遺書のこと、そして、もうひとつは特攻隊員の兵装、すなわち特攻隊員の乗っていった飛行機のことである。

筆者が特攻隊員の遺書に触れたのは、高校時代の教科書であった。歴史教科書の欄外の注釈に小さく掲載されていた一通の遺書が最初であった。今から思えば、多分それは『きけわだつみのこえ』から転載された陸軍航空特攻隊員上原良司（一九四五年五月一一日出撃戦死二二歳　後述）の遺書であったように思う。そこには学問の志なかばに特攻隊員となった苦悶が書かれてあった。理不尽な戦争と死に直面にしながらも、なお日本の将来を案じる青年の一途さがそこにはあった。遺書の内容は「反戦的」にさえ感じた。学徒出陣のその人の残す律儀で真摯《しんし》な遺書に、震えるような感動を覚えた。今もその感動に変わりはない。

筆者は、この学徒出身者の遺書が当時の学徒兵を代表する典型的な思想性であると長い間思い込んでいた。しかし、これは筆者の錯誤であることに気がついた。実は、その遺書はその人の固有のものであり、書かれている内容は学徒兵の全体を代表してはいない、ましてや、陸軍航空特攻隊員総体の考えを代弁もしていないという、当たり前のことが思い知らされた。この人の遺書は、陸軍航空特攻隊員の沖縄戦で戦死した一・〇四一名（筆者推計）の中の、この人固有の一通の遺書であることに気がついた。

同じ学徒兵であっても、ある人は「悠久の大義」に殉じ、ある人は烈々たる特攻精神で「遠足にでも行くような」気分で出撃し、またある人は母や婚約者への思いを一杯に抱きつつ出撃していった。とにかく、人によって、その出撃の表情は様々であり、一律では語れない。この当たり前のことを、実物の多様な遺書を目の前にして気がついた。迂闊であった。

この人の遺書が学徒兵を代表する典型的な遺書でなければならないと思い込んでいた筆者にとって、このことは少なからず失望であった。と同時に大きな発見となった。

知覧で思い知らされた今ひとつは、特攻に運用された飛行機のことである。特攻機に運用された飛行機は練習機などのオンボロばかりであったような記事が今日でも散見される。確かに練習機の特攻運用が事実としてあるが、このことがややもすれば強調される向きもあるようである。しかし、米軍の記録フィルムで映し出される日本軍特攻機は、その多くが『零式』艦上戦闘機や艦上爆撃機『彗星』、陸上爆撃機『銀河』といった当時の海軍の最精鋭機が多く写しだされている。陸軍機でも一式戦闘機『隼』などの精鋭機が日本側の記録映像に多く出現している。

陸軍航空特攻に関しては、一式戦闘機『隼《はやぶさ》』（後述）の他に、三式戦闘機『飛燕《ひえん》』（後述）、四式戦闘機『疾風《はやて》』（後述）などの当時の精鋭戦闘機が多用されている。実は、筆者にとって、このことはひとつの救いであった。特攻隊員が最後に乗る飛行機は、せめて精鋭機であるべきである。また、そうであったと信じてきた。知覧特攻平和会館では、たしかにこのことは確認できた。陸軍航空特攻では、当時の最精鋭機が結構に多く運用されていた。

ところが、やはり一方では、当時でさえすでに「お蔵入り」となっている旧式機が結構に多く運用されている事実にもあらためて接した。九七式戦闘機（後述）という、すでに「お蔵入り」の旧式機が臆面もなく堂々と運用されていた事実に慄然とした。戦闘機とはいえ、当時でさえ、すでに使いものにならない旧式戦闘機が特攻主力機として運用されていたのである。そして、ここに陸軍航空特攻のひとつの実像があることを思い知らされた。

航空特攻に関しては、少しは見識があると自負していたが、知覧特攻平和会館の展示は、これまでの筆者の認識に相当のズレがあることを思い知らされた。

最後に森本忠夫『特攻』（文藝春秋　一九九二）は、筆者にとって一期一会の出会いとなった。森本は『特攻』の大半の頁を特攻で戦死した人たちの氏名、その人たちの所属部隊、出撃の日付、出撃基地、そして、兵装、すなわち搭乗した飛行機の機種などを克明に記述している。さらに、被害を受けた連合国艦船の状況を詳細に記述している。筆者はこの記録性に興味をもった。個々バラバラに存在する各種のデータを日付順に、陸海軍別に整理集約した森本の労作に敬意を表したい。この著から、それまではややもすれば朧気《おぼろげ》であった「特攻」が、ひとつの明確な輪郭をもつようになった。

航空特攻は、今から半世紀前に生起した、日本歴史のひとつの現実である。しかし、今日に伝わる航空特攻は、相当な歪《ゆが》みと偏《かたよ》りの積み重ねで、現代史としてではなく風聞、伝聞、または伝説として語られているような気がしてならない。本稿では、これらの歪みや偏りをひとつひとつ修正し、妥当性のあるデータを積み重ねていくことにより、陸軍航空特攻の実像を描きたいと考える。色々な思いが混ざりあって、筆者の陸軍航空特攻考察の旅がはじまった。本稿はその「旅」のとりあえずの「報告書」である。

知覧特攻平和会館には、九州、沖縄、台湾の各基地から飛び立っていった陸軍航空特攻隊員の遺品と遺書が展示されている。また、加世田市平和祈念館には、ここから出撃した陸軍航空特攻隊員の遺品と遺書が展示されている。

今は平和な知覧と加世田（万世）にあって、この両館は戦争と特攻の余韻を残し続けている。これらの博物館に残る特攻隊員の遺書を中心的な資料としながら、特攻からの生還者や生存者の証言、そして多くの研究者のこれまでの研究成果、各種データ、さらに今日に残る映像資料などを添えつつ陸軍航空特攻の実像に迫っていきたい。

本稿をすすめるうえでの凡例を示しておく。

① 陸軍を「陸軍航空特攻」とし、海軍を「海軍神風《しんぷう》特攻」と区分することはすでに述べた。これと関連して、飛行機乗りの呼称も陸軍と海軍とでは違っている。本稿では当時の呼称に倣《なら》い、陸軍を「空中勤務者」とし、海軍を「搭乗員」と表記する。

② 本稿の対象は一九四五年三月二六日から七月一九日（陸軍航空特攻の組織的作戦はこの日で終了している。なお、海軍神風特攻は八月一五日まで続く）にわたる沖縄戦での陸軍航空特攻である。

③ 本稿で引用する遺書や証言などのほとんどの資料は、すでに活字や映像、そして展示などで公表されているものである。いわば二次資料である。その場合、文献からの引用は出典をそのつど明記しておく。一方、知覧特攻平和会館（前出）と加世田市平和祈念館（前出）などに公開展示されている遺書（一次資料）などを引用する場合は、その氏名がすでに刊行物等で公表されている人以外は、特攻隊員個人や縁《ゆかり》の人が特定できる箇所は省略させていただく。その理由は、博物館での展示は、その館内での公開という「場」の制限をもつものであると考えるからである。

④ 本稿は陸軍航空特攻隊員を顕彰するものではない。特攻隊員を「勇士」と表現する文献が多い。そして、その死を「散華《さんげ》」と表現する文献も多い。いずれも是としたい。しかし、本稿では「特攻隊員」と表記し、その死を「戦死」と表記する。

⑤　本稿では、陸軍航空特攻の沖縄での戦死者数を一・〇四一名（筆者推計）とする。出典は特攻隊慰霊顕彰会編『特別攻撃隊』（平成四）と、モデルアート七月臨時増刊『陸軍特別攻撃隊』（一九九五）の末尾名簿とした。それに鹿児島県知覧特攻平和会館『陸軍特別攻撃隊員名簿　とこしえに』（以下『とこしえ』）、生田惇『陸軍航空特別攻撃隊史』（ビジネス社　昭和五三）の末尾名簿を参考とした。それぞれの資料間に数字に若干の違いがある。そこで本稿では、これら資料の全ての「足し込み」数字とした。故に「（筆者推計）」と記す。ちなみに陸軍の全特攻戦死者（フィリピン、沖縄、内地等）は一・四五八名（筆者推計）となった。また、海軍神風特攻の沖縄での戦死者を一・九六四名（筆者推計）とする。出典は特攻隊慰霊顕彰会編『特別攻撃隊』（前掲）とモデルアート一一月臨時増刊『神風特別攻撃隊』（一九九五）の末尾名簿とした。ちなみに海軍の全特攻戦死者（フィリピン、沖縄、内地等、ただし航空のみ）は二・五一一名（筆者推計）となった。

⑥　特攻隊員の戦死年齢であるが、戦死年での満年齢で記していることを断わっておく。

⑦　特攻から生き還った人たちを「生き残り」と表記する文献資料を多く見かける。この「生き残り」表記には、筆者は違和感をもっている。そこで本稿では、特攻出撃を経験しながら生き還った人たちを「生還者」と表記し、特攻待機中に敗戦を迎えた人たちを「生存者」と表記する。

⑧　本稿では筆者のオリジナルな取材はない。本稿は、すでに刊行され公《おおやけ》になっている資料や文献、そして各種のデータや映像などの二次資料を主要な資料としていることを改めて断わっておく。そしてそれらの二次資料を立体的に組み立てることにより、筆者なりの妥当性のある特攻実像を描いていきたいと考える。

⑨　本稿で資料を引用する場合は、すべて原文どおりとしているが、それらの中には今日的には差別につながる表現があるかもしれない。しかしながら、資料のすべては歴史性をもつものであること、また原文のもつ趣意を尊重することから、今日的に問題があると考えられる箇所もそのままに引用し

ていることをあらかじめ断わっておく。

⑩　本稿を草するにあたり、筆者にはひとつの恐れがある。それは本稿が特攻に関する新たな誤解を生みはしないかという心配である。ひとつの論は確実にひとつの誤謬《ごびゅう》を犯すことになる。このことを恐れる。もとより本稿は完璧ではない。肝心なことが抜け落ちているかもしれない、また、些末《さまつ》なことがらに拘泥《こうでい》しているような気もする。事実誤認もあるであろう。また感情移入による偏りもあるであろう。特攻を現代史のひとつの史実として描いているつもりではあるが、資料不足と浅学非才を痛切に感じている。本稿は筆者の管見の限りをまとめたものである。それ相当の欠陥をもつものであることをご承知いただきたい。

⑪　特攻には人間魚雷『回天』、有人の爆装モーターボート『震洋』、爆装した潜水夫『伏龍』など海上・海中の様々な特攻が考案された。さらには兵士そのものを爆装し戦車に体当たりする水際特攻も考えられていた。本稿は、それら特攻のすべてではなく、飛行機による陸軍航空特攻の、その中でも、さらに沖縄戦の論述に限定していることを改めて断わっておく。

⑫　沖縄戦での陸軍航空特攻をテーマとした理由は、各種の資料、わけても隊員の残した遺書が、多くの人々や関係機関の努力により偏ることなく多方面にわたり整理保存され、また実物の遺書が展示公開されているからである。海軍神風特攻の場合は、学徒出身の飛行予備学生（後述）など一部の階層の遺書は整理され発刊されているが、海軍飛行予科練習生（予科練）などの遺書は未整理である。すなわち、海軍神風特攻の場合は遺書編纂に偏りがある。陸軍航空特攻をテーマにしたのはこのことによる。

⑬　本稿は、一九四一年（昭和一六）一二月から一九四五年（昭和二〇）八月までの、日本軍と連合国軍とのアジア太平洋戦争の中にあって、一九四五年三月から同年七月までの航空特別攻撃隊、わけても陸軍の航空特攻を記すものである。要するに、三年九ヶ月に及ぶ戦争の中の、敗戦直前の五ヶ

月間の、沖縄戦における陸軍航空特攻という、ごく限られた領域の戦争を記すものである。

本稿は、陸軍航空特攻の是非を問うものではない。また陸軍航空特攻の評価をくだすものでもない。さらに、陸軍航空特攻を顕彰するものでもない。筆者なりの、陸軍航空特攻を物語るものである。

第二章——一四三名の遺書

本章では、陸軍航空特攻隊員が出撃直前に残した遺書のうち、すでに刊行物等で公表されているもので、筆者（私）の把握している一四三名分の遺書を紹介したい（ただし沖縄戦での陸軍航空特攻隊員戦死者は一・〇四一名）。紙幅の関係で、全文ではなく抜粋の紹介とする。ゆえに抜粋の仕方に筆者なりの偏りがあることをあらかじめ断わっておく。

また、同じ隊員の遺書であっても、出典資料により遺書の内容が若干に異なる場合があった。筆者が引用した出典資料の編集にすでに偏りがある。また、遺書が日記に記載されたものなのか、あるいは手紙や葉書によるものなのかの説明がないものもある。とにかく、前後の関係から筆者が絶筆と判断したものを引用紹介する。

あと数日、数時間後の死を直面した特攻隊員には様々な表情があった。本章の目的は特攻隊員一人ひとりの心情ではなく、一四三名の遺書を俯瞰《ふかん》することにより、陸軍航空特攻隊員総体の出撃直前の心境に迫りたいと考える。なお、ここで引用紹介する遺書は、次章の「遺書内容の五項目」分析の典拠資料となる（なお、一四三名のうち九名については、書かれている内容と日付から遺書とは判断でき難かったので分析から省いていることを断わっておく）。

本章は抜粋の記載であるが、本章以外では、出来る限り多くの遺書を全文で紹介しているので併せて参照されたい。

なお、（ ）内には出撃時の階級、戦死年齢と出身機関を記しておく。出身機関については、「陸士」は陸軍士官学校出身、「特操」は陸軍特別操縦見習士官出身（学徒出陣等）、「少飛」は陸軍少年飛行兵出身、「航養」は逓信省航空局乗員養成所出身、「幹候」は陸軍幹部候補生出身、「少尉候」は陸軍少尉候補生出身、「召集」は陸軍召集兵出身の略である。それぞれの機関については、次章で詳述する。

以下、出撃戦死の日付に従って稿をすすめる。

〈一九四五年三月二七日出撃戦死〉

◆廣森達郎（中尉　陸士　二四歳）の遺書は血書である。「天皇帰一ハ、実行ニ於テノミ為シ奉リ得ルナリ」。◆今西修（軍曹　航養　一九歳）は「修ハ本日命令ヲ受ケ只今ヨリ出撃シマス」。日付は「三月二十五日二十三時五十分」となっている。しかし、現実の出撃は二日後の二七日である。天候による出撃延期、あるいはエンジントラブルがあったのかもしれない。ふたりとも誠第三二飛行隊の所属である。

〈一九四五年三月二九日出撃戦死〉

◆小川真一（軍曹　少飛　二四歳）は、「本日出撃します　長年の御指導御鞭撻を深謝致します　最後に町民各位の御多幸を祈ります」。◆大河正明（伍長　少飛　一七歳）は朝鮮名を朴東薫という、その遺書は「靖国に召されし一身如何にせん。ただ君がため」としている。桐原久『特攻に散った朝鮮人』（講談社　一九八八）は「これが（この歌に盛られている精神風土―引用者注）日本にいいように利用されてしまったのだ」としている。大河正明の出撃前の情景は寂しい。飯尾憲士『開聞岳』（集英社　一九八九）は、大河正明の弟である朴尚薫の証言をつぎのように記す。

「夜、お父さんは、兄貴を抱いて寝たそうです。旅館の部屋はレンタン（練炭）もなく、寒かったそうですよ。ええ、昭和二十年二月です。お父さんは結婚もしないで、十八歳そこそこで（満年齢か　引用者注）死んでしまう兄貴が可哀想でした。お父さんはそっと兄貴の腹の下に手をのばしたそうです。兄貴のキンタマを、にぎったのです。お父さんは悲しくなりました。兄貴のそれは、もう死んでしまった人のようだった」こんな話、あなたは、理解できますか、とじっと私を（飯尾憲士を―引用者注）見つめた。私は、黙っていた。

さらに朴尚薫は、大河正明と同期で特攻からの生還者の証言として、大河正明の出撃直前の様子をつぎのように語る。飯尾憲士『開聞岳』（前掲）より引用する。

「その人いいましたよ、『大河君は、言ったよ。内鮮一体、と言うけど、ウソだ。日本は、ウソつきだ。俺は、朝鮮人の肝っ玉をみせてやるとね』

ぼくは（朴尚薫―引用者注）、びっくりしました。

無口な兄貴は、だから、卑怯な振舞いはせんで、朝鮮の同胞のため、ぼくたち家族の誇りのために、突込んだのですよ」

朝鮮人である大河正明（朴東薫）は朝鮮人の「肝っ玉」のために、換言すれば朝鮮人の誇りのために、特攻戦死したことになる。

沖縄戦で特攻戦死した陸軍航空特攻隊の朝鮮人隊員は一一名である。この人たちのことは追々に述べていくことにする。なお、朝鮮人特攻隊員の氏名は当時の出撃名簿に倣《なら》いまず日本名で記し、そのうえで朝鮮名を記す。

ところで、大河正明（朴東薫）は享年一七歳、恐らく陸軍航空特攻隊員の最年少と思われる。この人が父あてに出した手紙が公開展示されている。全文を紹介させていただく。

前略
其の後正明は元気旺盛であり
ます御安心下さい
何卒忙しいので今後の御便り
には御許し下さい
では皆様のご健康と御多幸
を御祈り申します
さようなら

（知覧特攻平和会館展示資料）

これが大河の遺書となるかどうかは不明である。

〈一九四五年四月一日出撃戦死〉
◆伍井芳夫（大尉　少尉候　三三歳）は、陸軍航空特攻隊員の中で一番の年長であると推測する。
「人生の総決算　何も謂うこと無し　伍井大尉」とのみ記している。◆大橋治男（曹長　召集　二七歳）は、結婚式を挙げていない妻のことを両親に託している。「綾子の事に関しては母上様、今後共一層御面倒を見てやって下さい」「突然一人ボッチでは随分苦労すると思います」と、残す妻のことが随分と気がかりのようだ。それでも一言「人生の総決算　さっぱり娑婆の未練を棄てた　はるを」としている。伍井、大橋はともに第二三振武隊である。

◆内村重二（軍曹　少飛　二一歳）は、「暇がなくて会わずに行きます　皆元気でやって下さい　重二も大いにやりますから　荷物はこゝに頼んであります　必中必沈」といたって簡単だ。

〈一九四五年四月二日出撃戦死〉

飛行第六六戦隊◆高山昇（中尉　陸士　二四歳）は朝鮮名を崔貞根（チェジュングン）という。複座の九九式襲撃機（後述）で後部座席の◆飯沼良一（軍曹　少飛　不明）とともに「敵発見　突入す」の無電を発している。高山昇と飯沼良一は遺書を残していない。このあとの朝鮮人特攻隊員のことで重要となるので、ここにあえて記しておく。

高山昇は陸軍士官学校出身である。その高山が士官学校卒業間際に同期の候補生に、「俺は、天皇陛下のために死ぬというようなことは、できぬ」と言ったと伝えられている。その高山昇が何故に体当たりを敢行したのか、高山の属する飛行第六六戦隊は、通常の襲撃部隊（九九式襲撃機兵装）で特攻隊ではない。だから、体当たりは命令されてはいない。その高山が何故にあえて体当たりを敢行したのか、飯尾憲士『開聞岳』（前掲）はその謎に迫る。

高山中尉や飯沼軍曹の脳裏に、中隊長や部下、同僚たちの死が灼き付いていたはずである。

「北上中の敵船団を発見、突入する」

「ホクジョウチュウノ、テキセンダンヲハッケン、トツニュウスル」

復唱しながら、はげしく電鍵をたたいたにちがいない。前日、米軍は沖縄本島に上陸していた。これ以上、上陸させてはならぬ。〈糞!〉と二人は、反復攻撃をくり返す襲撃機の任務を捨ててしまうほど、怒り狂ったのであろうか。

天皇のために死ぬということはできない、と士官候補生時代から悩んでいた高山昇は、祖国を独立させてくれるかもしれない米軍に対して、身近な者が殺された動物的怒りを爆発させたのであろうか。自分が崔貞根であることを忘れ、高山昇になってしまっていたのか。

飯尾憲士は、輻輳する高山昇の微妙な心理を空想する。

〈一九四五年四月三日出撃戦死〉

◆石川一彦(不明　少尉候　不明)には妻と二人の息子がいる。三月一三日付父宛の遺書では自分の特攻出撃は妻や母には内緒にしておいて欲しい旨を記している。また三月三一日の遺書は両親宛となっており、機上から通信筒で「立派に任務を遂行致します。皆様によろしく御伝え下さい」と記している。ただし、内容からも遺書とは判断しがたい。複座の九九式襲撃機に同乗していた◆杉田繁敏(不明　特操　不明)は、「寄せては返す敵艦に正義の翼散りにけり」と残している。ふたりは飛行機空輪中の墜落による殉職であるが、特攻戦死として今日に記録されている。

◆山元正巳(軍曹　航養　二〇歳)は、両親あてに「では末ながく幸福に御暮し下さい。敵空母を只今より叩きつぶして参ります」。

◆前田啓(少尉　特操　二四歳)は、「猶　特ニ自分ノ墓ハ不用デアリマス。亡母ノ御墓ノ側ニ静カニ寝カセテ下サイ。サヨウナラ。天皇陛下万歳」「俺が死んだら何人なくべ」、ユーモアのつもりだろうか。前田は北海道出身である。

◆結城尚弼（少尉　特操　二五歳）は、朝鮮名を金尚弼という。恩師宛の結城の遺書は今も謎とされている。四月三日に体当たりをすると決意を述べたうえで、「結城は特に我等六機の攻撃を見、戦果を確認して、那覇の飛行場に敵前着陸を夜間に致し、飛行師団に戦果を報告し、夜間その場で、尚弼単機で爆弾を抱えて、敵船団に突っ込む」とある。これはあり得ないとされている。特攻隊の戦果確認は、特攻隊そのものがおこなうのではなく別の隊がおこなう。これを直掩隊という。だから結城は直掩隊であったとも考えられる。

ところで、結城の兵装は九九式襲撃機である。直援は通常は戦闘機隊がおこなう。九九式襲撃機による兵装からも、結城が直掩隊であった可能性は低い。飯尾憲士『開聞岳』（前掲）は、四月三日の出撃の際、結城機には爆弾は懸吊されていなかったとの証言を掲載している。そこで飯尾憲士『開聞岳』（前掲）は、結城尚弼の遺書をつぎのように解釈する。

すくなくも、結城少尉が、二五〇キロ爆弾を懸吊しないで新田原から離陸したことだけは、たしかなことなのであった。五機と共に沖縄西方洋上の機動部隊の上空に達することができても、もしも被弾したならば、裸の機（爆弾を懸架していないこと―引用者注）で突入しなければならないのである。

それでも、おそらく決然として離陸したであろう。不可能に近い任務であればある程、朝鮮出身者の彼は、祖国の後輩よ、俺の行動を見てくれ、と、心中に期するものがあったはずである。

祖国の独立は、強大な日本の膝下で、絶望にちかかった。怜悧な二〇代の青年の胸に、憤怒の思いがあった。その感情を爆発させたい。日本人の誰もができない任務を、やってのけてみせる。

朝鮮人の誇りのために―。

同族の血をもつ私（飯尾憲士―引用者注）の、感情を移入しすぎた想像かもしれない、と思いながらも、手さぐりすることのできた彼のはげしい姿を、打ち消す気持はなかった。

桐原久『特攻に散った朝鮮人』（前掲）は、この飯尾憲士の論を認識しつつ、戦果確認の後に突入といった命令は、当時の特攻統帥からも不自然としたうえで違った見解を提出している。桐原久によると、結城尚弼こと金尚弼の入営は、家族との最後の別れも許されない強制連行そのものであったとしている。そして、結城は前述の遺書を特攻実行の証拠としながら、現実は単機で中国大陸への脱出を図ったのであろうと推測している。このことを結城の特攻忌避と短絡化することは危険である。実像を見失う恐れがある。

姜徳相『朝鮮人学徒出陣』（岩波書店　一九九七）によると、一九四三年一〇月に陸軍が実施した朝鮮人学徒の兵役は形式的には志願であるが、実質は強制であったという。「志願」をしない学生には学校ぐるみの脅迫的な強要があり、それでも「志願」を拒否する学生には家族に対する拷問があったという。これに耐えきれず多くの人たちが「志願」した。そして「志願」と言う名の根こそぎの「強制入営」が実行された。金尚弼もそのひとりであった。

同じ学徒出陣であっても日本人学生とは背景が明らかに違う。日本人特攻隊員は死ぬことによる親孝行と国家への奉仕という精神風土（後述）があった。死への合理性がなんとか見出せた。朝鮮人である金尚弼にはその合理性がない。姜徳相『朝鮮人学徒出陣』（前掲）は、強制入営させられた朝鮮人学徒には多重の人格が形成されたとしている。「自己破滅型」「時局便乗型」「時局洞察型」、そして「仮装志願後脱走型」などである。

このことから、結城尚弼は飯尾憲士の説に従えば「時局洞察型」で、朝鮮人の誇りのために難しい任務をあえて実行したことになる。また、桐原久の説に従えば、「仮装志願後脱走型」の実践をしたことになる。いずれの行動であっても、この人にあったのは、限りない朝鮮への祖国愛と同胞への愛であったと推測する。ところで金尚弼は生きて再び愛する故郷に、そして愛する家族のもとに還ることはなかった。

〈一九四五年四月六日出撃戦死〉

◆小林敏男（少尉　幹候　二四歳）は、死出の旅と題した和歌五編を遺している。うち二編を記す。「広き広きホームに立ちて見送るは母と妹と共二人のみ」「捧げたる生命にあれど尚しかも惜しめて遂に究め得ざりき」。他の勇ましい遺書と比べて、小林の残した遺詠は寂しくまた哀しい。どこかに迷いも漂っているようだ。◆小屋哲郎（軍曹　召集　二六歳）は、「四月六日、陛下へ捧げんこの命、なんとよき日ならんと心得居り候」。姉妹にも便りを出したいのだが、「只今命令を受け候いて取り込み居り候ば何卒御許され度く」としている。慌《あわ》ただしい出撃であったようだ。このふたりは誠第三七飛行戦隊であった。ふたりの遺書全文は次章で記す。

◆込茶章（少尉　特操　二二歳）は、「御一同様にも小生の戦果を指折り数えて居られる事と思いますがのん気にお待ち下さい」。◆富澤健児（少尉　二三歳　特操）は、「健児もいよ々々最期の御奉公の時が参りました。いままでの一方ならぬ御養育、深く々々感謝致して居ります。意久地《いくじ》なかった健児でしたが、どうぞほめてやって下さい」（ルビ引用者）としつつも、最期には「さようなら、さようなら」と別れを惜しんでいるかのようだ。◆丹羽修平（伍長　航養　二一歳）は、「至って元気旺盛。必中必沈の気概を錬磨して居ります。母上にはくれぐれもよろしく。我が愛機は『すずか』と名づけました。草々」としている。ただし、日付から遺書とは判断しがたい。◆三宅柾（軍曹　少飛　二〇歳）は、「生命保険（二十五年満期、一万円）」に入り、受取人を父としている。また、弟や妹宛であろうか、「私の貯金通帳や時計も送りたく思って居ります」、また母には「貯金通帳を送りましたが届いたでせうか」としている。経済に几帳面な性格であったのであろうか、それとも実家はもともと富裕ではなかったのであろうか。◆坂本清（伍長　航養　一九歳）は、アルバム以外の私物は全部焼却して欲しいと父に託している。坂本も保険加入をしている。また貯金通帳を「貞子へさしあげます」としたうえで「尚現在借金皆無に付御安心を」としている。最期に遺詠五編をのこしている。内一編を記す。「天皇《すめらぎ》の弥栄を三度唱へつつ　われ当らん夷《えびす》の艦に」（ルビ引用者）。残り四編も勇ましい内容となっている。この五名は第六二振武隊であった。丹羽を除く四名の遺書全文は次章で記す。

◆小澤三木（曹長　召集　二四歳）は、「いざ出撃男度胸意気で行く　出撃前夜之記　昭和二十年必勝四月二十二時三十六分」。◆藤井秀男（伍長　少飛　一九歳）は、「ツヤ子　ミチ子　ノリヲ」の妹と弟に、「カラダヲキタヘテリッパナ人ニナッテオクニニヤクダツ人ニナッテクダサイ　ソシテニイサンノブンマデ父母様ニカウカウ（孝行―引用者注）ヲツクシテクダサイ」「四月六日九時七分機上にて記す」としている。◆後藤寛一（伍長　少飛　一九歳）の出撃一ヶ月前の手紙は、家族へのいたわりにあふれている。そして、出撃当日には「必勝を信ず　今ぞ征く　靖国の御社へ　君と我愛と空の二重奏　晴れて語らう空の勝鬨《かちどき》　陸軍特別攻撃隊振武隊員　後藤寛一兵長　出撃を前に、昭和二十年四月六日七時三十分」（ルビ引用者）と記している。◆中澤流江（伍長　少飛　一八歳）は、「死は生なるを銘肝し　七度生れて国を守らん」。◆麻生末広（伍長　少飛　一八歳）は、「桜咲く日本に生れし男なら　七度生れて国に報いん」と残している。ふたりとも後半の文章はよく似た文面となっている。中澤流江は「出撃前夜　四月五日二十三時四十二分」と記し、麻生末広は同じく「五十五分」と記している。あるいは枕を並べて、中澤が先に書き、それを見ながら麻生が真似たのかもしれない。以上は第七三振武隊である。小澤を除く四名の遺書全文は次章で記す。

◆浅川又之（少尉　幹候　二三歳）は、「母上様　兄よ姉よ　外皆々様　御元気で『必勝』目ざして邁進せされ度し　長い間御世話になりました　笑って征きます　天皇陛下万歳」。◆蓑島武一（少尉特操　二二歳）は、「暮れ行く基地の空を一機亦一機、明日の我の姿とは思へぬ静かなる清き光景」、そして「では父様母様征きます」としている。浅川と蓑島は、ともに第四三振武隊であった。

◆足立次彦（伍長　少飛　二〇歳）は、日記の二月七日に「平凡トシテ一日終ワル　本日我ニ陸軍特別攻撃隊参加ノ命下ル　大イニ人生意気ニ感ズルモノアリ　熱望達セラレ男児ノ本懐之レニ過ギルハ無シ　爾后記載セズ」、出撃より二ヶ月前に書かれたものであるが、「爾后記載セズ」としていることから絶筆と判断して遺書とした。足立次彦は特攻を「熱望」している。

◆上津一紀（伍長　少飛　二一歳）は、両親に「私の幼少よりの念願今果し、南の空に笑って征きます。何時何時迄も御壮健にて」、弟や妹には「兄の分も父上母上に孝行し給え。兄は安心して大空の御楯と散りゆきます」。

◆西長武志（少尉　特操　二三歳）は、母宛に手紙を残している。それによると、北山形駅から出征の時、母は息子の名を叫びながら雪のホームを走っている。こんな別れがどれほどに多くあったのであろうか。別れは辛い、西長武志は茫然と涙している。ただし、この手紙は知覧高女なでしこ会編『知覧特攻基地』（話力総合研究所　平成四）に紹介されているが、日付が不明であることから、遺書あるいは絶筆の判断がつかない。

◆坂本友恒（少尉　幹候　二五歳）は、「生まれてこの方此の様なたのしい気持ちになったことはありません（中略）友恒、淡々と笑って必ず死んでお目にかけます。さようなら」としている。ただし、日付から遺書とは断定しがたい。

〈一九四五年四月七日出撃戦死〉

◆大畠寛（伍長　航養　二〇歳）は、「幸ヒ一機一艦ヲ屠ルコト出来得レバ寛ヲ褒メテ下サイ不幸ニシテ出来得ナカッタナラバ呉々モ許シテ下サイ」に全てを語り尽くしているようだ。◆安井昭一（伍長　少飛　一九歳）は、「先生ニヨロシク　村ノ人ニヨロシク　姉サン親ニ孝行セヨ　松男ヨ　早ク飛

行兵ニナレ　轟沈　安井道太郎様」としている。この遺書は、苗村七郎『陸軍最後の特攻基地』（東方出版　一九九三）より引用させていただいた。ところで、加世田市平和祈念館には、この人の壮絶な遺書のコピーが展示されている。段ボールの切れ端に書かれた遺書である。よほど慌てて書いたのであろうか、字が相当にみだれている。判読が困難である。筆者読み下しのうえ引用させていただく。

京都府（以下数字判読不可―引用者注）道（以下数字判読不可―引用者注）様

先生ニヨロシク
村ノ人ニヨロシク
姉サン親ニ孝行セヨ
長野県松本湯本温泉
人形　〇〇〇〇子（女性実名略―引用者注）　轟沈
（以下数字判読不可―引用者）

（加世田市平和祈念館展示資料）

前述の活字になっている遺書と、展示されている段ボールの遺書が同一のものかどうかは詳《つまび》らかではない。遺書前半は同一の内容であるが、後半の内容が明らかに違う。大畠、安井はともに第七四振武隊である。

◆宗像芳郎（軍曹　航養　二一歳）は、「御両親様　永い間お世話になりました　親不孝をお許し下さい　散る桜」。そして「親戚に宜しくお伝え下さい」と簡単だ。

◆福島保夫（伍長　少飛　一九歳）は、「国ヲ上ゲテノ決戦ノ秋《とき》　保夫之ノ度振武隊特別攻撃隊ノ一員トシテ悠久ノ大義ニ生ルハ本懐之レニ過グルモノ無シ御両親様御喜ビ下サレ候」（ルビ引用者）。

〈一九四五年四月八日出撃戦死〉

◆松澤平一（少尉　特操　二三歳）は、「海より深く山より高き御恩により、幸福な一生を送ることができましたことを深く感謝致して居ります」「今から出発致します御両親様家内御一同様」。

〈一九四五年四月一一日出撃戦死〉

◆大出博紹（少尉　特操　二三歳）は、「必ずや人様に笑われざる死様をいたすべくこの点御安心下され度し」としている。大出は大阪出身である。文中に「高殿健児」「高殿校」とある。現大阪市旭区高殿のことか。

〈一九四五年四月一二日出撃戦死〉

◆穴澤利夫（少尉　特操　二三歳）は、婚約者である智恵子さんに「あなたは過去に生きるのではない」「勇気をもって過去を忘れ、将来に新活面を見いだすこと」「穴澤はもう存在しない」と遺している。そして最後に「会いたい　話したい　無性に」。穴澤の出撃時の写真が残っている。この人の遺書は後に詳述する。◆大平誠志（少尉　特操　二三歳）は、妻フク子さんへの限りない愛情に溢れている。また「毎日魚ばかり、全くがっかり」「あの美味しい白菜の漬けものが食べたかった」「仏壇に飾って下さい」としている。最後に「四月十二日　十時擱筆　本日の十二時出撃です。十五時には敵艦を轟沈致して居ります」。◆寺澤幾一郎（軍曹　少飛　二一歳）は、四月三日付の手紙であろうか、「もうどこからの手紙も入手出来ませんし、便りもしません。風雲の如く、どこへ行っても、どんな状況にたち致っても、とにかく頑張ります。御安心下さい」。ただし、文面から別に遺書があるようである。穴澤、大平、寺澤はともに第二〇振武隊である。
◆瀧口尚文（少尉　特操　二三歳）は、「よくぞ男にと自分は嬉しくてたまりません。私が敵艦に命中轟沈と聞かれたときの御両親の笑顔が目に見える様です」と勇ましい。また「それからこれは細かいことですが、私が死んだら一万円の生命保険に入っておりますから……」としている。また、東京に住む「牛島広子」さんを気遣っている。「六年間お世話になった」とだけ記しており、詳しい関係は触れていない。お世話になった礼とともに、「自分の戦果は一番に知らせて下さい」としている。この人の遺書全文は次章で記す。この人たちは、ともに第一〇二振武隊である。
◆天野重明（少尉　幹候　二六歳）は、出撃の五日前に家族にではなく「貴兄」と表する人に別れの手紙を書いている。そして、出撃日には「朝から素晴らしい日本晴れである」としたうえで「岡部元気で」と記している。「貴兄」は「岡部」のことか。◆小松啓一（少尉　特操　二二歳）は、「たゆることなく吹けよ神風」。◆小関信二（伍長　航養　一九歳）は、「男として勇み征く」としたうえで「不孝の日ばかり送った罪を許されて、御多幸の日を送られん事を希ひてやみません、母上様」。そして「心中澄みわたる」としている。この人の遺書全文は次章で記す。
◆金澤富士雄（伍長　少飛　一九歳）は、「寝ても起きても夢に迄見た至高任務血書志願して採用せられし此の感激」、そして両親に対しては、万一の時は「潔く自刃なし下され度願上候」としている。ただし、日付と文面から別に遺書があると考えられる。◆福浦忠正（伍長　少飛　一八歳）は、「立派に沈めてみせます」としたうえで、「お元気で永くお暮らしの程祈ります。貯金通帳も下に入れてあります　母上様」とある。◆猪瀬弘之（伍長　航養　二〇歳）は、「大君の御楯と征きし我が後もたゆる事なく吹けよ神風　二〇・四・七　記」。この人の遺書全文は次章で記す。この人たちはともに第一〇二振武隊である。
◆梅田勤（伍長　少飛　不明）は、「父母兄弟の住む国土を守り、自分は飛んで征きます。長生きしてください」。

◆渡部佐多雄（少尉　特操　二三歳）は、両親宛の三ヶ月前の手紙に「金銭、女性、佐多雄の後には、そうした事でご心配なさる事は一つもありません」とし、出撃前日には「我がいのち　栄ある今日ぞ　あしたぶね　千尋にしづめん　君が代のため」としている。全体の文章から謹厳実直な人柄を彷彿とさせる。

◆池田亨（少尉　陸士　二二歳）は、「菊水の清き流れの後したひ御国の楯と征くぞ楽しき」。◆岡安明（少尉　幹候　二四歳）は、日記であろうか、四月一二日付で「特攻晴十二時二〇分祖国の基地を離る　十五時三〇分必沈　出撃や特攻日和蟬の声」。正に達観の境地である。◆柳生諭（少尉　特操あるいは幹候　二三歳）は、切々とこれまでの武運無きことを恥じている。そして「最後に大きな仕事を成す事の出来るは非常なる喜びにて御両親様も共々御喜下度候《ママ》」としている。池田、岡安、柳生はともに第六九振武隊である。この部隊は知覧高女なでしこ部隊の奉仕を受けている。このことは後述する。

◆石切山文一（少尉　少尉候　二六歳）は遺書全文を記す。

父母上様愈々明十二日十五時征途に上る事になりました。今日迄の御恩に報ゆるべき誠心の肉弾となって、今夜は若き部下と共に心おきなく最后の夢を結びます。

父母上様に捧ぐ最后の言葉とします。

轟沈　　　　　　　　　　　　　第二降魔隊長　石切山文一

その部下の一人である◆城所一郎（伍長　航養　二〇歳）は、両親に「二十余年ノ生ヲ育ミ下サレシヲ謝ス（略）只立派ニ死ナン事ヲ希ウノミデス」。二人はともに第一〇三振武隊である。

〈一九四五年四月一三日〉

◆野口鉄雄（軍曹　航養　二一歳）は、「御父上様　出動です。爆音高らかに愛機は笑むで我を待っていてくれるではありませんか、ああ感慨無量です」に全てを語ろうとしている。◆山本了三（伍長航養　二一歳）は、「大君の　み旗の下に　死してこそ　人と生まれし　甲斐はありけれ」。野口、山本はともに第七四振武隊である。

◆小野田努（伍長　少飛　一九歳）は、「若鷲は　君が御楯と潔よし散りて美し　大和桜」。◆長嶺弥三郎（少尉　特操二二歳）は、「自分は明日部下をつれて征きます」「では母さんの体だけはどんな事があっても大事にして下さい」。◆松土茂（伍長　航養　二〇歳）は、「皇国」の危急存亡の憂い、そして両親へ礼を述べながら「又取りわけて考えますれば、皆様が後世を安楽にお暮らし出来る為なのであります」「父母様始め一同笑って万歳を唱えて下されば幸甚の至り」とある。長嶺、松土ともに第一〇四振武隊である。

〈一九四五年四月一六日出撃戦死〉

◆梅村要二（伍長　航養　二〇歳）は、出撃の前日に万世で世話になった南部マスさんの親切を故郷の両親と家族に重ね合わせている。ところで第七五振武隊隊員である梅村は、これまでエンジン不調などで出撃できなかった。梅村はこの日、第七五振武隊のたったひとりの出撃となった。

◆佐藤新平（曹長　航養　二四歳）の遺書は、次章で全文を紹介する。この人の遺書は勇ましい。

◆清水義雄（少尉　幹候　二三歳）は、兄宛に「神州不滅之絶対の真理、小生この信念のもと直路驀進必ず命中可仕候。何卒御休神被下度。兄上殿の御健闘祈り永久に擱筆致候」。佐藤と清水はともに第七九振武隊である。

◆本島桂一（少尉　特操　二二歳）の遺書は長文である。その冒頭に「桂一長イ間種々御世話ニ成リ厚ク御礼申上ケマス　何一ッ孝ヲナスコトアタハス申訳アリマセン　忠孝一本トカ申シマス　御稜威ノ本多任務ニ邁進致シマス」としている。この人も、前述の知覧高女なでしこ部隊の世話を受けている。後述する。

デニス・ウォーナー／ペギー・ウォーナー『ドキュメント神風』（時事通信社　昭和五七　以下『神風』）によると、この日、戦況を目撃していた米海兵隊のD・H・ジョンソンは、「『カミカゼパイロットは全然避行動をとらず、まっすぐに目標に突進していく』となかば感心して語った」としている。

〈一九四五年四月二二日出撃戦死〉

◆上成義徳（曹長　召集　二五歳）は、「泣クナ決シテ泣イテ下サルナ　亡キ後ハ益々強イ父母上ニナッテ下サイ」。

◆長谷部良平（伍長　少飛　一八歳）は、日本刺繡《ししゅう》である絽刺しが好きであったらしい。この日、誠第一七飛行隊として最後の残り一機の出撃となった。遺書は姉宛の葉書である。生前の礼を言ったあと、「突撃する愉快さ」と記している。そして、「明晩からは、空に自分が星となって、明日の平和な世界を眺めてるでせう。夜空を見てください。星が一つ必ず増えますよ。これがほんとうのさようなら」としている。この一文は他の遺書には見られないこの人固有の表情である。特攻の「勇ましさ」から転じて何とも言えない優しさが漂っている。この人のことで気になることがある。第九章二項で詳述する。

〈一九四五年四月二三日出撃戦死〉

◆大野一郎（少尉　特操　二二歳）は、「皇国今や興亡の窮地に立ち、宿敵を一撃にして覆滅し得る機会を得たことは無上の光栄に存居候」。この日は知覧からは大野ひとりの出撃となっている。

〈一九四五年四月二六日出撃戦死〉

◆足立悦三（少尉　陸士　二二歳）は、知覧への前進途中に大分県の実家上空から通信筒を投下している。「大野町民の健康を祈る」とだけ記し、遺書はなかったと朝日新聞西部本社編『空のかなたに』（葦書房　平成五）は紹介している。故に、筆者もこの通信筒を遺書としていないことを断わっておく。

〈一九四五年四月二八日出撃戦死〉

◆長沢徳治（少尉　幹候　二五歳）は、「召され来て空の護りに花と散る　今日の佳き日に逢うぞうれしき」「来る年も咲きて匂へよ桜花　われなきあとも大和島根に」と歌二編を残している。

この日、ひとつの悲劇が起こった。デニス・ウォーナー／ペギー・ウォーナー『神風』（前掲）によると、この日の夜、病院船『コンフォート』に陸軍特攻機一機が体当たりし、軍医、船員、患者、看護師の多くが「殺された」としている。『コンフォート』はジュネーブ条約にしたがって灯火管制をしておらず、「十分に電灯で照明していた」という。以下、デニス・ウォーナー／ペギー・ウォーナー『神風』（前掲）から引用させていただく、

この特攻機は船の手術室を粉砕し、患者を手術中の軍医たちを即死させた。さらに船員二名、沖縄から収容したばかりの負傷兵二八名、陸軍看護婦六名が殺された。さらに、船員、患者、看護婦など四八名が重傷を負った。死体のなかに、陸軍中尉の日本軍パイロットであると認定されたものが含まれていた。

デニス・ウォーナー／ペギー・ウォーナー『神風』（前掲）の全体の調子は、日本軍特攻隊に同情的である。しかし、この病院船への突入の件《くだ》りだけは、ウォーナー夫妻の怒気が含まれているように感じる。陸軍航空特攻は、徴用輸送船を攻撃目標のひとつにしていたといわれている。徴用輸送船は当然に「軍艦」である。攻撃は「晴れた明るい夜」であったとしている。明るいとはいえ夜である。駆逐艦五隻に護られた病院船『コンフォート』を、徴用輸送船と錯誤した可能性は否定できない。病院船と分かったうえでの突入でないことを信じたい。しかし、たとえ錯誤であったとしても、無抵抗な病院船への突入は悲劇であり痛恨の極みである。

突入したのはデニス・ウォーナー／ペギー・ウォーナーによると、陸軍中尉である。この日、陸軍からは六〇名（六〇機）が出撃している。この中に出撃時に中尉であった者は四名含まれている。ということは、この四名のうちの一名が病院船『コンフォート』に突入したと記載しており、森本忠夫『特攻』（前掲）によると、この日、陸軍特攻機のうち一二名（一二機）が突入したことになる。その中に中尉が一名含まれている。資料のつきあわせの結果、病院船『コンフォート』に突入したのは、台湾の宜蘭基地から出撃した飛行第一〇五戦隊の三式戦闘機『飛燕』一機である可能性が高いということになる。戦争には錯誤はつきものである。だから、このようなことは起こりうる。しかし、痛恨の不祥事であることには変わりはない。そうであるだけに事実は事実として直視しておく必要がある。故にあえてここに記す。

〈一九四五年五月四日出撃戦死〉

◆相花信夫（伍長　少飛　一九歳）は、これまでは「お母さん」と呼ぶことのなかった義母に語りかけている。「母上お許しください　さぞ淋しかったでしょう　今こそ大声で呼ばしていただきます

お母さん　お母さん　お母さんと」。一八歳の少年にも苦節の人生があったようだ。短い人生の終わりを「お母さん」の一言に結んでいる。

◆向島幸一（軍曹　少飛　二二歳）は、「一、（略）悲しみと異なり喜びですから間違えぬ様　一、女性、金銭関係はありません　一、（略）生前の交を謝す手紙を差し上げて下さい　一、私へ下さる金は御両親の随意ですが、生前の念願たる家の改築へ一部でもご使用下さい」としている。女性関係や金銭関係がないことを残している遺書が結構に多い。彼らの短すぎた人生が哀しい。

◆勝又勝雄（少尉　特操　二五歳）は、出撃前日であろうか、友人に「好きな酒を飲んで笑って祖国の必勝を築きます」としている。

◆毛利理（少尉　特操　二四歳）は、大阪の師範学校出身である。箇条書きの遺書となっている。

◆荒川英徳（少尉　特操　二五歳）は、名古屋の出身である。苗村七郎『陸軍最後の特攻基地』（前掲）では「写真、操縦手簿、日記、等多くを遺している」とあるが、同書には紹介されていない。◆壺井重治（少尉　特操　二三歳）は、大阪八尾中学校から早稲田大学に進んでいる。野球部に在籍していた。入隊前の手紙には、今一度野球をしたかった旨をのべている。この人たちは第六六振武隊である。この部隊については第四章六項で詳述する。

◆川口弘太郎（少尉　幹候　年齢不明）は、五月四日付日記の最後の頁に「勇喜ビ征ク　祈念ス　謝恩ス　皆々様ニ　必勝ヲ信ズ」としている。この人の遺書は、神坂次郎著『今日われ生きてあり』（新潮文庫　平成五）に紹介されている。所属は飛行第六六戦隊であるが、この部隊はもともと特攻隊ではない。特攻隊慰霊顕彰会編『特別攻撃隊』（前掲）、『とこしえに』（前掲）、また森本忠夫『特攻』（前掲）、その他の資料にも、この日の飛行第六六戦隊による特攻戦死記録はない。しかし、飛行第六六戦隊について詳しい苗村七郎『陸軍最後の特攻基地』（前掲）には、川口弘太郎の出撃戦死記録が記載されている。川口弘太郎の場合は、通常の攻撃ではあるが、特攻を期しての出撃であったと推測する。

デニス・ウォーナー／ペギー・ウォーナー『神風』(前掲)は、駆逐艦『リトル』のこの日(五月四日)の戦闘報告を紹介している。それによると、「一機は垂直降下、一機は低空から、他の一機は緩降下の協同作戦、まったく信じられない」としている。あらゆる角度からの同時一斉の攻撃で完璧な攻撃の意である。この日は日本軍特攻機の見事な協同攻撃に連合国軍も成すところがなかったようだ。

〈一九四五年五月一一日出撃戦死〉

◆堀元官一(伍長　少飛　一九歳)は、兄の健康を心配し、また妹弟を激励しつつ「もうぼつぼつ始動開始(エンジン—引用者注)しましたさようなら」と両親に遺している。◆倉元利雄(少尉　特操　三一歳)は、妻に特攻命令受領を隠していたことを詫びたうえで、「それでは只今より出発する　御許の幸福と健康を祈る　喜美子　有難う俺は幸福だった　喜んで征く　五時十二分」と記し、生まれてくる子どもの命名をしている。この人のことはのちに詳述する。堀元、倉元はともに第六〇振武隊である。

◆荒木春雄(少尉　陸士　二一歳)は、新婚一ヶ月の妻に「志げ子　元気なりや」からはじまり、「俺は随分、お前に邪険だった(略)許して御呉れ。お前の行先を、長き一生を考えると断腸の想いがする」「心堅固に多幸にしてくれ」と残す妻への思いで一杯である。◆野上康光(少尉　特操　二六歳)は、出撃の前日、熊本県鹿央町の実家に上空からハンカチの落下傘で通信筒を落としている。「お父さんと今一回、碁盤を囲みたかったが、それもできそうもありません。だいぶ強くなりましたよ。まずはこれまで。お体を大切に」。◆光山文博(少尉　特操　二五歳)は、朝鮮名を卓庚鉉と言う。彼の遺書は筆者の手許にはない。鳥浜トメ(陸軍指定食堂『富屋』経営者—後述)に乞われるままに、出撃前日に、はにかみながら「アリラン」を歌っている。知覧特攻平和会館の鳥浜トメ証言ビデオによると、低い声の哀調を帯びた歌だったという。筆者はこの「アリラン」を、光山文博の遺書と読み換えていることを断わっておく。もちろんこの場合の祖国は朝鮮である。この人のことものちに触れることにする。荒木、野上、光山の三名は第五一振武隊である。この部隊の兵装は一式戦闘機『隼』であった。デニス・ウォーナー／ペギー・ウォーナー『神風』（前掲）によると、この日、二機の一式戦闘機『隼』が駆逐艦『エバンス』に命中している。

◆桂正（少尉　陸士　二二歳）は、「皇国承遠無窮の為には桂家を滅亡させてください」「正が死にましたら、よくやったとほめて下さい」と勇ましい。桂の兵装は九七式戦闘機（後述）の旧式老朽機であった。老朽機の兵装は統帥が決めたことであり、もちろん、桂の責任ではない。桂こそいい迷惑である。やっとのおもいで後方基地より回送してきたボロ飛行機を見て、知覧の作戦参謀（中佐）は、そのボロ飛行機をなじり、桂を面罵している（高木俊朗『特攻基地知覧』）。しかし、桂の遺書はそんなことがまるでなかったかのように従容として、律儀に勇ましい。ところで、高木俊朗『特攻基地知覧』（角川文庫　平成七）によると、桂正は出撃の前夜は尺八を吹いていたという。そして高木の差し出したノートに「桂正（大正十三年三月十六日生）　所感　飛行機がほしい　現在の心境平々淡々」としている。◆上原良司（二三歳　特操）の遺書は異彩である。両親に礼を述べた後、「死ハ決して恐怖の的でハないのです。（略）何か斯う突込んで見たい衝動に駈られた事もありました。私ハ死を恐れてハ居ません」とし、その理由は死んだ兄に会えるからとしている。また「私ハ明確に云へバ、自由主義に憧れていました。日本が永久に続く為にハ自由主義が必要であると思ったからです。（略）日本を昔日の大英帝国の如くせんとする私の理想ハ空しく敗れました。この上ハ只、日本の自由、独立の為、喜んで命を捧げます。」としている。さらに「米英が勝ったとしても（略）幾年後かにハ、地球の破裂に依り粉になると思うと痛快です。（略）良い気になって居る彼等も、必ず死が来るのです。」としている。最後に「でハさようならご機嫌良く。さらバ永遠に　御両親様へ」としている。

この遺書とは別に、上原は出撃の前日に「所感」を報道班員であった高木俊朗に渡している（高木俊郎『特攻基地知覧』前掲）。その「所感」では、自分自身を「自由主義者」と呼び、日本の敗戦を予想している。英国に憧れたとも記している。そして「所感」にしては過激であることを自分自身で認めている。「所感」は長文である。その「自由主義者」上原も、「所感」冒頭に「陸軍特別攻撃隊に選ばれ身の光栄之に過ぐるもののなきと痛感致して居ります」。そして最後には「彼の後姿ハ淋しいですが、心中満足で一杯です」と言い切っている。しかし、筆者はこの「所感」は遺書とはしていない。その理由は次章で詳述する。出撃直前には、「人の世は別れるものと知りながら別れはなどてかくも悲しき」と悲しみを隠していない。

デニス・ウォーナー／ペギー・ウォーナー『神風』（前掲）によると、この日、「三式戦闘機『飛燕』一機が緩降下で左舷真横に爆音をひびかせて突進してきたが、駆逐艦『エバンズ』の主砲を浴びせられ海中に墜落した」とある。上原の兵装も『飛燕』であった。

◆下平正人（軍曹　召集　二二歳）は、日記帳の最後の頁に「特攻は強制ではなく、あくまで志願だ。しかしそう決心するまでは、長い時間がかかった。ようやく覚悟して申し出たら、すっきりした気分になれた」と、朝日新聞西部本社編『空のかなたに』（前掲）は紹介している。なお、これが遺書であるかどうか判然としない。

◆沖山富士雄（伍長　少飛　一九歳）は、親不孝を詫びたうえで、「今度の任務こそは必ずや親孝行の一端と存じます」としている。

ところで、この日、少年飛行兵出身の◆安藤康治、◆島仁、◆鈴木惣一の三名が出撃戦死している。ともに第五一振武隊である。高木俊朗『特攻基地知覧』（前掲）は三名の「所感」を紹介している。出撃の前日に高木の差し出したノートに、三名がそれぞれに書き付けたものである。三名にとってはこの「所感」は絶筆となった。しかし、筆者はこの「所感」も遺書とはしていない。

〈一九四五年五月一八日出撃戦死〉
◆中村憲二（少尉　特操　二四歳）は、母に礼を残している。また妹である千鶴子さんに母に孝行するように、また「（兄は―引用者注）立派にお国の為に大空に華と散りました」と父に報告するようにと頼んでいる。ところで、この文章は「一一月八日」付けとなっており、恐らく前年に書かれたものと推測する。故にこの遺書は、次章での分析対象から外したことを断わっておく。

〈一九四五年五月二〇日出撃戦死〉
◆松崎義勝（伍長　少飛　二〇歳）は、「いよいよ来ました。母上やりますよ。見てて下さい。此の便の着く頃はもう敵空母と運命を共にし、木っ葉みじんになってることでしょう（略）それでは永遠にさようなら」。◆小木曾亮助（少尉　特操　二四歳）は、「憎むべき驕敵を思ひ切りやっつけ（略）さうして最初の最後の親孝行を致します」「勿論何んの動揺も有りません」「これにて失礼いたします」。ともに第五〇振武隊である。

〈一九四五年五月二四日出撃戦死〉
◆佐藤淑雄（少尉　特操　二三歳）は、「一、予ハ生ヲ万邦無比此ノ皇国に稟ケタリ。予ハ茲《ここ》ニ絶大ノ感激ト喜悦トヲ覚エ且予ノ使命ヲ悟ルナリ（以下略）」（ルビ引用者）。
この日、義烈空挺隊が鹿児島県の健軍飛行場から出撃している。空挺隊とはパラシュート、あるいは飛行機やグライダーを使用した空からの強襲部隊をいう。隊員は空中勤務者ではない。特別に訓練された工兵である。この義烈空挺隊は九七式重爆撃機（後述）一二機に隊員一三六名が分乗し、沖縄の米軍飛行場に強行着陸し、米軍機の破壊と飛行場の一時的制圧を目的とした特攻隊であった。義烈空挺隊員は奥山道郎を隊長とした一三六名。一方、その空挺隊を空輸したのは、第三独立飛行隊の九七式重爆撃機一二機と空中勤務者三二名であった。

『義号作戦方針』によると、空中勤務者は強行着陸成功後は「隊長奥山大尉ノ指揮ニ入ラシム」とあることから、空中勤務者も空挺隊員として生死を共にする命令となっている。夕闇の熊本県健軍飛行場を離陸した九七式重爆撃機一二機のうち四機が機体トラブルで引き返している。この時期の日本機は故障とトラブルの連続であった（後述）。その中でも他機種に比べて評判が良く稼働率も良かったとされている九七式重爆撃機でも、この有り様であった。残り八機のうち七機が目的の沖縄に到達できず、途中で米軍の対空砲火をうけて撃墜されている。当初計画の強行着陸を果たしたのはわずかに一機だけであった。この一機分である空挺隊員一一名と空中勤務者二名ないし三名が沖縄北飛行場の米軍飛行機八機を破壊し、数一〇機に被害を与えたと言う。

記録では、空挺隊員一三六名のうち八八名、第三独立飛行隊の空中勤務者三二名のうち二四名が戦死している。すなわち、途中から引き返した四機分を除く全員が戦死している。

強行着陸に成功した九七式重爆撃機〝五四六〟号機の写真が今日に伝えられている（写真）。この写真を見る限り、米軍飛行場への強行着陸は車輪を出さない胴体着陸であったようだ。当然のことながらプロペラは曲がっているが、機体には破損が認められない。火災も発生した形跡はない。見事な胴体着陸である。

第三独立飛行隊の空中勤務者の一人である久野正信の遺書が伝わっている。久野は少尉候補生出身である。現役下士官から陸軍士官学校に入校し空中勤務者になっている。現役兵から士官空中勤務者になれる制度は、日本独特のものであった。しかし、相当に狭き門である。久野正信は実力派の人であったようだ、享年二九歳。子どもたちに遺書を残している。全文を紹介する。

正憲、紀代子へ

父ハスガタコソミエザルモイツデモオマエタチヲ見テイル。ヨクオカアサンノイイツケヲマモッテ、オカアサンニシンパイヲカケナイヨウニシナサイ。ソシテオオキクナッタナレバ、ぢぶんのスキナミチニスヽミ、リッパナニッポンジンニナルコトデス。ヒトノオトウサンヲウラヤンデハイケマセンヨ。「マサノリ」「キヨコ」ノオトウサンハカミサマニナッテ、フタリヲヂット見テイマス。フタリナカヨクベンキョウヲシテ、オカアサンノシゴトヲテツダイナサイ。オトウサンハ「マサノリ」「キヨコ」ノオウマニハナレマセンケレドモ、フタリナカヨクシナサイヨ。オトウサンハオオキナジュウバク（九七式重爆撃機—引用者注）ニノッテ、テキヲゼンブヤッツケタゲンキナヒトデス。オトウサンニマケナイヒトニナッテ、オトウサンノカタキヲウッテクダサイ。

父ヨリ

マサノリ
キヨコ

フタリヘ

（村永薫『知覧特別攻撃隊』ジャプラン　一九九一）

義烈空挺隊長◆奥山道郎（少佐　陸士　二六歳）の遺書も残っている。日付は五月二二日、出撃の二日前である。三重県津市に住む母すえ宛となっている。享年二六歳、全文を記す。

遺書　昭和二十年五月二十二日
此の度義烈空挺隊長を拝命　御垣の守りとして敵航空基地に突撃致します　絶好の死場所を得た私は日本一の幸福者であります　只々感謝感激の外ありません　幼年学校（陸軍幼年学校―引用者注）入校以来十二年諸上司の御訓誡も今日の為の様に思われます。必成以て御恩の萬分の一に報ゆる覚悟であります　拝顔御別れ出来ませんでしたが道郎は喜び勇んで征きます　二十有六年の親不孝を深く御詫びします

道郎

母上様

（防衛庁戦史室編『戦史叢書　陸軍航空作戦』朝雲新聞）

毎日新聞社提供

義烈空挺隊長奥山道郎（写真左から三人目）と第三独立飛行隊操縦隊長、諏訪部忠一（大尉　陸士　二六歳）が出撃直前に握手をしている写真が残っている。二人とも笑顔である。まわりの士官らしき兵士もみんな笑顔だ。まるで遠足にでも出掛けるかのようだ。一方、隊員たちが整列して階級章を外されている写真もある。こちらの表情は堅い。そして、隊員たちの顔はまだ若い（写真集『報道写真の青春　名取洋之助と仲間たち』講談社　平成三）。

義烈空挺隊の九七式重爆撃機〝一五六〟号機の写真が伝わっている（週刊『目録二〇世紀三』講談社　一九九九）。写真の状況から判断して、恐らく撃墜されたうちの一機であろう。機体の側には投げ出された義烈

隊員の一体の死体が仰向けに横たわっている。ひとりの連合国兵士がその遺体を見おろしている。

〈一九四五年五月二五日出撃戦死〉

◆仲原常信（少尉　陸士　二三歳）は、「愈々本日隊長として○○《（ママ）》方面に出撃する事となりました。何も思ひ残す事はありません。ただ長い間親不孝で御心配のみかけ一つとして御返しの出来なかったのが残念です。どうか御許し下さい。最後に御両親様の御健康を御祈りし長生きせられん事を○○《（ママ）》より祈って居ります。天皇陛下万歳と叫びつつ笑って出撃します。敬具」。

◆矢内廉造（伍長　航養　二二歳）は、親不孝であったことを詫びたうえで、「喜んで国に身命をささげます　さようなら　父上様　元気で」「廉造の戦果を見とどけてください　さようなら　母上様」としている。◆増淵松男（伍長　航養　二一歳）は、「父母に最後と思う此の便り　我れに書くことも無し、ただ御元気で」としている。二人は第四三二振武隊である。

◆大塚要（少尉　特操　二三歳）は、出撃五日前に「母上様」の書き出しで、五月二〇日には朝鮮の大邱からその日の内に九州（鹿児島県菊地）に戻っていること、また飛行機の早さとか進歩に率直に感激していることを書き残している。戦死の二日ほど前には「死ぬ、どうもぴんと来ません。轟沈と云った方がぴんと来そうです」「今日はもう一寸ねむい様です　二十三時」。そして出撃前日には「母上様　いよいよ明日出撃です。要は必ずやります。日本男子　玉砕する時が来ました。自分一人行って後ばかり御心配かけますが、後のことは御願ひします」としている。◆浪川利庸（少尉　特操二二歳）は、ただただ「御奉公」を喜んでいる。そして父母に「長寿を保つ様」に衷心からその身をねぎらっている。◆上島博治（少尉　特操　二二歳）は、「男も女も老人子供に到る迄、特攻隊として血みどろの戦をしている秋《とき》です」（ルビ引用者）としつつ、父母の写真を胸に抱いて行きますとある。

◆大島浩（少尉　特操　二二歳）は、「突然ながら浩は今散ります」としたうえで「敵艦命中の報あらば線香でも頂ければ」、また「命中の報なき時は（略）グラマンにでも落とされた」と思って欲しい、何故なら「十五機中最後になって航続す」とある。以上の四名は第四三三振武隊である。兵装は二式高等練習機である。この飛行機のことについては第四章で触れる。また、この人たちの遺書全文は次章で記す。

◆国吉秀俊（軍曹　少飛　二一歳）の遺書は、墨痕鮮やかな楷書の達筆である。「お母さんも泣かずに喜んで下さい。生前の不孝は幾重にもお詫び申しあげます」「ではお母さん　左様なら」。

◆山下孝之（伍長　少飛　不明）は、出撃当日に「只今元気旺盛　出発時刻を待って居ります」「お母さん、お体を大切に（略）御念仏を唱えながら空母に突入します。南無阿弥陀仏」。この人の遺書全文は次章で記す。

◆美野輝雄（不明　少飛　不明）は、出撃直前に「必ず一文字体当り敵艦を轟沈せん五月二十五日午前二時　出撃は後時間の問題　御両親様」。

◆菊地誠（少尉　特操　二二歳）は、「かへらじと思ふこころのひとすじに　玉と砕けて御国まもらん」。

◆伊東喜得（少尉　陸士　二二歳）は、出撃の当日に「弟よ、田舎に育ったいい性格を絶対に都会化するな、小才の利く人間に負けるな、肚で勝つんだよ、それが真の勝利だよ」と残している。

◆後藤光春（少尉　陸士　二三歳）は、「完全ナル飛行機ニテ出撃致シ度イ」としている。後藤は第六六振武隊長である。後藤をはじめとした、この第六六振武隊は第四章六項で詳述する。

〈一九四五年五月二七日出撃戦死〉

◆渡部網三（伍長　少飛　一九歳）は、一週間前に「ではもう何も思い残すことありません。只今迄の不孝くれぐれもお許しの程を。（略）お父さんお母さんさようなら」、そして遺書として両親へ

「絶対に力を落とす事なく御長生の事をお祈りいたします（略）一、金銭関係無し　一、婦人関係無し　御両親様」としている。

◆新井一夫（軍曹　航養　二一歳）は、「砕かん此の身は楽しくもあれ」。◆荒木幸男（伍長　少飛　一七歳）は、出撃当日のはがきに、多分両親あてであろうか、「最期の便り致します」として戦果をあげること、身体を大切にして欲しいことなどを簡単に記している。◆久永正人（伍長　少飛　二〇歳）は、「大空に大志をいだきて日の本に　よせくる波を何とせん　今ぞ征で立つ若桜　待ちに待ちたる門出なれ　笑って散らん若桜花」と辞世を残している。◆知崎利夫（伍長　少飛　一九歳）は、父に死別し母ひとりで育てられたようだ。長男であったのだろうか、本家と分家の関係や親戚との関係が出撃直前にもかかわらず、何かと気がかりのようだ。一九歳の少年にしては思慮深い遺書となっている。それとは裏腹に「何卒此の出陣に依りて孝行をさせて戴きます。皇国今や難局に直面致し皇国の興廃此の一戦にかゝって居ります」、また「君が為親をも顧みず、国が為には此の身はあらじ」とも詠《うた》っている。◆千田孝正（伍長　少飛　一九歳）の遺書は長文である。前半部分を記す。「必沈轟沈　又轟沈　吾が願い酒のみて　我必沈確実なり　快なるや我が体当たり　見よ　沖縄の空と海を我が法名には『純』をわすれない様に願う　『あゝ悲しいかな』は必要なし　何も俺は哀しいわけは一つもない　唯　喜で一杯なり　それから我には遺骨だなんて無い　我が身の物は遺しません　大体俺なんか墓場なんて勿体ない　俺はむしろ墓場より拍手の方が好きだ　孝正の遺ハイは　仏壇より神様棚の方がいゝかも知れぬ　次に過去を語る　何故俺は高二から工業校を止めたか　何故川崎航空機に入った一に飛行士になりたかったのだ　そうして俺は幸過ぎた　親に対して申訳けなし　一、鉄砲弾とはおいらのことよ　待ちに待った門出ぢゃさらば　友よ笑ふて今夜の飯は俺の分迄喰って呉れ（以下略）」。

出撃前夜、ひとりの少年飛行兵が日本刀を振り回し、「お母さん　お母さん」と叫んでいたという証言がある（神坂次郎『今日われ生きてあり』前掲）。勇ましさの裏にも相当の苦悶があったようだ。千田は出撃間際に「軍曹殿、この飯喰ってください」と、航空弁当を機付整備兵に渡している。以上は第七二振武隊である。

この日、陸軍は九九式襲撃機と九七式戦闘機、海軍は機上作業練習機『白菊』（後述）の兵装であった。いずれも、旧式機か練習機の兵装である。とくに海軍の『白菊』の戦闘能力はゼロに等しい。しかしながら、デニス・ウォーナー／ペギー・ウォーナー『神風』（前掲）はつぎのように記す。

（略）練習機が雨と雲のなかをくぐり抜けてやってきた。『ドレックスラー』（米海軍駆逐艦―引用者注）にとって、これらの練習機は全然、時代遅れの旧式機のようには見えなかった。練習機はいつもの特攻機よりは速力が速いようにさえ思えたし、操縦しているパイロットたちは、うんと経験を積んでいるようにも見受けられた。

連合国軍も、これらの飛行機の性能的劣性は十分に認識している。しかしながら、それとは裏腹に特攻隊員たちの力量の高さを率直に認めている。駆逐艦『ドレックスラー』に二機が命中し、わずか五〇秒後に転覆沈没している。デニス・ウォーナー／ペギー・ウォーナー『神風』（前掲）は『ドレックスラー』の戦闘報告を紹介している。以下引用する。

そのパイロットは左舷スレスレに降下してきたあと、急上昇反転して二番煙突の真上を通りすぎた。私は、彼がこのとき体当たりしようとしているのだと考えたが、彼は体当たりしなかった。彼はわが艦に体当たりするのをミスして、海中に突入するように見受けられた。彼の飛行機は機体から煙を出していたが、彼はまもなく海中に突入しそうな姿勢を立て直した。わが艦右舷の二十ミリ機銃がこの特攻機にたいして、ふたたび射撃を開始した。その特攻機はひとまわりすると、本艦の真正面から突進してきた。彼はふたたび艦橋に体当たりしようとしているように見受けられた。この特攻機は旗旒信号の揚旗線をひきちぎり、マストをこすり、二番煙突のつけ根の上部構造物甲板、むしろ艦の中央通路といった方が分かりやすい場所にまともに激突した。

日本軍特攻機の必死の突入が窺い知れる。

〈一九四五年五月二八日出撃戦死〉

◆若尾達夫（軍曹　航養　二一歳）は、出撃前夜に「心は何時もと少しも変わらぬ平静です」と両親に遺している。◆舟橋卓次（少尉　特操　不明）は、「現在の私の心境不思議な程落着いたものです。私はいい死所を得て心から喜んでいます」とある。◆瀬谷隆茂（軍曹　航養　一九歳）は、「御父さん、お母さん、隆茂は本当に幸福です。では又靖国でお会ひしませう。待って居ります。最後に、御両親様の健勝を切にお祈りいたします」。◆影山八郎（伍長　一九歳　航養）は、辞世を残している。「国のため　何か惜しまむ　稚児さくら　我玉の如くなりて　沖縄の海と砕けん」。◆松本久成（伍長　航養　二一歳）は、「父母ノ写真入レタルオ守リヲ　胸ニオサメテ咲ク我ウレシ　国破レ残ル山河ノ有ルハ無シ　男ノ子ハ散ラム　大君ノ御前ニ」。以上は第四三二振武隊である。

◆石川敏夫（少尉　特操　二三歳）は、「生れた国が日本なら　まことと男の子は桜花　咲くも散らうもうるはしく　眉上げて行け若鷲」と勇ましい。◆倉田道次（少尉　特操　二一歳）は、「一すじにただ一すじに大君の　御楯のはなと　散るぞうれしき」。二人はともに第四三三振武隊である。

◆鈴木邦彦（少尉　陸士　二一歳）は、「生を皇国に稟け育を神州に托す者孰かその弥栄を念じ永遠を信ぜざるものあらん」、両親には「生前は長子として何等孝養の一片だに尽くせざりし事を重ねて御詫び申上げます」、弟妹へは「健康に御留意あれ。虫にさゝせられない躰を期せよ。此所に至り漸く没我の境に入るを得たり」。◆中田茂（少尉　陸士　二〇歳）、知覧高女なでしこ会編『知覧特攻基地』（前掲）に記載されている中田茂の一連の文書は家族宛ではなく、後方基地で世話になった、平野好吉さん宛である。「明二十八日七時沖縄にて突入します（略）改めて御厚情謝し明日は征ってまいります」としている。鈴木と中田はともに第四五振武隊である。この二人の遺書全文は次章で記す。◆藤井一（中尉　少尉候　二八歳）の遺書は、次章で全文を紹介する。この人の遺書は後方基地で世話になった平野愛子さん宛になっている。家族宛ではない。ところで、藤井一の家族のことは第六章三項で詳述する。

〈一九四五年六月一日出撃戦死〉

◆芦立孝郎〈伍長　少飛　一七歳〉は、出撃前夜に「神国超非常時ニ当リ神国男子ト生レ特別攻撃隊誠飛行隊ノ一員トシテ良キ死処ヲ得タル小生ノ心中唯満足ニ御座候」。

〈一九四五年六月三日出撃戦死〉

◆佐々木暹（伍長　航養　一九歳）は、「父上様母上様、充分御体大切に。御健康を御祈り致します。六月二日の十三時頃突込みます。さようなら」。◆橋正豊次（伍長　航養　二〇歳）の遺書は長文である。「只管《ひたすら》に大君の御為　只管に祖国の為に」（ルビ引用者）から始まり、姉や伯父叔母への挨拶のあと、「千早振神の御国の弥栄を祈りて散らん八重雲の果て」。◆深田末義（伍長　航養　二二歳）は、「大君に捧げまつらん若桜空の御楯と散るぞ嬉しき　必中轟沈」。この三人はともに第二一四振武隊である。

〈一九四五年六月六日出撃戦死〉

◆枝幹二（少尉　特操　二二歳）は、出撃の三日前に、家族にお礼を述べたあと、「国のため死ぬよろこびを痛切に感じています」「笑ってこれから床に入ります」としている。また、出撃前日には「あんまり緑が美しい、今日これから死にに行く事すら忘れてしまいそうだ。真青な空、ぽかんと浮かぶ白い雲」「小鳥の声が楽しそう」と、まるで遠足気分だ。そして、出撃当日には、「本日一三時三五分　いよいよ知ランを離陸する祖国よさらば」と結んでいる。この人の遺書は、終章で紹介する。

◆宮川三郎（伍長　航養　二〇歳）は、「人生二十一年（数え年か—引用者注）、現在までの御恩に対し何等為す事無く死するは残念なれど、今の任務完遂を以って御詫びに代えておきたいと思います」。この人のことは後に詳述する。

◆清原鼎実（伍長　少飛　二〇歳）は、朝鮮名を韓鼎実と言う。彼は「神々の雲居にかへる嬉しさよ君に捧げし命なりせば　大空の子」と遺している。「皇国思想」（後述）を詠《うた》った遺書は多い、しかし、神国日本まで詠い挙げた遺書はまれである。日本人以上に「日本人」でなければならなかった清原の心情が窺える。

ちなみに、陸軍航空特攻の沖縄戦で戦死した朝鮮人は一一名である。一一名全員の氏名をつぎに記す。なお括弧内は本名である。

大河正明（朴東薫）	伍長	少年飛行兵	一七歳	四五年三月二九日戦死
高山　昇（崔貞根）	中尉	陸軍士官学校	二四歳	四五年四月　二日戦死
結城尚弼（金尚弼）	少尉	特別操縦見習士官	二五歳	四五年四月　三日戦死
河東　繁（不　明）	伍長	少年飛行兵	不明	四五年四月一六日戦死
平木義範（李允範）	曹長	逓信省航空養成所	二四歳	四五年四月二二日戦死

木村正碩（不　明）	伍長	少年飛行兵	不明	四五年四月二八日戦死
光山文博（卓庚鉉）	少尉	特別操縦見習士官	二五歳	四五年五月一一日戦死
廣岡賢載（李賢載）	伍長	少年飛行兵	一九歳	四五年五月二七日戦死
金田光永（金光永）	伍長	少年飛行兵	一九歳	四五年五月二八日戦死
石橋志郎（不　明）	少尉	特別操縦見習士官	二七歳	四五年五月二九日戦死
清原鼎実（韓鼎実）	伍長	少年飛行兵	二〇歳	四五年六月　六日戦死

名簿の出典は『とこしえに』（前掲）と桐原久『特攻に散った朝鮮人』（前掲）とした。ところで、このうち三名は本名が不明である。さらにそのうちの河東繁と木村正碩は年齢も不明である。なお、木村正碩は特攻隊慰霊顕彰会編『特別攻撃隊』（前掲）では、山口県出身となっていることを付記しておく。

　ところで、朝鮮人特攻隊員には、日本人とはちがった苦悩があった。祖国朝鮮への限りない愛、同胞への愛、そして朝鮮人としての誇り。これらの朝鮮への思いと日本のための特攻戦死は明らかに矛盾する。しかし、この矛盾の中に精一杯に生きることが、朝鮮の独立と未来につながるという、この人たちなりの様々な納得の仕方で決然と飛び立っていった。特攻はこの人たちの朝鮮への愛の実践であった。

　しかし、残された家族には別の哀しみが覆いかぶさっていく。飯尾憲士『開聞岳』（前掲）は、大河正明（朴尚薫）の父は、日本軍に協力した遺族として同胞の迫害を受け、精神に異常をきたして死んだと記す。愛を信じて死んでいった朝鮮人特攻隊員たちの思いを裏切るかのように、家族にはその愛とは裏腹のむごい仕打ちが待っていた。しかし、これは支配する側の巧妙な仕掛けである。支配する側は、支配される側の内部に分裂と骨肉の憎しみを植え付ける。そして、支配する側は、この支配される側の混乱につけ込み、それを巧みに利用する。これは支配の常套手段である。

〈一九四五年六月七日出撃戦死〉

◆宮光男（曹長　召集　二六歳）は、「母上様　祖母様　栞殿　唯今出発します。皆様元気で御暮し下さい。色々有難う御座居ました」。◆榊原吉一（軍曹　二〇歳　航養）は、出撃の二〇日ほど前に、父あてに「お金なんて死ぬ身には不用故、三百円程の預金送付致します」と残している。残る家族の経済の心配をしながら、郵便預金などを送る遺書が結構に多い。そして出撃当日は、「吉一、只今ヨリ出発致シマス　父上様母上様弟妹達健在デ生活セヨ（略）昭和二十年六月七日十六時」。◆佐々木平吉（軍曹　航養　二〇歳）は外泊の際、父に特攻命令を「特ニ打明様トシテ打明ケラレザル平吉ノ胸中ヨロシク御推察下サレ」とし、また、世話になった人々への気遣いを記している。最後に「一、金銭貸借　無シ　一、婦人関係　無シ」としている。この三名はともに第六三振武隊である。宮を除く二名の遺書全文は次章で記す。

◆中島秀彦（少尉　陸士　二三歳）は、人生は物理的な長さではなく、どのように生きるかの中身であるとして、楠木正成の生き方に理想を求めている。苗村七郎『陸軍最後の特攻基地』（前掲）に遺書が紹介されているが、日付がない。故にこれが遺書であるかどうかは判別できない。

〈一九四五年六月八日出撃戦死〉

◆長井良夫（少尉　陸士　二二歳）は、「良夫は唯やるべき事をやるだけで自慢する事も誇る事もありません。軍国の一家として立派にやって下さい」。

〈一九四五年六月一〇日出撃戦死〉

◆金井良吉（伍長　航養　二一歳）は、「皆様どうか良吉が喜んで必沈の鉢巻きもりりしく勇んで出発する姿を想像して良吉の武運のみ御祈り下さい。さやうなら　お父上様　お母上様　御一家一同様」。ただし、文面からこのあとにも両親あてに手紙を出しているようである。だから遺書とは判断しがたい。

この日は◆江波正人も出撃しているが、この人の遺書は本章の末尾で全文を引用する。

〈一九四五年六月一一日出撃戦死〉

◆渋谷健一（大尉　少尉候　三一歳）、この人の遺書は長文である。配慮の行き届いた遺書となっている。「倫子並生れ来る愛子へ」としたうえで、「必ず死すと定まりて」それにて「勝敗は神のみ知り給う」、そして「父恋しと思はば空を視よ。大空に浮ぶ白雲に乗りて父は常に微笑て迎ふ」としている。「出身地の山形の学徒、学童へ　私等は陸軍特別攻撃隊振武隊員です」と故郷の見知らぬ子どもたちに、「健全な体で毎日の学業に励み立派な日本人」になるよう励ましている。この人の遺書全文は次章で記す。◆巽精造（少尉　幹候　二四歳）は、大阪市立扇町商業から関西大学第二専門部に進んでいるが、学徒出身の「特操」ではなく、現役輜重兵から航空へ転科している。輜重《しちょう》とは補給部隊である。「輜重輸卒が兵隊ならば蝶々蜻蛉《ちょうちょうとんぼ》も鳥のうち」と同じ陸軍が補給部隊を馬鹿にする。こんなことが航空転科の動機となっていたのであろうか。「人生二十五年（数え年か―引用者注）、正に満願に達しました。今死することを命ぜられたのも、前世からの宿縁」としたうえで、母に「元気で征きます。御両親様の写真をしっかりと胸にいだいていきます。〃オカアーチャン〃　サヨウナラ」。◆稲垣忠男（少尉　特操　二四歳）は、「大君の醜の御楯の桜花　七度生れわれは散るなり」。◆稲島竹三（軍曹　航養　二一歳）は、「桜花醜の御楯となりてこそ　勇みて散らん西南の風」。◆森高夫（伍長少飛　二〇歳）は、「でかいのを轟沈誓ふ　おさな心の汗の玉」。◆斉藤正敏（軍曹　航養　二〇歳）は、

「国のため雄々しく空に散ってこそ　大和男子の甲斐はあるなり」。◆井上清（軍曹　航養　二三歳）の遺書は、「吾等星みる、みる、吾等は内に省みて此の涙のこぼるゝ程厳粛なる事実を直観する。宇宙の万物は皆その影を吾等の官能の中にあり」と哲学的で極めて難解である。◆加藤俊二（軍曹　航養　二一歳）は、「お母さん　私は只今より決戦場へ征きます」「母と別れて大空征けば　胸に血潮の大和魂」。◆岸田盛夫（伍長　少飛　二一歳）は、「姉さま短い間の姉さま」宛に「喜び勇み元気旺盛出発す。さらば」としている。また「思い出すのは幼い頃の　母の背中よ水色星よ　螢飛ぶ飛ぶあぜ道の　遠い祭りの笛タイコ」には、母と故郷への想いが吐露しているように思われる。この人はもう一通壮絶な遺書を残している。新聞紙の切れ端の一片に書き残された遺書である。「朝」の一字が見えることから「朝日新聞」の切れ端であろう。発行日付は「六月一一日」となっていることから、出撃当日の新聞である。全文を加世田市平和祈念館展示資料より筆耕のうえ、引用させていただく。

何モ出来ザリシ我御許下サイ
　陛下ノ御為我最大ノ
　力ヲ発揮シマス
◎若桜異境の空に果つるとも
　　守らで止まし大和皇国を

（加世田市平和祈念館展示資料）

以上の遺書は第六四振武隊である。
第六四振武隊員はそれぞれに多彩な遺書を残している。筆者にとって、この第六四振武隊は何かと気になる部隊である。この部隊は後に触れる。

〈一九四五年六月一九日出撃戦死〉

『とこしえ』（前掲）と森本忠夫『特攻』（前掲）の二著は、この日の陸軍航空特攻出撃を記していないが、他の多くの資料はこの日に陸軍第一四四振武隊の出撃を記録している。資料の検証の結果、陸軍第一四四振武隊は、この日に出撃していると推測する。そうであれば陸海軍あわせて、この日の出撃は第一四四振武隊の四機だけの出撃となる。この部隊については、第七章一項で詳述する。

〈一九四五年六月二二日出撃戦死〉

◆原田栞（少尉　特操　二六歳）は、達筆に「野畔の草召し出されて桜哉」と揮毫《きごう》し、出撃前の心情を詠いあげている。◆熊沢弘之（少尉　特操　二三歳）は「岩が根も砕けざらめや武士の国の為にと思ひ切る太刀」。二人はともに第二七振武隊である。この人たちの遺書全文は次章で記す。

〈一九四五年七月一日出撃戦死〉

◆新田祐夫（伍長　少飛　一九歳）は、父母の写真を「持って行くものではない」として送り返している。「お父様　お母様　お姉様　では、さようなら、祐夫の生前お世話になった人々によろしく」。◆宇佐美輝雄（伍長　少飛　一九歳）も、「御両親の御写真を一緒に沈めることはいけないことだそうで」「御写真と別れても天地にはぢざる気持ちにて神州護持に力めます」。二人はともに第一八〇振武隊である。この人たちの遺書全文は次章で記す。

ところで、陸軍による沖縄への組織的な航空特攻は、七月一九日をもって終了している。この日以降の公式記録はない。ただし、南西方面や本土周辺での艦船への体当たり、および日本上空での米戦略爆撃機B二九への空中体当たりは、その後も散発的に続行する。

筆者が何かと気になる二編の遺書がある。

◆大石清（出撃戦死日不明　出身機関不明　年齢不明）には両親がいない。幼い妹が叔父叔母に預けられている。その妹に書き残した遺書、

なつかしい静ちゃん！

おわかれの時がきました。兄ちゃんはいよいよ出げきです。この手紙がとどくころは、沖なわの海に散っています。思ひがけない父、母の死で、幼い静ちゃんを一人のこしていくのは、とてもかなしいのですが、ゆるしてください。

兄ちゃんのかたみとして静ちゃんの名であづけていたゆうびん通帳とハンコ、これは静ちゃんが女学校に上がるときにつかってください。時計と軍刀も送ります。これも木下のをじさんにたのんで、うってお金にかへなさい。兄ちゃんのかたみなどより、これからの静ちゃんの人生のほうが大じなのです。

もうプロペラがまわっています。さあ、出げきです。では兄ちゃんは征きます。泣くなよ静ちゃん。がんばれ！

（神坂次郎『今日われ生きてあり』前掲）

プロペラの回る音が伝わってきそうだ。その音は特攻隊員としての大石の雄叫びであったのか、それとも幼い妹を残す兄としての慟哭《どうこく》であったのか。ところで、大石の出撃は一九四五年五月頃の万世基地と思われる。しかし、この遺書を紹介する神坂次郎『今日われ生きてあり』（前掲）には、大石

清の出撃日、部隊名など、この人を特定できる詳細を記していない。ちなみに、他の多くの資料にも「大石清」の特攻戦死を記していない。ということは、この人は特攻からは生還していることになる。そうであるなら、本稿でこれを遺書とすることに逡巡が残る。

もう一通、◆江波正人（出身機関不明　二六歳）の遺書、江波には妻がいる。出撃当日一九四五年六月一〇日の日記の最後の頁、

昭和二十年六月十日午前六時
　搭乗員戦闘指揮所前に整列
出発まで半時間あり。翼の下に寝転って書く。草のにほひ、土のにほひ。
出撃前の気持、静かにして鏡の如し、思ひ残すことなし。
一つの人生の結論　必死の生涯の結実
　江波正人　二十六歳　本日すこぶる健康

（神坂次郎『今日われ生きてあり』前掲）

遺書は完全な覚悟と悟りの域に達している。これ以上の精神力があるとは思われない。まさに鏡の如く透明としかいいようがない。名状しがたい落ち着きがある。超越した達観がこの遺書にはある。

ところで、江波正人の出撃基地は知覧と推測されるが、神坂次郎『今日われ生きてあり』（前掲）は、江波の部隊名などの詳細を記していない。『とこしえに』（前掲）には、この人の特攻戦死の記録がない。森本忠男『特攻』（前掲）および苗村七郎『陸軍最後の特攻基地』（前掲）、さらに特攻隊慰霊顕彰会編『特別攻撃隊』（前掲）の名簿にも、この人の名は記録されていない。先述と同様の悩ましさが残る。

筆者がさらに気になる遺書がある。それは、ここに集計した一四三名以外の無言の遺書のことである。多くの特攻隊員は、一行の文字をも遺すことなく、追い立てられるかのように、慌《あわ》ただしく飛び立っていった。

戦争の本質を一番よく知っていたのは、戦死した一人ひとりの兵士であり特攻隊員である。故に本稿は陸軍航空特攻隊員の遺書から、戦争と人間の本質の一端に迫りたかった。しかし、残された遺書は余りにも少ない、そして、その遺書も全てを語っているわけではない。多くの特攻隊員は、結局は何も語らぬままに飛び立っていった。

この人たちは熾烈な軍隊生活を送っている。訓練も厳しかった。離陸が悪いといっては殴られ、着陸が悪いといっては殴られ、とにかくみじめで非人間的な制裁を受けているはずである。しかし、不思議なことに遺書には一行も制裁のことに触れていない。また、そのことへの恨み辛みも書かれていない。書けばそのことが制裁の種を作る、だから、書けないことも理由であったと考えるが、それよりも、そんなことは些細なことで、書く必要もなかった風である。

もうひとつ、遺書を通読して不思議に感じることがある。それは連合国軍への敵愾心《てきがいしん》がほとんど感じられないことである。沖縄に展開する米軍への憎しみのようなものが遺書からは余り伝わって来ない。確かに「醜敵米英」といったような表現はある。しかし、それは憎しみの表現というよりも相手を揶揄《やゆ》しているような余裕さえ感じる。

遺書は「敵」という形あるものへの、外に向かっての渾身の憎しみというよりも、特攻隊員として選ばれたことの名誉、家族のため、国のために惜しみなく犠牲となることの歓び、そして、「悠久の大義」という形而上の美学へと昇華しているように感じる。

出撃までには深い苦悶もあったと考える。悲しみに身も震えたと考える。しかし、遺書には惨めさが微塵もない、悔しさもない、恨みも感じられない。淡々とした実に爽やかな印象を残している。

フランス人ジャーナリストのベルナール・ミロは、その著『神風』（内藤一郎訳／早川書房　昭和四七）の末尾に、氏固有の眼差しで、ややもすると日本人が見落としがちな視点で、日本軍特攻隊員の人格をつぎのように記す。

（略）特攻に散った若者の圧倒的な大多数のものが、各自の家庭にあっては最も良き息子であったということの発見である。きわめて希な少数を除いて、彼らのほとんどは最も愛情深く、高い教育を受け、すれてもひねくれてもいず、生活態度の清潔な青年たちであった。そして両親に最も満足を与えていた存在だったのである。（略）

ほんのひとにぎりの狂燥的人間なら、世界のどの国にだってかならず存在する。彼ら日本の特攻隊員たちはまったくその反対で、冷静で、正常な意識をもち、意欲的で、かつ明晰な人柄の人間だったのである。

多くの特攻隊員たちの書き残したものや、彼らを知る人々の談話の中からうかがい知られる勇気を秘めたおだやかさや、理性をともなった決意というものもまた、彼らの行為が激情や憤怒の発作であったとする意見を粉砕するに十分である。

日本軍特攻隊員を、客観的に冷静に観察できる外国人の印象である。ベルナール・ミロには、日本軍特攻隊員はこのように見えた。「各自の家庭にあっては最も良き息子であった」とする見方は、このように改めて指摘されると、そこに新鮮な発見と驚きがある。たしかに陸軍航空特攻隊員は、その遺書の内容からも、親たちにとって誇りであったとともに、社会、国家にとっても十二分に自慢できる人たちであった。

本章を締めくくるに当たって是非とも述べておきたいことがある。それは、遺書を通読して感じることであるが、この人たちは死を目前にしながら、死そのものを考えていたというよりも、死の直前までを、いかに精一杯に「生きる」か、を考えていたという印象が強いことである。

このことについて、林市造（少尉）が残した日記『日なり楯なり』（加賀博子編『林市造遺稿集／日記・母への手紙他　日なり楯なり』櫂歌書房　一九九五）を引用したい。

林市造は京都大学在学中に学徒出陣し、海軍の搭乗員となった。そして、海軍神風特別攻撃隊、第二・七生隊員として、一九四五年四月一二日に戦死している。享年二三歳であった。引用する日記の日付は三月四日である。戦死の約一ヶ月前である。林市造はつぎのように記す。

（略）私は戦死に心惹かれる。だが考えてみるとそれは逃避でしかない。死はあたえられているとはいえ、あたえられる（現実に実際）時まで私は生への執着を保とうと思う。否保たねばならない。

私は死を考えない方がよい。私は却って死をあたえられた現在に於ては生を考えようと思う。生きようと思う。私は死を眼前に悠々たる態度をとるのでなしに、永遠に生きるものの道を辿ろう。

林市造は、すでに死を受け入れ、それに喜びさえ見出している。だから、林市造にとっては「死」そのものがすでに「生」という心境である。この心境は、林市造にとっては「悠々」の楽な生き方なのである。しかし、林はこれを「逃避」として自分を責めている。出撃を控えたこの時こそが「生」を考える時であるとしている。

陸軍航空特攻隊第六六振武隊の後藤光春は、つぎのような遺書を残している。後藤は陸軍士官学校から空中勤務者となり、一九四五年五月二五日に特攻戦死している。享年二二歳であった。この人は多彩な遺書を残している。引用する遺書は出撃戦死の前日の絶筆である。

吾、十数時間後ニ体当リセントス　此ノ時ニ於イテ生死ヲ考フルヤ否ヤ　勿論考フルベシ　併シ出撃ノ時　軽イ気持、演習気分デ出撃ス

後藤光春は後に詳述する。ところで、後藤は「此ノ時ニ於イテ生死ヲ考フルヤ否ヤ　勿論考フルベシ」としている。これは生への執着とも受け取れる。そうあって当然である。しかし、一方、死の直前までを精一杯に生きたい、そして、「見事本懐」を遂げたいとする意思とも受け取れる。

陸軍航空特攻隊員の一四三通の遺書は、生と死という鮮烈なコントラストの狭間の中で、また、生と死という明瞭な境界線の上で、決してたじろぐことなく、死までの刹那を精一杯に生き抜いたということを彷彿とさせる。この人たちは、決して投げやりではなく、真面目で、律儀で、そして、真摯であった。

なお、本章で引用させていただいた遺書の出典をつぎに記しておく。

村永薫編『知覧特別攻撃隊』（ジャプラン　一九九一　改訂版）、知覧高女なでしこ会編『知覧特攻基地』

（話力総合研究所　平成四　一三刷）、知覧高女なでしこ会編『群青　知覧特攻基地より』（高城書房出版　平成九）、桐原久『特攻に散った朝鮮人』（講談社　一九八八）、苗村七郎著／編『陸軍最後の特攻基地』（東方出版　一九九三　初版）、朝日新聞西部本社編『空のかなたに』葦書房　平成五　四刷）、神坂次郎著『今日われ生きてあり』（新潮文庫　平成五）、後藤慶生著『流星一瞬の人生　後藤光春の実録―総集編―』（自家本）、防衛庁戦史室『戦史叢書　陸軍航空作戦』（朝雲新聞社）、島原落穂『白い雲のかなたに　陸軍航空特別攻撃隊』（童心社　一九九五）

第213、第214振武隊員。この後、知覧へ移動。

昭和20年３月、調布基地の第19振武隊員

第三章――遺書分析

第一項　「遺書内容の五項目」

本章では、前章で紹介した一四三名分の遺書を分析し、陸軍航空特攻の一面を探りたいと考える。遺書一通一通の記載内容を分析し、出撃直前の陸軍航空特攻隊員の心情を把握することを目的とした。

分析対象とする遺書は、家族あてに「遺書」として差し出されたもの、あるいは、家族や友人あての手紙やはがき類で、あきらかに絶筆と判断される文書、あるいは日記の最後の日付で絶筆となったものなどとした。すなわち、個人的な心情を語る可能性のある文書類とした。要するに、前章で紹介した遺書である。これらの文書には、少なからず特攻隊員の心情が吐露し滲《にじ》み出ていると考えられる。

特攻隊員は、遺書以外に「所感」を残している場合がある。この「所感」は基地の報道班員に書き残したものであったり、上官の出した課題への答申であったり、あるいは宛先が明確でない社会一般や第三者宛であったり、その形式は様々である。共通するところは私的な文書ではなく、宛先が軍組織であったり、世間や社会一般であったりすることである。

そこで、筆者（私）は遺書分析に当たって、「所感」と判断したものは分析対象からはずしたことを断わっておく。その理由は「所感」は家族宛ではなく、社会一般に宛てて出されていることから、自分の心情を率直に書き表わす可能性なり余裕なりが制限されていると判断するからである。

これに対して遺書や手紙また日記は私的な文書であり、自分の心情を吐露できる可能性がある。筆者は特攻隊員の「建前」ではなく、「本音」を聞くことにより陸軍航空特攻の本質を探りたいと考えていることから、「本音」が制限される「所感」は分析対象から外した。もとより遺書と「所感」の違いは微妙である。明確に峻別できるものではない。そこで、両者の区分については、本章第五項「遺書と所感」で詳述するので参考とされたい。

遺書といえども、当時は「本音」を書くこと自身がはばかられた時代背景がある。当然に自己規制が働いている。しかしながら、私的な文書である限り、文書の行間には出撃瞬間の心情が吐露されており、また滲み出ているものと考える。

森岡清美『決死の世代と遺書』（新地書房　一九九一）は、この辺りの事情を「しかし、死を前にして近親には真情を吐露したいのが人情であるから、大言壮語に近い型通りの表現でも、その背後に潜む思いに迫ることは不可能ではないのではないか」とし、その背後に潜む「白い行間」を読み取ることが大切であるとしている。同感である。

まず、遺書一通の全文を紹介する。

佐藤新平の遺書（曹長　逓信省航空局乗員養成所〈後述〉出身　一九四五年四月一六日出撃戦死　二四歳）

天皇陛下万歳

大命ヲ拝シ、新平只今特別攻撃隊ノ一員トシテ醜敵艦船撃滅ノ途ニ就キマス
日本男子トシテ本懐コレニ過グルモノハゴザイマセン　必中必沈以テ皇恩ニ報イ奉リマス
新平本日ノ栄誉アルハ二十有余年ニワタル間ノ父上様、母上様ノ御薫陶ノ賜ト深ク感謝致シテ居リマス
新平肉体ハ死ストモ魂ハ常ニ父上様ノオ側ニ健在デス　父上様モ母上様モ御老体故呉々モ御体ヲ大切ニ御暮シ下サイ　決シテ無理ヲナサラヌ様
デハ
日本一ノ幸福者、新平最後ノ親孝行ニ何時モノ笑顔デ元気デ出発致シマス
親類ノ皆様方近所ノ人達ニ宜敷ク
新平拝　　御両親様

（村永薫編『知覧特別攻撃隊』前掲）

一四三名分の遺書を通読して、まず感じることは、ほとんどの遺書は概《おおむ》ね次の五つの内容で書かれているということである。

（一）「皇国思想」。天皇への忠誠、愛国心。
（二）「特攻思想」。烈々たる攻撃・特攻思想。
（三）「家族愛」。家族・肉親への愛。
（四）「近隣愛」。恩師・友・近隣者への思い。
（五）「風土愛」。祖国や故郷への思いと、現状や将来への憂い。

ただし、この「風土愛」は「その他」としたほうが適当であったかもしれない。しかし、「その他」とするには、あまりにも内容が豊かであった。ゆえに「風土愛」としたことを断わっておく。何通か

の遺書は、豊かな「風土愛」を記している。

これら五つの分類を、本稿では「遺書内容の五項目」とする。また（一）「皇国精神」と（二）「特攻思想」を合わせて「殉国思想」とする。（三）「家族愛」と（四）「近隣愛」と（五）「風土愛」の三つを合わせて「愛の思想」とする。

ある人は天皇への忠誠を書き残し、ある人は肉親への愛を遺している。特攻思想に終始している遺書もあれば、同時に恩師や友に思いを寄せている遺書もある。文体は短歌だけのもの、短文のもの、相当な長文のもの、平文のもの、候文のもの、カタカナ書きなど様々である。思い思いの書き方で内容も結構に自由で奔放である。また、書かれている素材（メディア）も、日記の最後のページ、手紙、はがき、原稿用紙、巻紙の筆書き、半紙、墨痕鮮やかな揮毫《きごう》、など様々である。そして、そのほとんどは「遺書内容の五項目」の範囲内で書かれている。「遺書内容の五項目」以外の内容で書かれているものもあるが、ごくまれである。

そこで、本稿では遺書が短文であれ長文であれ、書かれている内容が上記の「遺書内容の五項目」のどの項目に、どれだけの比重が置かれて書かれているかを分析しようと試みた。分析方法としては遺書一通々々を精読し、それぞれの遺書が「遺書内容の五項目」のどの項目に力点が置かれて書かれているのか、すなわち、一通ずつの遺書の記載内容が五つの項目にどのように分布しているかを分析しようと試みた。そして、その上で一四三名の遺書全体を俯瞰し、一体に何が見えてくるのかを分析しようとするものである。そして、このことから陸軍航空特攻隊員総体の出撃直前の心情を探り出そうと試みるものである。

先述したように、遺書といえども「本音」を書くことは憚《はばか》られた時代背景があった。故に書かれている内容は、建前であると言ってしまえばそれまでである。しかし、絶対死の出撃を前にした遺書には、その表現がたとえ建前であったとしても、行間には本音の心情が染《し》み込んでいるものと考える。遺書一通々々の解釈だけでなく、遺書総体を俯瞰しようとする意図がここにある。

まず、筆者（私）が遺書一通を「遺書内容の五項目」にどのように分析配分したかを、いくつかの事例で示しておく。

（事例一）

前述の佐藤新平の場合は、つぎのように分析した。

天皇陛下万歳　大命ヲ拝シ（「皇国思想」）

新平只今特別攻撃隊ノ一員トシテ醜敵艦船撃滅ノ途ニ就キマス　日本男子トシテ本懐コレニ過グルモノハゴザイマセン（「特攻思想」）

必中必沈以テ皇恩ニ報イ奉リマス（「特攻思想」と「皇国思想」）

新平本日ノ栄誉アルハ二十有余年ニワタル間ノ父上様、母上様ノ御薫陶ノ賜ト深ク感謝致シテ居リマス（一見「家族愛」だが、内容は「特攻思想」と解釈する）

新平肉体ハ死ストモ魂ハ常ニ父上様ノオ側ニ健在デス（「特攻思想」と「家族愛」、しかし、「特攻思想」が強いと解釈する）

父上様モ母上様モ御老体故呉々モ御体ヲ大切ニ御暮シ下サイ　決シテ無理ヲナサラヌ様（「家族愛」）

デハ　日本一ノ幸福者、新平最後ノ親孝行ニ何時モノ笑顔デ元気デ出発致シマス（「特攻思想」と「家族愛」、しかし、「特攻思想」が強いと解釈する）

親類ノ皆様方近所ノ人達ニ宜敷ク（「近隣愛」）

以上の結果として、この遺書は「特攻思想」が全体の半分以上をしめており、つぎに「家族愛」が全体の一割程度を占めている。あと「皇国思想」と「近隣愛」が若干述べられていると分析する。なお、この遺書は「風土愛」に触れていない。

（事例二）

山下孝之（伍長　少年飛行兵出身〈後述〉、一九四五年五月二五日出撃戦死、年齢不明）の場合。遺書は出撃の直前に書かれたようだ。


只今元気旺盛、出発時刻を待って居ります。愈々此の世とお別れです。

お母さん必ず立派に体当り致します。

昭和二十年五月二十五日八時。これが私が空母に突入する時です。今日も飛行場まで遠い所の人々が、私達特攻隊の為に慰問に来て下さいました。丁度お母さんの様な人でした。別れの時は見えなくなるまで見送りました。

二十四日七時半、八代上空で偏向し故郷の上空を通ったのです。

では、お母さん、私は笑って元気で征きます。

永い間御世話になりました。妙子姉さん、緑姉さん、武よ。元気で暮して下さい
お母さん、お体大切に。私は最後にお母さんが何時も言われる御念仏を唱えながら空母に突入します。

南無阿弥陀仏
昭和二十年五月二十五日

（村永薫『知覧特別攻撃隊』前掲）

この遺書は「家族愛」が半分強を占めている。「立派に体当り致します」として「特攻思想」にも触れている。

（事例三）

藤井一（中尉　少尉候補生出身〈後述〉、一九四五年五月二八日出撃戦死　二八歳）の場合。

先日はこころからの御馳走になりまして心から御礼申上げます。

亦出発に際しましては遠路御見送りに預かりましてありがたう御座いました。

御家庭の皆様によろしく。御嬢様より戴きました花束、今は遠き〇〇《（マヽ）》の一室にかざってあります。では必ず任務を心達いたします。

二〇・五・二一

平野愛子様

（知覧高女なでしこ会編『知覧特攻基地』前掲）

実に簡潔な文面である。千葉県松戸飛行場で世話になった人への手紙である。全体の内容は「近隣愛」と判断する。藤井一は特攻志願したが上官に聞き入れられず、再三再四の「血書嘆願」で特攻隊員となっている。特攻は自分から選んだ道であった。藤井一が残した最後の手紙は物静かであり、「特攻思想」は、「では必ず任務を心達いたします」とささやかである。残りの大半は「近隣愛」と分析する。

ところで、藤井一の妻福子は、このような夫の「後顧の憂い」になってはいけないと、「お先に行っておりますから心おきなく戦って下さい」の遺書を残し、一九四四年の冬に三歳と一歳の子どもを道連れに荒川に入水自殺している。まさに軍国の妻であった。今日でもこれは「美談」として伝えられている。

前後の関係から藤井一は烈々たる「特攻思想」の持ち主である。家族もこれを支えたことから、本来なら「特攻思想」が全てを占めていいはずである。しかし、本章は出撃間際の遺書もしくは絶筆と考えられる文書の分析が目的である。ひとりの人間の生涯や生き様の全てを分析対象としていない。藤井一の場合も、残されたこの簡潔な一通の遺書のみを分析対象とした。

なお、妻福子の「美談」については、第六章第三項であらためて詳述する。

「遺書内容の五項目」の分析については、使われている単語と全体の文脈を考慮に入れ、出来る限り妥当性を持つように努力はしたが、それぞれの遺書を「遺書内容の五項目」に則してどのように解釈するかは、あくまでも筆者の判断であり、主観が入ることは否めない。したがって、解釈には筆者なりの偏《かたよ》りがあることをあらかじめ承知いただきたい。

また、筆者の手許には、このような方法での特攻考察の先行事例はない。故に本稿は試行錯誤の試論であることも承知いただきたい。なお、森岡清美『若き特攻隊員と太平洋戦争　その手記と群像』（吉川弘文館　平成七年）のような、遺書分析の優れた先行研究はあるが、「遺書内容の五項目」に則《そく》し、遺書総体を俯瞰しようとする試みは先行事例がない。

ところで、死を直前にして書かれた遺書を、たとえ考察のためとはいえ、それを分析することには、筆者自身にも相当な逡巡がある。さらに、特攻隊員縁《ゆか》りの人々が生存されており、その悲しみが今以て癒《いや》されていない現状を考える時、本章の分析にどれほどの正当性があるのかも迷いがある。この迷いを抱いたまま稿を進めることをご了解いただきたい。

一四三名の「遺書内容の五項目」分析結果は、次のとおりとなった。

（一）「皇国思想」は、全体の一割強程度の割合となった。全員が必ずしも「天皇」や「皇国」に触れているわけではない。出身機関（後述）によっては全く触れていない場合もある。

（二）「特攻思想」は、全体の五割程度を占めており、遺書の全てがこのことに触れている。さらに、遺書から聞こえてくる「特攻思想」は、決して「建前」の響きではない。

（三）「家族愛」は、全体の三割程度を占めている。そして、少しの例外を除いて全員が家族のことに触れている。このことから特攻を支えたのは「家族愛」であったと言える。このことは先述の森岡清美『若き特攻隊員と太平洋戦争　その手記と群像』（前掲）の主要なテーマにもなっている。

（四）「近隣愛」は必ずしも全員が記しているわけではない。特攻隊員の年齢や、軍歴以前の社会経験に左右されているようである。

（五）「風土愛」もそんなに高いわけではないが、しかし、枝幹二（終章参照）のような特別操縦見習士官出身者（後述）に豊かな「風土愛」を謳ったものがある。

特攻を著わした文献には、多くの隊員は「天皇陛下万歳」よりも母の面影を抱きつつ、その名を叫びながら出撃していったとある。生還（生存）した元特攻隊員もこのことを証言している。また特攻忌避もあったとされている。さらに、特攻が「志願」であったのか、それとも「命令」であったのかは、現在も論争の的となっている。今回の分析からは、「天皇陛下万歳」で代表される「皇国思想」は、全体の一割強の割合となった。また、特攻を「男子の本懐」とか「誇り」などで表現している

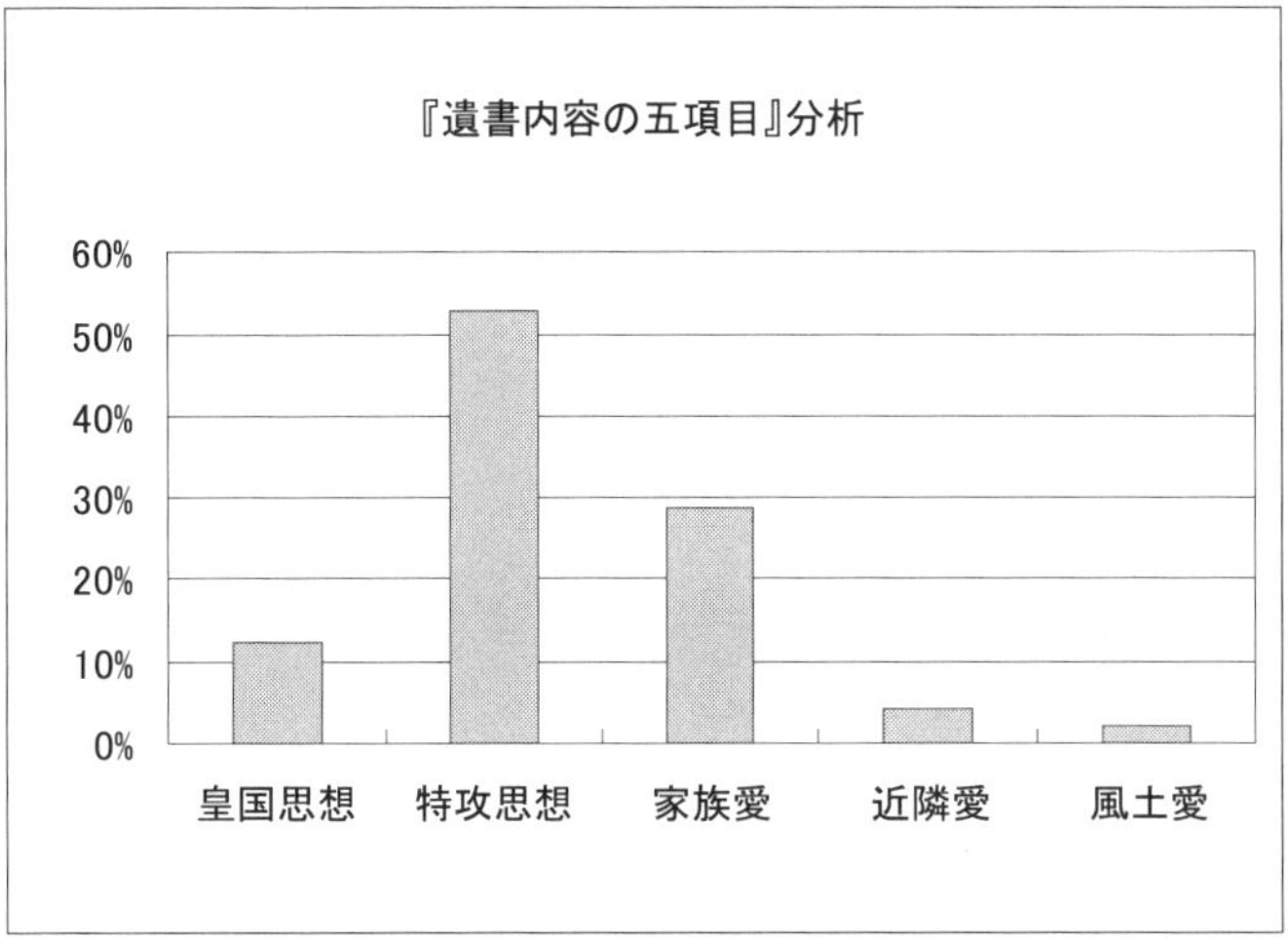

「特攻思想」は五割程度となった。「お母さん」で象徴される「家族愛」は三割程度となった。「近所の皆様によろしく」とする「近隣愛」、そして「風土愛」はごく少数ではあるが、豊かな内容で記されているものがある。以上のことをイメージ図で示すと、概ね上図のようになる。

そこで、以上を実証するためにも、遺書の実例を引用したい。一四三名の遺書の中からの抽出である。まず抽出の基準を記しておく。ここでは、同じ部隊に所属し、さらに出撃も同じ月日であり、当然に同じ月日に戦死した人たちの、ある程度まとまりのある複数の遺書を抽出することにする。

このような条件を満たす遺書群を抽出するのは、案外と厄介である。ここでは一九四五年四月六日に出撃戦死した、第六二振武隊所属の四名の遺書を抽出し引用する。出典は苗村七郎編『陸軍最後の特攻基地　万世特攻隊員の遺書・遺影』（前掲）とする。遺書本文は同書において編集されているとおりに転載引用する。

込茶章（少尉　陸軍特別操縦見習士官出身、二三歳）

前略　本州の南端此処某基地には桜の花が咲き海面を撫でる春風は僅かに冷たさを帯びて頬（ママ）びて心よ

い限りです。転地万物総ての生命が萌え出づる時一日々々の生命を楽みでみち、最後の猛演習に努めて居ります。吾々に接する人々の情けになきつつ心の底から大戦果をあげねばならぬと思って居ります。

加古川では全部の者に面会出来恐らく会えまいと考えて居た矢先実に嬉しく存じました。その節は色々と話しもしたいしお礼も云い度いと考へて居り乍らいざ会って見ると何一つ言葉に現せなかったのは残念です。

新聞等にもあります如く情勢は愈々重大なるものがありますが決してあせらずのんびりと戦ひ度いものです。ご一同様にも小生の戦果を指折り数へて居られる事と思ひますがのん気にお待ち下さい。

我々はここの基地で鈴木少尉の飛行機を失ひ又空輪して来た一機を失ひ鈴木は意識不明と云う実に虐げられた運命に置かれて居りますが自分にはどんな逆境がおし寄せて来やうとびくともしないものがあります。飛行機が壊れ戦友が斃れるのは空中勤務者の常、勝敗は兵家の慣ひ、どんな事が惹起しようとこれに克ち得る所存です。加古川での離陸には小生の飛行振りを見て戴き本望でした。通信筒は届きましたかお伺ひします。先は右皆々様の御健康をお祈りしつつ草々

章拝

御一同様

四月三日の佳日

出撃三日前の家族あての手紙である。それにしても淡々とした内容である。気負ったところは一片もない。やはり「特攻精神」が横溢している。しかし、家族のことも忘れてはいない。また、わずかではあるが、前段で「風土愛」にも触れている。

富澤健児（少尉　陸軍特別操縦見習士官出身、二三歳）

其後皆々様お元気の事と存じます。

此の間はお忙しい所、わざ〳〵お出で下され、心から有難く思って居ります。

傷の方はもう大丈夫ですから御心配なく。

健児もいよ〳〵最後の御奉公の時が参りました。いままでの一方ならぬ御養育、深く〳〵感謝致して居ります。意久地なかった健児でしたが、どうぞほめてやって下さい。

仇敵撃滅の為、健児は渾身の勇を奮ってぶつかって行きます。今の危機を救ふ者は私達です。この誇りをもって必ずやります。すでに戦友がやってゐます。今の今でも私の戦友は、後に続くものを信じてぶつかっているのです。

黙ってゐられるでせうか。これが黙って見てゐられるでせうか。

お父さん、お母さん、ほめてやって下さい。

弟よ、妹よ、お父さんお母さんを大事にしてあげてください。

お兄さんは死なゝい、遠い南西諸島の空よりきっと〳〵皆様を護ってゐます。この身体は死んでもきっと〳〵皆様を護ってゐます。この身体は死んでもきっとお護り致します。

近所の方々にくれ〳〵も宜しくお伝え下さい。それから本庄の海老原様とはいつまでも御交際ありますよう、忙しいのでなか〳〵お手紙書けない（途中不明）ゐます。西ケ谷様にも宜しくではこれでお別れ致します。いろ〳〵ありがたうございました。

さようならさようなら

富澤少尉

たらちねの
　母を慕ひて梓弓
砕け散るとも
　恩は忘れじ
陸軍少尉　富澤健児

前般は「特攻精神」に溢れている。後半は「家族愛」と「近隣愛」となっている。その比率は半々というところであろう。最後の「さようなら」の繰り返しが印象的である。

三宅柾（軍曹　陸軍少年飛行兵出身、二〇歳）

拝啓　益々御精励の事と存じます。降って小生無事にて来るべき日に備へて居ります安心下さい。さて先日壬生を出発する際貯金通帳を送りましたが届いたでせうか。僅かですが受取って小遣いなり或いは寄附なりして下さい。津島神社に一部を寄附して下さるならば満足です。尚生命保険に入った件御納得下されたことと存じます。

以後お便りを出す暇がありませんから近親の衆によろしく。小生悠久の大義に生きた旨内報でもあったら一同お祝い下され度、最後に御長寿を祈ります。草々

大半は「家族愛」である。「悠久の大義」と若干ではあるが、「皇国思想」にも触れている。さらに貯金と生命保険のことを気にしている。

坂本清（伍長　逓信省航空乗員養成所出身、一九歳）

拝啓　三十日九州久留米へ出発致します。そして愈々、それが必中必沈のときです。

さて、本二十八日保険へ加入致しました。領収証を同封致します。詳細は会社より通知が参る事と思ひます。小包の中に貯金通著同封致しました。貞子に差上げます。

尚現在借金皆無に付御安心を。以上

父上様

清

遺詠

天皇の　弥栄を三度唱えつつ　われ体当らん　夷の艦に
雪に克ち　寒さに堪えし　白梅の　今こそ香る　ときは来にけり
君が代を　犯さんとする　夷らに　大和男子の　意気見せん
しきしまの　大和男子の　たのしさは　敵ぶねの中に　玉と砕ける
君の為　玉と砕けん　益良男の　意気をば見よや　とつ国のひと

一機一艦を屠るの大命を拝す。日本に生を享け、これ程の名誉が又とあろうか、余の心中よろこびと、幸福に充ち充ちたり。

遺詠で、「皇国思想」と「特攻精神」を存分に述べている。貯金と生命保険のことで「家族愛」を記している。

以上、第六二振武隊四名の遺書を引用した。それぞれに個性的な遺書である。同じ部隊で、同じ日の出撃であっても、遺書の内容と「遺書内容の五項目」の割合は一様ではない。

この部隊の遺書全てを「遺書内容の五項目」に則して分析すると、「皇国思想」は少しだけ触れられている。「特攻精神」は大半を占めており、全員が「特攻思想」に触れているのが分かる。「家族愛」の占める割合は「特攻精神」ほどに高くはないが、全員が必ず「家族愛」に触れているのが分かる。「近隣愛」も若干に触れられている。「風土愛」もごくわずかであるが記されている。

同じ第六二振武隊であるが、瀧口尚文は六日後の四月一二日に出撃戦死している。出撃日は違うが、上記の四名と寝食を共にしている。この人の遺書（苗村七郎『陸軍最後の特攻基地　万世特攻隊員の遺書・遺影』）も引用しておく。

瀧口尚文（少尉　陸軍特別操縦見習士官出身、二三歳）

謹啓

父上様　母上様を始め一同皆様御元気のことゝ思ひます。尚文儀此度特別攻撃隊の一員に加はるの光栄に浴し勇んで征かんとするところです。

今更と云うところですが、平素の不音を謝し併せて最后の御便りとする次第です。

今の此の時の為にと、御両親の並々ならぬ二十有余年の御養育、唯々感謝あるのみです。

よくぞ男にと自分は嬉しくてたまりません。私が敵艦に命中轟沈と聞かれたときの御両親の笑顔が目に見える様です。

どうかその時は家内揃って嬉しい笑ひ顔を見せて下さい。御願い致します。遺髪を同封します。

一、それからこれは細かいことですが、私が死んだら一万円の保険が入って居りますから……
二、（抹消）
三、色々寫眞を送って来る筈ですから、その中の一番美いのを數種牛島さんに送って頂き度く御願い致します。
「牛島さんには東京に行ったときから現在迄六年間實に筆舌に盡きない御世話になりました。それから自分は東京でも、銚子でも、すべて御世話のかけ放し、遂に最后の眞際迄御世話になりました。ご両親からも呉々もよろしく御礼を云って下さい。尚文は若し生きて居れば絶対に御世話する事が出来るのですが、六年間御両親には御通知致しませんでしたがこれが最后のお願ひです。自分の戦果は一番先に知らせて下さい（東京都神田区駿河台四ノ紅梅荘　牛島弘子）」
尚文は決して死ぬのではありません。悠久の大義に生きるのです。光栄これに過ぎるものありません。
徳雄、洋、よく兄の後に續いて下さい。三途の河から立派に死なせる様に祈ってゐます。
多喜子　よく孝養を盡くして下さい。
天皇陛下　萬歳
大日本帝国萬歳
振武隊
陸軍少尉　瀧口尚文

前半は「特攻精神」と見ていいだろう。後半は家族のこと、そして、瀧口との関係は不明であるが、ひとりの女性を気遣《きづか》っている。これは「家族愛」と見ていいだろう。最後に「天皇陛下万歳」「大日本帝国万歳」と締めくくっている。

ところで、この部隊では「貯金」と「生命保険」のことを書き残している。この部隊の誰かが「貯金」と「生命保険」に熱心であったのであろう。そして、他の者が影響されたのかもしれない。「貯金」と「生命保険」を書き残す遺書は結構に多いが、総ての特攻隊員の共通項でないことを断わっておく。

とにかく、陸軍航空特攻隊員の精神的支えの半分強は「特攻思想」が占めていることが分かる。強い特攻思想が充満している。つぎに「家族愛」が占めている。母をはじめとした肉親への愛情に溢れている。「皇国思想」は一割強程度である。「近隣愛」や「風土愛」はいずれも低い割合となっている。このことから陸軍航空特攻の遺書のキーワードは、「特攻思想」と「家族愛」のふたつであると考える。

「特攻思想」は「攻め」の意志であり、「家族愛」は「守り」の意志である。このふたつは本来は違った意志であり、場合によっては対立する意志である。しかし、今回の分析では、「特攻思想」と「家族愛」のふたつの項目が、ともに高い比率を占めている。

遺書のひとつひとつは冷静であり、特攻忌避や死への恐怖に泣き叫んでいる姿は、少なくとも一四三名の遺書からは窺《うかが》い知ることは出来ない。

前述したように、筆者の採った分析方法には相当の偏りがあることは否定しない、しかし、筆者以外の者が、仮に他の方法で分析したとしても、「遺書内容の五項目」の全体的な分布傾向には、大きな違いは出ないであろう。むしろ、結果は同じであるというのが筆者の確信である。

第二項　遺書と訓練教育機関

陸軍航空特攻隊員は、様々な訓練教育機関の出身者（以下、出身機関という）から構成されていた。実は、この出身機関によって「遺書内容の五項目」の比率が微妙に違っているのが分かる。以下はそのことについて述べるが、まず、陸軍航空特攻隊員の出身機関について、一九四四年（昭和一九年）時点での陸軍制度に即して簡単に述べておく。

〈陸軍士官学校　以下「陸士」と言う場合もある〉

職業軍人の養成機関である。陸軍幼年学校もしくは旧制中学校から試験を経て入校する。入校の試験は相当な難関であったと聞く。このうち志願によりさらに航空士官学校に進み空中勤務者となる。卒業後は士官として任官する。この陸軍士官学校は、海軍では海軍兵学校に相当する。若者の憧れのひとつであったと聞く。戦死時の階級はほとんどが少尉であった。沖縄戦で特攻戦死した陸士出身者は八四名、沖縄戦での全特攻戦死者の八・一％となる。戦死時の最年少は二〇歳（一九二五年生まれ）、最高齢は二六歳（一九一九年生まれ）である。遺書は一二名分で全遺書（一四三名分）の八・四％となる。

〈陸軍特別操縦見習士官　以下「特操」と言う場合もある〉

一九四三年（昭和一八年）七月に設けられた士官空中勤務者の養成制度。旧制大学学部、旧制大学予科、旧制専門学校、旧制師範学校、旧制高等学校等の卒業者、あるいは学徒出陣者で入営後に志願により陸軍飛行学校に入校、卒業後は士官として任官する。海軍では飛行予備学生がこれに相当する。

この制度は特攻隊員を養成するためのものではもちろんない。当時、不足していた士官空中勤務者を養成するものであるが、特操から特攻隊員になった人が結構に多い。特操は陸軍航空特攻のひとつの中心的な存在となっている。戦死時の階級はほとんどが少尉であった。沖縄戦での特攻戦死は二七三名で全体の二六・二％。戦死時の最年少は二〇歳（一九二五年生）、最高齢は三一歳（一九一四年生）。遺書は三八名分で遺書全体の二六・六％。

〈陸軍少年飛行兵出身　以下「少飛」と言う場合もある〉

一九三四年（昭和九年）に創設された下士官空中勤務者の養成機関。高等小学校修了者（一四から一六歳）で陸軍飛行学校に入校する。採用は相当な難関であったと聞く。卒業後は下士官として任官する。海軍では海軍飛行予科練習生、いわゆる予科練に相当する。当時の少年は陸軍の少飛、海軍の予科練に憧れたという。少年飛行兵は陸軍空中勤務者の中心的役割を果たしている。このなかから多くの人が特攻隊員となっている。戦死時の階級はほとんどが伍長か軍曹もしくは曹長（少数だが）の下士官であった。沖縄戦での戦死は三三二名で全体の約三一・九％。戦死時の最年少は一七歳（一九二八年生）、最高齢は二五歳（一九二〇年生）。遺書は三九名分で遺書全体の二七・三％。

〔追記〕ところで、航空志願者全員が操縦者になれたのではない。少飛を例にした場合、一年間の地上基礎教育の後に適正検査があり、操縦者、偵察（戦技通信兵）、整備係の三つのコースに分かれる。このうち操縦者と偵察を空中勤務者と呼んでいる。ところで特攻出撃した人は、陸軍の場合は操縦者だけである。偵察は空中勤務者であるが、特攻隊員になっていない。海軍の場合も搭乗員養成システムは、陸軍とほぼ同じであった。ところが、特攻出撃にさいしては、雷撃機などの複座機では後部座席に偵察員も同乗して出撃している。同じ特攻ではあるが、陸軍と海軍に違いがある。

〈逓信省航空局乗員養成所出身　以下「航養」と言う場合もある〉
民間航空パイロットの養成機関である。仙台、新潟、古川、京都、岡山、米子、印旛、都城、熊本などに開設されていたが、陸軍空中勤務者の予備員養成も兼ねていた。卒業後は下士官として任官する。戦死時の階級はほとんどが伍長か軍曹であった。沖縄戦での特攻戦死は一〇五名で全体の一〇・一％。最年少は一九歳（一九二六年生）、最高齢は二四歳（一九二一年生）。遺書は三二名分で遺書全体の二二・四％。

〈陸軍幹部候補生出身　以下「幹候」と言う場合もある〉
現役兵の中から試験を経て甲種合格は士官、乙種合格は下士官として任官する。甲種合格は志願により航空士官学校に進み士官として任官する。乙種合格は航空学校に進み下士官として任官する。戦死時の階級はほとんどが少尉で、少数ではあるが大尉であった人もいる。沖縄戦での特攻戦死は七七名で全体の約七・四％。最年少は二一歳（一九二四年生）、最高齢は二九歳（一九一六年生）。遺書は九名分で遺書全体の六・三％。

〈陸軍少尉候補生出身　以下「少尉候」と言う場合もある〉
現役下士官兵から試験をへて士官学校に入校、志願によりさらに航空士官学校に進む。卒業後は士官として任官する。戦死時の階級はほとんどが少尉であった。沖縄戦での特攻戦死は一二名で全体の一・二％。最年少は二六歳（一九一九年生）、最高齢は三三歳（一九一二年生）。遺書は六名分で遺書全体の四・二％。

〈陸軍召集兵出身　以下「召集」と言う場合もある〉

現役兵から志願により空中勤務者に転科した者。下士官として任官する。戦死時の階級は伍長もしくは軍曹の下士官であった。沖縄戦での特攻戦死は四〇名で全体の三・八％。最年少は二二歳（一九二三年生）、最高齢は三一歳（一九一四年生）、遺書は五名分で遺書全体の三・五％。

〈その他　不明〉

「その他」は一二名となったが、訓練教育機関が多岐にわたることから本稿では割愛する。遺書は二名分で遺書全体の一・四％。

「不明」は一〇六名で、その大半は義烈空挺隊員である。義烈空挺隊のことは前章で述べた。陸軍航空特攻隊員のほとんどは空中勤務者であるが、この義烈空挺隊員は同じ航空特攻であっても空中勤務者ではない。特別に訓練された精鋭の工兵である。故にこの人たちは航空特攻隊員であっても操縦訓練教育機関を経ていない。

陸軍航空特攻沖縄戦での出身機関別戦死者をグラフにすると、次頁のようになる（『筆者推計により作成』）。

特攻隊員は、様々な訓練教育機関の出身者で構成されていた。年齢も二十歳前の若い隊員もいれば、まれではあるが三十歳前後や、結婚していた隊員もいた。特攻隊員の悲劇性を強調するあまり、ややもすれば十代の若さを強調されるが、これは少年飛行兵出身者のことであり、年齢は出身機関により様々である。

年齢は様々であるが、空中勤務者には共通する事柄がある。それは、彼らはいずれも相当に難しい試験、もしくは選考を経て空中勤務者になっていることである。徴兵による召集や、学徒出陣による強制入隊もあるが、空中勤務者への転科は強制ではなく志願である。しかも、志願者全員が空中勤務者になれたわけではない。狭き門が待っている。空中勤務者の直線コースであった少年飛行兵などは数十倍の競争率であったという。当時の少年たちにとって、空中勤務者は憧れの的であった。

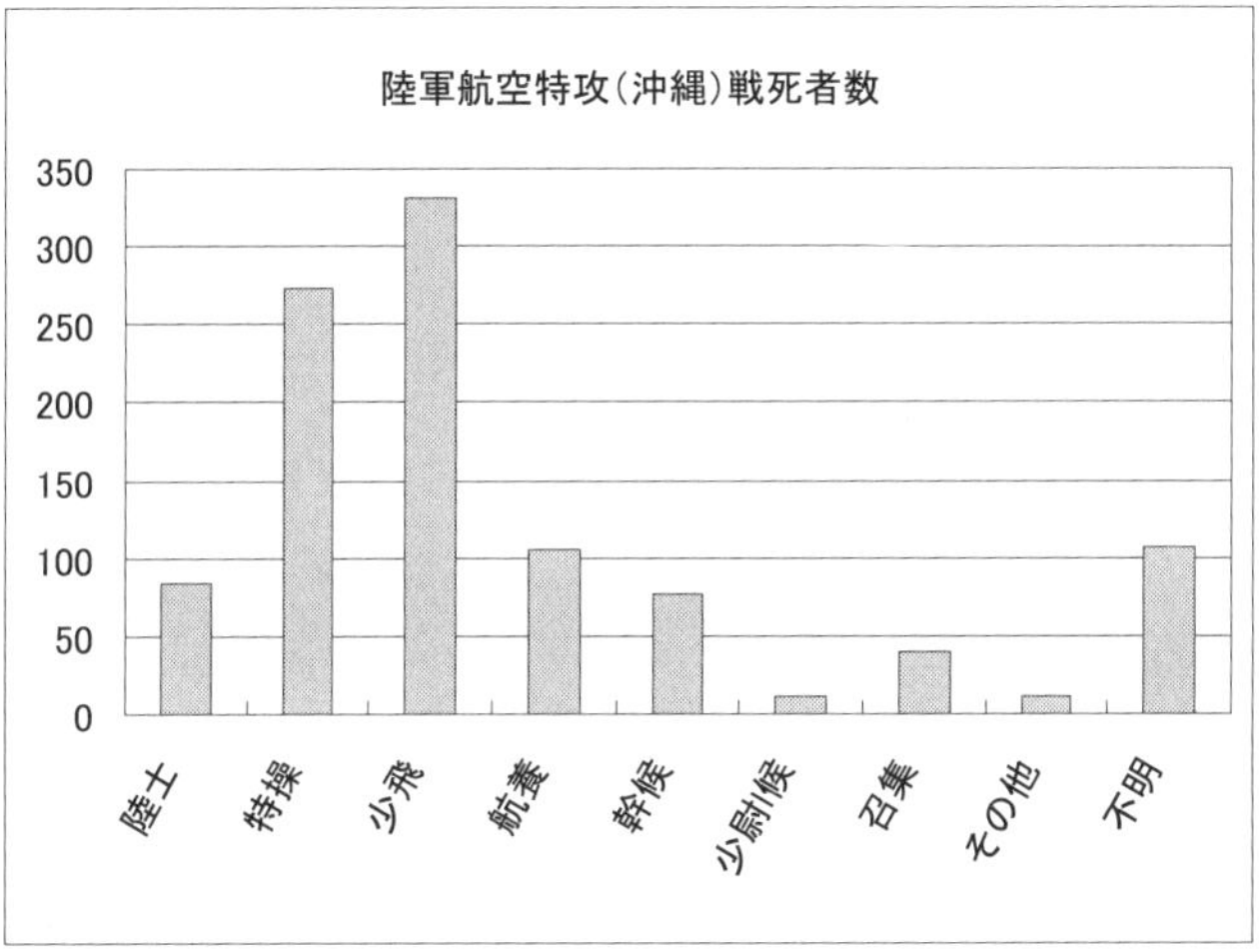

　飛行機は当時でも、技術の最先端を凝縮した最速、最強の兵器であり、常に最前線の決戦兵器であった。それだけに空中勤務者は知力、体力、適正が人並み以上に要求される。誰もが空中勤務者になれたのではない。また飛行機ほど危険な代物はない。空中勤務者になることは、同時に死への覚悟が要求される。すなわち「九死一生」の途を自ら選んだことを意味する。相当に確率の高い死が待っている。この覚悟がない限り、空中勤務者にはなれない。色々な意味でこの人たちは選ばれたエリートであった。

　ところで、特攻は「十死零生」の絶対死が前提である。生還はゼロである。故に「九死一生」であっても、まだ生還の可能性が残る通常の攻撃とはもちろん、全く意味が違う。当初は統帥もこの違いを認識しており、特攻の実施を逡巡している。しかし、その当時、空中勤務者を選んだ者は、「一生」と「零生」との絶対的な違いを感じていたのであろうか。むしろ、一から零への数字の単なる連続と見なしていた人たちも結構多くいたのではないかとは、遺書を通読しての筆者の推論である。

このことについては、宅嶋徳光の遺した日記『くちなしの花』（光人社　一九九五）を引用したい。宅嶋は慶應大学卒業後、海軍搭乗員となり、一九四五年四月、金華山沖で行方不明となっている。日記『くちなしの花』は、決して勇ましくはない。記述は哲学的であり、内容は家族愛に終始している。その宅嶋が一九四四年六月一三日付で婚約者である八重子さんに語りかけるように、次のように書き残している。ただし、この時点では陸海軍ともまだ組織的な航空特攻を実施していない。いわば特攻が開始される以前の航空を選んだ人の心境である。

（略）はっきりいう。俺は君を愛した。そして、今も愛している。しかし、俺の頭の中には、今では君よりも大切なものを蔵するに至った。それは、君のように優しい乙女の住む国のことである。俺は静かな黄昏の田畑の中で、まだ顔もよく見えない遠くから、俺達に頭をさげてくれる子供達のいじらしさに、強く胸をうたれたのである。もしそれが、君に対する愛よりも遥かに強いものというなら、君は怒るだろうか、否々、決して君は怒らないだろう。そして、俺と共に、俺の心を理解してくれるだろう。本当にあのように可愛い子等のためなら、生命も決して惜しくはない。

（略）俺の心にあるこの宝を持って俺は死にたい。何故ならば、一番それが俺にとって好ましいことであるからだ。俺は確信する。俺達にとって、死は疑いもなく確実な身近な事実である。

（略）

（宅嶋徳光『くちなしの花　ある戦没学生の手記』前掲）

海軍搭乗員の文書である。しかし、この心境は陸軍の空中勤務者にも共通した思いであろうと考える。

第三項 「特攻思想」と「家族愛」の間

本章の第一項では、陸軍航空特攻隊員の遺書分析をおこなった。そして「遺書内容の五項目」のうち、とくに「特攻思想」と「家族愛」のふたつが陸軍航空特攻隊員の精神的な支えであることを述べてきた。第二項では、陸軍の空中勤務者の出身機関について述べてきた。空中勤務者の養成には、様々なシステムがあることが分かった。そこで本項では、「遺書内容の五項目」を出身機関別に分析することを試みた。実は「遺書内容の五項目」の比率は、出身機関によって微妙に違っている。まず、イメージ図で示すと、概ね次頁のようになる。

以下、出身機関を軸に「遺書内容の五項目」を分析し、その特徴を述べる。

〈陸軍士官学校出身〉

陸士出身者（一二名分）の「皇国思想」は、他の出身者と比べて高いと考える。「特攻思想」はほぼ半分程度を占めている。そして、両者を足した「殉国思想」は、全体の三分の二程度の大きな割合を占めているようだ。「家族愛」は三割程度である。「近隣愛」と「風土愛」は低い。

事例を示しておく。一九四五年五月二八日に出撃戦死した第四五振武隊二名の遺書を引用する。出典は知覧高女なでしこ会編『知覧特攻基地』（前掲）である。

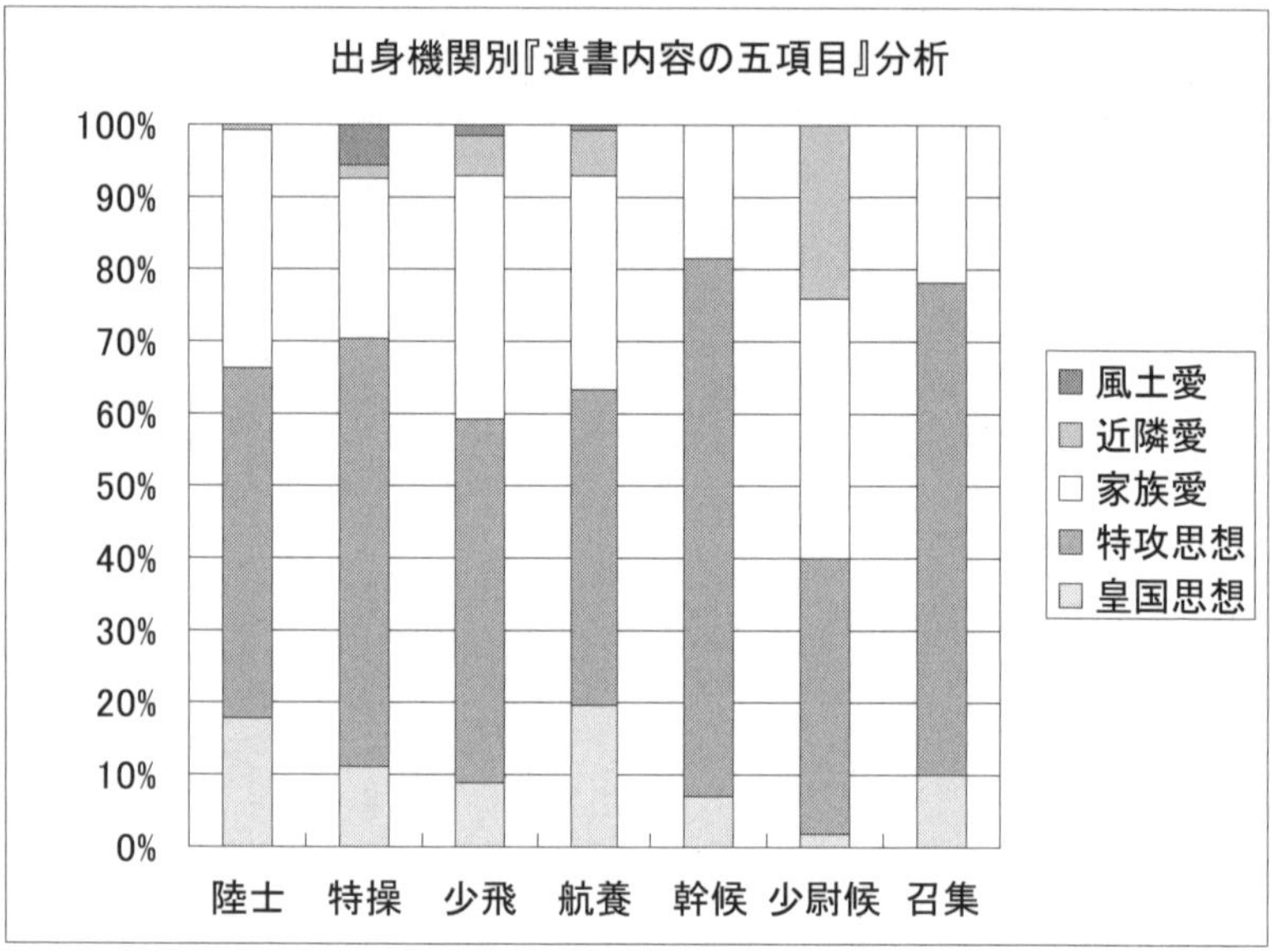

出身機関別『遺書内容の五項目』分析

鈴木邦彦（少尉　陸軍士官学校出身、二一歳）

遺　言

天皇陛下万歳

天地正大気粋然鍾神州

生を皇国に稟け育を神州に托す孰かその弥栄を念じ永遠を信ぜざるものあらん。

見よ太平洋の荒波高く崑崙の下暗雲低し。

今や世界は一大動乱の最中驕者不久盛者必衰の理りとは雖も幾多の困難を障碍は吾人が建正の前途に横たふ。

此の時に方り航空兵として勇躍将に大空の決戦場へ馳せ参ぜんとす。

その身の幸や洵之より大なるはなし。

今更に何をか思ひ残すべき
ちりひぢの身かくも栄ゆれば

辞世

各位へ

両親様宛

二十年間の養育有難ござゐました。その

間の幾多不孝の数々お許し下さい。
今度こそは不肖も帝国軍人として恥かしからぬ死に方を致しました。
死して大孝に生きたる事何よりの喜びとなし下されませ。
生前は長子として何等孝養の一片だに尽せざりし事を重ね御詫び申し上げます。

弟妹達へ
斯かる兄のありしを憶えて呉れゝば以って足れども心あらば白木の位牌に一掬の水を汲め。
この兄に続かんと欲せば先づ体位第一と心せよ。
　親の為常は惜みて事あらば
　　君故捨てむ命なりけり
佐久良東雄
健康に御留意あれ。
虫にさゝせられない躰を期せよ。
此所に至り漸く没我の境に入るを得たり。
以上

中田茂（少尉　陸軍士官学校出身、二〇歳）

前日の手紙では本日決行の筈でしたが、明二十八日頃沖縄にて突入します。
戦果予定、空母轟沈一隻。
全員物凄く張切り、戦果物凄く挙がると思はれます。
改めて御厚情謝し明日は征つて参ります。
平野好吉郎様

陸軍士官学校出身者の遺書が、全てこんな調子だったのではない。たまたまの抽出がこうであっただけである。陸士出身であっても、遺書は個性的であり多様である。ただ、この抽出では、「皇国思想」と「特攻思想」が大半を占めているようだ。「家族愛」は「健康に御留意あれ。虫にさゝせられない躰を期せよ」と淡白である。

〈陸軍特別操縦見習士官出身〉

特操出身者（三八名分）の「皇国思想」は一割程度である。「特攻思想」は六割程度となっている。彼らは元は学生である。しかしながら、この烈々たる「特攻思想」は、どのようにして育《はぐく》まれたのであろうか。

その分「家族愛」は淡泊である。特操出身者で特徴的なのは、「風土愛」を豊かに語っているものがある。ちなみに、特操出身者は特攻戦死者の二六・二％を占めており、少飛出身者に次いで二番目に多い。

事例を示す。一九四五年五月二五日に出撃戦死した第四三三振武隊四名の遺書を引用する。出典は苗村七郎『陸軍最後の特攻基地　万世特攻隊員の遺書・遺影』（前掲）とする。

浪川利庸（少尉　陸軍特別操縦見習士官出身　二二歳）

父上様母上様

利庸も益々股肱として御奉公致す時が参りました。身を航空に捧げしより一年有余、唯今はある日を心ひそかに待つ、父にも母にも必ず喜んで利庸の晴の門出を見送って居る事と信じます。

現在の戦争は航空戦にて勝負が決定されます。此の戦に帝国航空戦士且空軍将校として敵米に単機突入出来得る身の光栄を心から嬉しく思ふ次第なり、小生一機とて彼等数千名の生命と交換出来得る大和男子の名誉此の上なし、父上母上様此の事出来得れば喜んで小官の成功を祈って居る事と思ひます。

二十有余年間育てられ、何不自由も感せずして靖国の神として帝国の発展を祈りつゝ出来得る身の幸福さ、父上母上が我に、子供の為に如何に苦労をし、年老いても未だ小生等の安否を神かけて毎日神様に祈願されて居る様子、唯先づ者（先立つ者）の不孝を御ゆるし下され度く、教育も人並以上にして頂き、何一つ親孝行出来得ず事はかへすも残念なり、然し此の孝行は必ずあの世にて孝行致します。自分の子が立派に死んだと喜んで下され度く、兄弟の内にて一番早く親に先ずか（先立つか）又一番苦労なく今日迄過し得、又皇軍の幹部として、立派に死す事は小官の最も望んで居るところなり。

特別攻撃隊破邪第三隊の利庸の死所を夢の内でも結構です見てやって下さい。近所の人に後指をさゝれ得る様な事は少も無く、清く散って行きます。何も書く事無、唯思いのまま綴った訳です。

何卒子供に対して心配無用。小生が先立つからとて力をおとす様な事有ってはあの世にて相会出来得ません。長寿を保つ様切に御願、子供の幸福さを見て居て下され度く、最後に父上様、母上様の御健康を靖国の森より御祈りして居ります。久遠にさようなら。

利庸

父・母上様

身はたとへ　大空に　散るとても
久遠に国を守らん　我が心かな

破邪隊　浪川利庸

大塚要（少尉　陸軍特別操縦見習士官出身　二三歳）

母上様

いよいよ明日出撃します。

ただやらんのみです。男一匹見事にやる決心です。永い間御心配をかけました。

要は必ずやります。日本男子　玉砕する時が来ました。

自分一人行って後ばかり御心配をかけますが、後のことは御願ひます。

日本は神勅相違なし。天壌無窮日本の戦捷を信じます。

天皇陛下　万歳

大日本帝国　万歳

明日又我が隊で無線による連絡の任務を自分がすることになりました。

「我突入す」の最後の無電を。

要は必ずやりますよ。

母上様

要は、特攻破邪隊第三隊の一員として征きます。

母上様もこの一事あるは覚悟されてゐたことと思ひます。要は航空に志願する時よりこの如きことあることを思ひ、敢て志願したのでした。

父上亡きあと、母上が如何に御苦労なされたか、一番よく知ってゐる自分です。

しかし国あっての家です。国のお役に立つ、君の御楯となる。男子としてこれ以上の光栄がありますでせうか。母上には申訳ありません。家は御願ひます。要が居なくてもまだ男三人、男三人が国に斃れたら、せい子に家をつがせて下さい。家のことは凡て母上に御委せします。母上も要が先にいったからとて、決して悲しまないで下さい。また身体を悪くされたりすると死んでも死にきれません。

健康に充分注意して決して無理せず、強く生きてください。

日本の母として、せい子にでも家をつかせるまで、哲、眞、望、男子を立派に役立つやうに、弱く育てては駄目です。哲も入営してゐる様ですが、眞も近いでせう。


上島博治（少尉　陸軍特別操縦見習士官出身　二二歳）

父上様　母上様　亡兄上様
博治は　今　日本男子として生を禀けて以来之以上の喜びはありません。男として一機を戴き敵艦に突入する事程、晴舞台は外にありません。博治は、非常に嬉しくて嬉しくて仕方ありません。

男も女も老人に到迄、特攻隊として血みどろの戦いをしてゐる秋《とき》です。博治は独りで千人二千人を相手にするのです。見てゐて下さい。亡兄上様も博治は、幸福な奴だと云ってゐられる事でせう。何れ兄上様とは靖国の社にて再会致します。

父上様、母上様とは一度拝顔致したきなれども叶わぬ事御写真を胸に抱いて必沈させます。

唯博治が二十有三年御両親様に海山の御恩を受け且つ色々我儘ばかり申して済みませんでした。然し之は必ず敵艦撃沈にて御許し下さい。後事は良しく御願ひ致します。

夷船撃むと佩きし剣太刀
　振はむ秋《とき》は今ぞ来にけり
利三、義正は御願ひ致します　御健康を御祈りします。（ルビ引用者）
　五月十九日
博治拝

大島浩（少尉　陸軍特別操縦見習士官出身、二二歳）

　突然ながら浩は今散ります。九段桜の散る如く、浩は皆様がたも驚かれぬ事と泣いてくれるものと信じます。空中勤務者に服する軍人が、二十三年も生きて居った事が不思議な位です。誠に下らぬ、弟を良く々々面倒見て頂きました。何と言って御礼致し何を持って御返し致したらよいかわかりません。一機一艦を期し必中の信念を堅持して飛立ちます。まこと浩等の働は男なるが故に名を惜しむが故に魂に生きんとするものにて、これが親兄弟に報ゆる道なるを信じて居ります。浩敵艦命中の報あらば一本の線香でも上げて頂ければ浩は満足に眠る事が出来ます。若し命中の報なき時は目的到達前にグラマンにでも落とされたものと思へば間違いありません。何故なれば自分は十五機中最後になって航続するが故です。浩二十三年を以って現世を去りますけれどこれは即ち人生の段階として更に次の永遠なる生への発展です。従って浩は死すとも永遠なる神様の生命に還り、皆様の内心に脈打ち止みません。

書き度き事御話致し度き事知れず、今一度浩は顔を合わすだけでも噫　何をか言はんやでありす。然し浩の生涯は単純なる如くして複雑また幸福でありました。

今更形見として残して置くものもなく残念でなりません。ヨー子、福子チャン、やまひに負けず良くお父さんお母さんの言附を守って勉強するんですよ。
では兄上の御全快と山下家の永遠を祈念致して筆を置きます。くれぐれも御健康にご留意の程を。
二十年五月
敬具
「けふたてまつる　わがみたま
玉と砕けて　かみがみを護るぞうれしき」自作
兄姉上様
今一句
只一すでに　突きすゝみすゝみて
永遠にまもるぞ皇国を
辞世
たらちねの　親の教えをまもりきて
今の行くなり　沖縄のうみへ

これらの抽出では、「特攻思想」がかなり高いのが特徴である。「家族愛」は三割程度といったところであろうか。なお、この事例からは、「近隣愛」と「風土愛」は窺《うかが》いしれない。
もう一群を紹介したい。出典は村永薫編『知覧特別攻撃隊』（前掲）とする。六月二二日出撃の第二七振武隊の二名である。

熊沢弘之（少尉　陸軍特別操縦見習士官出身　二三歳）

岩が根も砕けざらめや武士の
　国の為にと思ひ切る太刀

原田栞（少尉　陸軍特別操縦見習士官出身　二六歳）

遺書
出るときと引っ込むときが最も大切だと誰かが言った。
皇国に生れ君のために地獄に生く。何たる極楽ぞ。
たかが五尺の体を、それを五万トンの管桶（ママ）に休む。どうして永遠たらざるを得よう。
吾人のさ、やかな力、それが大君を、そして祖国を無窮に生かす一粒の仁丹ともなるなら薬屋の
光栄これに過ぐるものやあるば（ママ）じる。征くものは風の如く気易い。されど残る者の心情には不帰
鳥の慟哭がある。
情は涙である。そして愛はせつない。されど忠は更に至上だ。
天皇陛下万歳

祖国よ。トワニ幸あれ。幸あれ。
　疾風隊　原田少尉

蹶然去郷赴国難
一飛踏破千百里

胸中無生死亦無
疾風陣雷砕敵母
　疾風隊　原田少尉

このごろは
　山より海の桜花
　　疾風隊　原田少尉

野畔の草召し出されて桜哉
　疾風隊　原田少尉

この抽出からは、二通とも「特攻思想」が高いのが窺える。「家族愛」はまったく謳っていない。

〈陸軍少年飛行兵出身〉

少飛出身者（三九名分）の「皇国思想」は高くはない。「特攻思想」は五割程度と考える。「家族愛」は三割強と考える。「近隣愛」も述べている。これらのことから、少飛出身の特攻隊員は、母や父、妹や弟の面影を一杯に偲びつつ、それでも、なお高い「特攻思想」を育んでいったと推測できる。若い彼らの苦悶が窺える。ちなみに、少飛出身者の平均年齢は一九・二歳と若い。さらに特攻戦死者の三一・九%を占めており一番多い。

事例を示す。一九四五年四月六日出撃戦死した第七三振武隊五名の遺書のうち、少飛出身者四名の遺書である。出典は苗村七郎『陸軍最後の特攻基地　万世特攻隊員の遺書・遺影』（前掲）とする。

中澤流江（伍長　陸軍少年兵出身、一八歳）

死は生なるを銘肝し
七度生まれて国を護らん

陸軍特別攻撃隊振武隊
中澤流江兵長

出撃前夜　昭和二十年四月五日二十三時四十二分記

麻生末広（伍長　陸軍少年飛行兵出身、一八歳）

桜咲く日本に生れし男なら
七度生まれて国に報いん

陸軍特別攻撃隊振武隊員
麻生末広兵長

出撃前夜　昭和二十年四月五日二十三時五十五分記

後藤寛一（伍長　陸軍少年飛行兵、一九歳）

拝啓　大分暖くなって参りました。
父上様始め家内一同様には相変らず御勇健にてお暮らしの事と遠察致します。降りて寛一も至極元気旺盛にて日々の訓練に精進して居ります故御安心下さい。朝鮮も漸く冬も遠のき河川も氷も冬の名残を惜む如くとけつゝあります。故郷も梅・桃・菜の花等咲き始め子供達を喜ばしてゐる事でせう。

節ちゃん達の修業式も追々近づいて参りましたね。実兄さんから便が来ますか……啓ちゃんも大元気でお手伝いしてゐる事寛一も非常に喜んでゐます。

時に先日撮った写真が出来上がりましたから、お送り致します。四枚お送りしますから一枚は兄上にお送り下さい。時節柄お体大切にお過ごしの程をお祈り致します。

三月五日

後藤寛一

必勝を信ず
今ぞ征く
靖国の御社へ
〃君と我愛と空の二重奏
晴れて語らう空の勝鬨〃

陸軍特別航空隊振武隊

後藤寛一兵長出撃を前に、昭和二十年四月六日七時三十分

藤井秀男（伍長　陸軍少年飛行兵出身、一九歳）

遺書

ツヤ子

ミチ子　殿

ノリヲ

ツヤ子　ミチ子　ノリヲクン　ゲンキノ事ト思ヒマス　ニイサンハコンド　憎キ米英ヲウチタホスタメニイキマス

ツヤ子　ミチ子　ノリヲクンモ父母様ノイヒツケヲヨクマモリ　カラダヲキタヘテリッパナ人ニナッテオクニニヤクダツ人ニナッテクダサイ　ソシテニイサンノブンマデ父母様ニカウカウヲツクシテクダサイ　デハカラダヲタイセツニ

昭和二十年四月六日九時七分機上にて記す

陸軍特別攻撃隊

振武隊　藤井秀男

これらの抽出では、「特攻思想」が大半を占める。「家族愛」も述べている。なお、前章でも記したように中澤流江と麻生末広の短歌は、よく似た内容である。中澤の遺書を麻生が覗《のぞ》いて真似たのかもしれない。また、後藤寛一の遺書は、大変穏やかな内容となっており、遺書固有の緊迫感がない。朝鮮の後方基地で書かれたらしく、日付も出撃一ヶ月前である。これを遺書とするには筆者も迷いがあるが、出典の『陸軍最後の特攻基地　万世特攻隊員の遺書・遺影』(前掲)は、これを遺書と扱っていることから、このことに従いたい。

もう一群を紹介したい。出典は神坂次郎『今日われ生きてあり』(前掲)とする。七月一日出撃の第一八〇振武隊の二名である。

宇佐美輝雄(伍長　陸軍少年飛行兵出身　一九歳)

御母様、いよいよこれが最後で御座います。

いよいよ一人前の戦闘機操縦者として御役に立つときがきたのです。

御優しい、日本一の御母様。今日トランプ占をしたならば、御母様が一番よくて、将来、最も幸福な日を送ることが出来るさうです。輝雄は本当は三十五歳以上は必ず生きるさうですが国家の安泰の礎として征きます。御両親様の御写真を一緒に沈めることはいけないことださうで、今ここに入れて御返し致します。御写真と御別れしても天地に恥ぢざる気持にて神州護持に力めます。御短いやうで長い十九年間でした。いまはただ求艦必沈に努めます。(特攻行の)発表は御盆の頃盆の頃でせう。今年の御盆は初盆ですね。日本一の御母様、いつまでも御元気で居て下さい……この前、新田の御母様と御会ひしました。新田によく似た顔の丸い人でした。私が新田の飛行機を説明すると感心するやうに聞いて下さいました。御母様に私の飛行機も見て頂きたかつたであります……では元気に、輝夫は征きます。永久にさよなら。

御母様へ

特攻と散り行く桜花吹雪晴れの初陣生還を期せず

輝夫

新田祐夫(伍長　陸軍少年飛行兵出身　一九歳)

お父様、いよいよ最後の便りです。

お母様、お姉様、いつ迄も元気でゐて下さい。今日、小包みを遺品として送ります。それから父母の写真は持つて行くものではないさうですから送り返します。お守袋は宇佐美のお母様が下さつたものです。永久に交際して下さい。最後の最後まで元気で愉快に楽しくやつてきました。

お母様、お姉様、では、さよなら、祐夫の生前お世話になつた人々によろしく。
特攻と散り行く桜花吹雪幸ある御代によくぞ生れり

すけを

二名とも豊かに「家族愛」を謳っている。ところで、宇佐美は自分の兵装（飛行機）を自慢している。兵装は四式戦闘機『疾風《はやて》』であった。このことは次章で詳述する。

〈逓信省航空局乗員養成所出身〉

航養出身者（三二名分）の「皇国思想」は二割強で、相当に高くなっている。彼らは元々は民間パイロットの志望であるが、「皇国思想」は意外に高い。「特攻思想」は四割強で低いものの、両者を足した「殉国思想」は全体の三分の二程度に達している。とにかく、「皇国思想」の高い割合が「殉国思想」を押し上げている。

事例を示す。一九四五年四月一二日に出撃戦死した第一〇二振武隊五名の遺書のうち、航養出身者二名の遺書である。出典は苗村七郎『陸軍最後の特攻基地　万世特攻隊員の遺書・遺影』（前掲）とする。

猪瀬弘之（伍長　逓信省航空局乗員養成所出身、二〇歳）

大君の御楯と征きし
我が後も
たゆる事なく吹けよ

神風

二〇・四・七　記

小関眞二（伍長　逓信省航空局乗員養成所出身、一九歳）

遺書

男として勇み征く　今とりたてゝ思ひ残すことなし
然し人と生れ乍ら何等孝養の道を尽さなかったことを茲に深く悔ひつゝ征きます
若き身を皇国守護の華と捧げるのも　又孝の道の事と思ひます
不幸の日ばかり送った罪を許されて　御多幸の日を送られん事を希ひてやみません

眞二

母上様

（二十年四月十二日付母宛のはがき）
呉々も御身体に注意され　日々過されん事を祈ります
二つなき命を捨てゝ君がため
　　いさぎよく征く若桜花
元気で征きます
（昭和二十年四月十二日付、加世田より最後の通信）
俺は先に征く

今更書く事も無い
唯々母に心配ばかりかけた事が悔ゆるのみ
貴様も俺につづけ　さらば

これらの抽出では、航養出身者の「皇国思想」と「特攻思想」の高さが窺いしれる。もう一群を紹介する。出典は苗村七郎『陸軍最後の特攻基地　万世特攻隊員の遺書・遺影』（前掲）とする。六月七日出撃の第六三振武隊の二名である。

榊原吉一（軍曹　逓信省航空局乗員養成所出身　二〇歳）

父上様　母上様
吉一ハ只今ヨリ出撃致マス
吉一ノ事ニ関シテ心配無之
弟彦二ニハ父上様ヨリ何卒宜
敷　末ハ立派ナ人間トナル様ナ
人ニナリマス事、暮々
妹達モ良キ人　良キ母トナラレンコト
ヲ望ム
弟妹達ヲ宜敷師導《ママ》（指導か―編者注）下サイ
箭内先生其ノ他ノ人々ニ宜敷
暮々モ末永ク御健康ニテ

佐様奈良
昭和二十年六月六日
吉一

父上様

遺書
お父上様
お母上様
弟妹達ヤ皆様ニハ大変御世話ニナリマシタ　吉一ハ只今ヨリ出発シマス　御心配ナク　本宮ノ祖母様方ニ宜敷　北町ノ祖母様方並ニ惣一叔父様ニ宜敷　暮々モ御健康ニ留意シテ末永ク生活セラレマス様ニ
面会致サルヽ事望マズ
「サヨウナラ」「サヨウナラ」
轟沈スルモノナリ
二十年六月六日朝
吉一

佐々木平吉（軍曹　逓信省航空局乗員養成所出身　二〇歳）

遺書
二十有一年皇土護持ノタメ身ヲ国難ニ挺シ華ト散ル光栄

平吉ヲ二十一年間ノ雨ニツケ風ニツケテノ御心労御恩ハ何モノニモ換難ク御両親様ニタイシ御苦労ト不孝ノカケ通シ、コヽニ生涯ヲオハルニ当リ皇国ノタメ悠久ノ大義ニ生クルヲ平吉ノ唯一ノ親孝行ト思召メシ下サレ度ク候

去月一週間ノ外泊モ今生ノ別レ、特ニ打明ケ様トシテ打明ケラレザル平吉ノ胸中ヨロシク御推察下サレ幸ヒ御両親様愛スル妹弟ノ元気御健勝ノ様子ヲ見テ安堵致シ候平吉ハ護国ノ鬼トナルモ魂ハ御両親様ト在リ御壮健ト御長寿ノ程心ヨリ祈リ居リ候

尚

愛シキ妹弟ノ事宜シク御願ヒ致シマス

佐々木家ノ御繁栄御安泰ヲ祈リ候

御両親様妹弟　御壮健御長生ヲ

陸軍特別攻撃隊神州隊

隊員　陸軍伍長　佐々木平吉

御父上様

御母上様

きみ子様

伴　忠様

昭和二十年五月十四日記之

付

家ニ平吉ノ写真送付セバ上記原町ノ各家ニ各一枚ヅツ御送付下サレン事、御願ヒ致シマス

平吉ノ面影シノバレンタメ且各御礼方々上記ノ各家ニゼヒ御両親様妹弟シテ御伺下サレ度シ

平吉生前ノ御好意ヲ謝シ平吉ニ変リテ一筆シタタメテ戴キ度ク御願ヒ申上候

一、徳島、世田ヶ谷御祖父母様
一、曾我及家五郎先生、朝倉様、御一同ノ方々
一、杉並区成宗一ノ四三　亀田雄謙先生
一、沢田泰二先生
一、佐世保市比良町二八八　松島養様
一、相馬原ノ町　松永乳牛店
一、〃　古山瀬戸ヤ
一、〃　加賀　等

皆様ヨリ非常ニ御世話ヲ御懸シコノ上ナキ御好意ヲ戴キマシタ
一、〃　小林　広喜
一、〃　山本寛太郎
同住所ナレド別個ナリ
一、御気付ノ方皆々様ニ
一、松本家ニハ呉々モ
一、金銭貸借　無シ
一、婦人関係　無シ

この二通は「家族愛」と「近隣愛」を豊かに謳っている。

〈幹部候補生出身〉〈少尉候補生出身〉〈召集兵出身〉などの現役兵出身者の遺書は、それぞれ一〇

名分以下の少数である。故に、そこから一定の傾向を求めるのは危険である。この危険を承知の上で、あえて分析する。

〈**幹部候補生出身**〉

幹部候補生出身者（九名分）の「皇国思想」は低い。「特攻思想」は七割強で相当に高い。「家族愛」は二割程度で低い。幹部候補生出身は九名分のサンプルである。絶対数が少ない。故に相当の偏りが出ることは否めない。

事例を示す。一九四五年四月六日に出撃戦死した第四三振武隊一名の遺書である。出典は村永薫編『知覧特別攻撃隊』（前掲）である。

浅川又之（少尉　軍幹部候補生出身、二三歳）

母上様、兄よ姉よ、外皆々様
御元気で「必勝」目ざして邁進せられ度し。
長い間御世話になりました。
笑って逝きます。
天皇陛下万歳

辞世の歌
桜花と散り九段に還るを夢見つ
鉄艦屠らん我は逝くなり

又之　　兄上様

この抽出では、「特攻思想」と「家族愛」がほぼ均等な割合となっている。「天皇陛下万歳」として「皇国思想」も謳っている。事例として不十分を感じる。そこで、もう一通引用したい。誠第三七飛行隊一名の遺書である。所属部隊は違うが出撃基地名は同じ知覧であり、出撃戦死も同じ四月六日である。出典は村永薫編『知覧特別攻撃隊』(前掲)である。

小林敏夫(少尉　軍幹部候補生出身、二四歳)

死出の旅

古郷の梅をながめてさまよひぬ
　これも遂に最後となりぬ
死出の旅と知りても母は笑顔にて
　送りてくれぬ我くに去る日
広き広きホームに立ちて見送るは
　母と妹と共二人のみ
捧げたる生命にあれど尚しかも
　惜しみて遂に究め得ざりき
我が生命捧げるは易し然れども
　国救ひ得ざれば嗚呼如何にせん

小林敏夫の遺書は、どこかに迷いもあるようである。「家族愛」がやや強いように感じる。浅川又之と小林敏夫は、ともに幹部候補生出身であり、年齢も同じである。出撃基地も共に知覧で、出撃日も同じである。しかし、遺書の内容は全く違っている。

〈少尉候補生出身〉

少候出身者（六名分）の「皇国思想」は遥かに低い。「特攻思想」も四割弱で低い。反面「家族愛」は三割五分度で高い。また「近隣愛」も高い。ただし、わずか六名分のサンプルである。相当の偏りが出ることは否めない。

事例を示す。一九四五年六月一一日に出撃戦死した第六四振武隊八名の遺書のうち、少尉候出身一名の遺書を引用する。出典は苗村七郎『陸軍最後の特攻基地　万世特攻隊員の遺書・遺影』（前掲）とする。

渋谷健一（大尉　陸軍少尉候補生出身、三一歳）

愛するわが子へ

倫子並生れくる愛子へ

真に今は皇国危急なり、国の運命は只一つ航空の勝敗に決す。翼破るれば本土危し。三千年の歴史と共に大和民族は永久に地球より消へ去るであらう。

先輩の偉業を継いで、将亦愛する子孫の為に断じて守らざるべからず、皇土斯如にして全航空部隊特に空中勤務者全員昭和二十年桜の候と共に必ず死す可く事と定りたり。

父は選ばれて攻撃隊長と成り、隊員十一名年齢僅か二十歳足らぬ若桜と共に決戦の先駆けと成る。

死せず共戦に勝つ術あらんと考ふるは常人の浅墓なる思慮にして必ず死すと定まりて、それにて敵に全軍総当りを行ひて尚且つ現戦局は神のみ知り給ふ。真に国難と謂う可なり。

父は死にても死するにあらず、悠久の大義に生るなり。
一、寂しがりやの子に成るべからず、母あるに存らずや。父も又幼少に父母病に亡くなれど決して明るさを失ははずに成長したり。まして戦に出て壮烈に死せりと聞かば、日の本の子は喜ぶべきものなり。
父恋しと思はば空を視よ。大空に浮ぶ白雲に乗りて父は常に微笑みて迎ふ。
二、素直に育て
戦ひ勝ても国難は去るにあらず世界に平和のおとづれて萬民太平の幸を受ける迄懸命の勉強をする事が大切なり。

二人仲良く母と共に父の祖先を祭りて明く暮すは父に対しての最大の孝養なり。

父は飛行将校として栄の任務を心から喜び神州に真の春を招来する神風たらんとす。

皇恩の有難さを常に感謝し世は変る共忠孝の心は片時も忘るべからず。
三、御身等は真に良き母にして父在世中は飛行将校の妻は数多くあれ共、母程日本婦人としての覚悟ある者少し。父は常に感謝しありたり。戦時多忙の身にして真に母を幸福に在らしめる機会少く父心残りの一つなり。御身等成長せし時には父の分迄母に孝養尽せるべし。之父の願なり。
現時敵機爆撃の為大都市等にて家は焼かれ父母を亡ひし少年少女数限りなし。之を思へば心痛極りなし。御身等は母、祖父母に抱かれて真に幸福に育ちたるを忘れるべからず。書置く事多けれど大きくなったる時に良く母に聞き、母の苦労を知り、決して我儘せぬ様望む。

遺書全体には、残す我が子への思いに溢れている。しかし、そのことの背景には現状の戦局を見極めた強い「特攻思想」に裏打ちされている。この遺書は「皇国思想」には触れていない。

〈陸軍召集兵出身〉

召集兵出身者（五名分）の「皇国思想」は一割程度である。「特攻思想」は七割程度で相当に高い。「家族愛」は二割程度となっている。わずか五名分の事例である。相当の偏りが出ることは否めない。

事例を示す。一九四五年四月六日に出撃戦死した誠第三七飛行隊二名の遺書のうち、召集兵出身一名の遺書を引用する。出典は村永薫編『知覧特別攻撃隊』（前掲）とする。

小屋哲郎（軍曹　陸軍召集兵出身、二六歳）

遺書

前略

桜の四月を迎え満足に御座候

年二十七の若桜共桜と散らむ

父母上様、達者で哲郎は今より出撃体当りせんと致し居り候。

四月六日、陛下に捧げんこの命、なんとよき日ならんと心得居り候

弟妹へも一人一人便り出すべき事と心得候え共只今命令受け候いて取込み居り候えば何卒御許し下され度候。何分私の心を心として将来進ませ下され度くひたすらお願い申し上げ候。

甘露の法雨をいただき突込み候故たとい戦死のしらせなくとも四月六日十八時体当り仕り候間

仏前へ法雨上げられん事を御希い致し候。
では御両親様御元気で。
一足先に御奉公仕り皆様の御出御待ち致し居り候。
御祖父様へは父より御報告なし下され度候。

敬具

哲郎

御父上様

あす散ると思ひもされぬさくらかな

この抽出では、全体として「家族愛」が基調になっているが、「皇国思想」と「特攻思想」も高い割合となっている。ところで、現役兵出身者は他の訓練教育機関出身者と比べて、相当に重い任務を背負うことになる。このことは後に詳述する。

つぎに、「遺書内容の五項目」の各項目を軸にして、出身機関別の特徴を今一度まとめてみる。

〈皇国思想〉

皇国思想については、陸士出身者は本文中に文章として語っているのに対して、特操、少飛、航養出身者では、形式的な短歌による記載が目立つ。また、比率も出身訓練教育機関によって相当のばらつきがある。

〈特攻思想〉
特攻思想については、どの教育機関出身者も高い。全ての隊員にとって、この「特攻思想」が精神的支柱であったことが窺える。

〈家族愛〉
家族愛については、年齢的に若い少飛出身者の「家族愛」が高い。一方、比較的に年齢の高い少尉候も「家族愛」が高くなっているが、これは事例が少ないことによる偏りもあると推測する。「家族愛」はどの機関の出身であっても、「特攻思想」のつぎの位置を占めている。しかも、少しの例外を除いては、多くの隊員は必ず家族のことに触れている。

〈近隣愛〉
近隣愛については、少飛や航養に隣近所や親戚への配慮が窺える。

〈風土愛〉
風土愛については、全体的に低い数値となっている。わずかに特操出身者が、風土愛とともに日本の現状や将来を語っている。

以上のように、「遺書内容の五項目」の比率配分が隊員の出身機関によって微妙に違うことが分かる。本項では「違い」があったことだけを認識しておきたい。そこで、「遺書内容の五項目」を出身機関別に分析することにより、つぎのことがあらためて分かった。すなわち、特攻隊員の共通するキーワードは、実は「特攻思想」と「家族愛」のふたつにつきるということである。つまり、どの機関出身者をとっても、まず「特攻思想」があり、つぎに「家族愛」があった。

そこで、この「特攻思想」と「家族愛」がどのように繫《つな》がっているのか、以下、筆者の推論を述べる。

出身機関、年齢を問わず、多くの隊員は「特攻思想」と「家族愛」を抱いていたと考えてよい。このふたつは本来違う意志である。しかし、遺書では決して違ったものとはなってはいない。むしろ「家族愛」の延長線上に「特攻思想」がある。すなわち「家族愛」を「特攻思想」へと昇華させているのが分かる。実は、この昇華への過程が出身機関によって違っていたのではないだろうかと考える。陸軍士官学校出身者や、大学や専門学校を卒業した特操出身者は、「家族愛」と「特攻思想」を論理的に直線的に結びつけている。一方、少年飛行兵出身者は、「家族愛」から「特攻思想」への昇華の過程で悶え苦しみがあったのではないだろうかと考える。また、現役兵出身者にとっては、「家族愛」と「特攻思想」は矛盾することなく並列しているように感ぜられる。「遺書内容の五項目」の出身機関別の比率の違いは、それぞれの出身者の、苦闘の表われではないかと考える。

特攻隊員には「死」がまず立ちはだかる。その「死」を自分に納得させる理由を見つけねばならない。すなわち死への合理性を真剣に求めなければならない。死ぬ理由がない限り死ねないのは当然である。その死の根拠に「家族愛」があった。すなわち、自分の最も身近な家族を守るためにこそ、自分の死への合理性を見いだしたのではないか。そして、守るべき対象が家族から国民、そして国家となっていく過程に「特攻思想」を育んでいったのではないかと筆者は考える。

元陸軍航空特攻隊員であった松浦喜一は、その著『昭和は遠く—生き残った特攻隊員の遺書—』(径書房刊　一九九四年)で、特攻は「生命への愛」「愛するものへの祈り」と述べている。そしてこれが「特攻の使命」だと言っている。何故、自らをそこまで追い込んでいったのか。もちろん、国家の意志が強く働いていたことは大前提の事実としてある。と同時に、彼らは空中勤務者として選ばれた人たちであった。相当に強い使命感をもっていたことは、遺書のひとつひとつからも滲み出ている。このことの自負心が「家族愛」を「家族愛」だけにとどめることなく、それを、さらに「特攻思想」へと昇華させていったのではないかと筆者は考える。

第四項　海軍神風特攻隊員と遺書

陸軍航空特攻隊員の遺書分析について述べてきたが、それでは海軍神風《しんぷう》特別攻撃隊員の場合はどうであろうか。本項では同じ方法で海軍神風特攻隊員の遺書分析をおこない、陸軍との比較をしておきたい。

海軍神風特攻隊員の遺書分析は、白鷗遺族会編『増補版　雲ながるる果てに　戦没海軍飛行予備学生の手記』（河出書房新社 平成七）と海軍飛行予備学生第十四期編『あゝ同期の桜―かえらざる青春の手記』（光人社　一九九五）を出典とした。両著には海軍飛行予備学生出身の一四三通の遺書や手記が収められている。

海軍飛行予備学生（予備生徒）とは、海軍が旧制大学・旧制専門学校等の卒業生や学徒出陣者から志願により採用した搭乗員養成制度で、陸軍の特別操縦見習士官とほぼ同等の制度と考えてよい。故に本項での比較は、旧制大学や旧制専門学校等の学徒出身者の比較となる

分析対象の遺書は、陸軍との比較から、沖縄戦で戦死した人たちに限定した。さらに、日記などの場合は、出撃の直前に書かれた最後の日付の絶筆と判断されるものを分析対象とした。入隊時の手記が残されている場合があるが、これは遺書と考えにくいので、内容の如何を問わず分析の対象から外

した。その結果、両著に収められている一四三通のうち三七名分の遺書を分析対象とした。

海軍神風特攻隊員の遺書も、そのほとんどが「遺書内容の五項目」で書かれている。しかし、三七名のうち五名の遺書は、「遺書内容の五項目」から相当はずれた人生論、哲学論となっていたので分析は断念した。そこで分析は三二名の遺書を対象とした。なお、分析の方法は陸軍航空特攻隊員と同様とした。ところで、遺書の中には『雲ながるる果てに』と『あゝ同期の桜』の両著に収められているものもある。この場合、どちらを出典するかは、両著の比較により筆者が判断した。

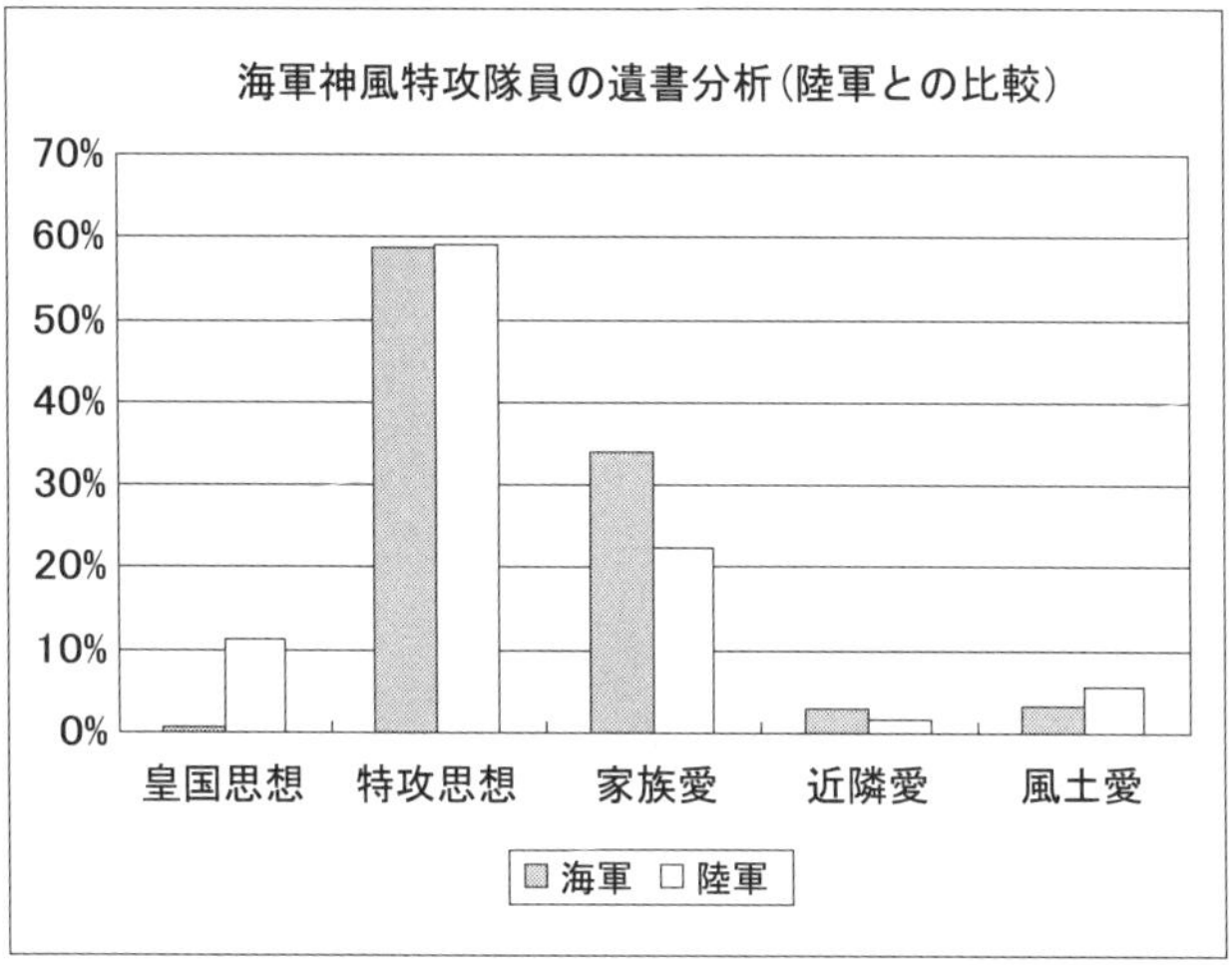

分析の結果は同じ日本軍であり、同じ航空特攻隊員であり、また同じ学徒出身であるが、陸軍と海軍では若干の違いがあるようである。図を参照されたい。
「皇国思想」は、陸軍（特操出身）が一割強の割合であるのに対して、海軍の神風特攻隊員（飛行予備学生出身）は、少しの例外を除いてほとんどの人が記していない。すなわち学徒出身の海軍神風特攻隊員は、建て前でさえ「皇国思想」をほとんど謳ってはいない。
「特攻思想」は、陸軍と海軍は、共に六割近くの高い比率となっている。

「家族愛」は、陸軍二割程度の比率に対して海軍は三割五分程度とすこぶる高いように感じる。「近隣愛」は陸軍がごく一部が書き残しているにすぎないが、海軍も少ない。「風土愛」は陸軍がわずかであるが記しているが、海軍はそれよりも少ない。

本分析は「遺書内容の五項目」のそれぞれの項目の絶対値ではなく、全体での割合、すなわち全体の配分の分析であることを改めて断わっておく。海軍神風特攻隊員の遺書にも、陸軍と同様に特攻忌避を暗示する遺書は一通もない。

陸軍（特操）と海軍（飛行予備学生）には、表現上の違いがある。すなわち、陸軍航空特攻隊員には紋切り型の勇ましい記述が多いのに対して、海軍神風特攻隊員には家族への思いが切々と語られている。そして、記述には優しさが漂っている。この違いはどこからくるのか。遺書を残した隊員個々の、たまたまの性格の違いによるものなのか、それとも陸軍と海軍の組織上の違いからなのか。

同じ日本の軍隊でも、海軍の方が英国仕込みの紳士風でスマートな気風であったという。このことが遺書の書き方にも反映しているのであろうか。さらに、陸軍では特別操縦見習士官出身者で「遺書内容の五項目」に該当しないものが三八通のうち一通であるのに対して、海軍では飛行予備学生出身者三七通の遺書のうち五通が「遺書内容の五項目」に該当しなかった。内容は人生論や哲学で、要するに海軍の方が紋切りではなく、内容が多岐にわたっていることを示している。

前述したように、ここでの比較は学徒出身の特攻隊員の比較であり、特攻隊員全体の比較ではないことを改めて断わっておく。

つぎに幾通かの事例を示しておく

若麻績隆（少尉　海軍飛行予備学生出身　一九四五年四月六日戦死　二三歳）

（遺　書）

出撃の準備を急いでいる私の飛行機の傍で一筆したためます。

私の足跡は廿有余年の昔の故郷から、今この野いばらさえも柔らかな春の若草の野末までつづいてきました。そしてここで終ります。

何もしてさしあげられなかった不肖お許し下さい。でも国の為になって男の意地が立てばそれでよいと思います。

そぞろ感傷をさそう春の雲に眼を放てば、満ちたりた気持が睡気をさそいます。

日の丸鉢巻に縫い込んだ教え子の遺骨の肌ざわりに、いつしかしらず祈る心の湧き出だします。

出撃の命が下りました。隊長は地球を抱いてぶっ倒れろといいます。私も学生達にそう教えました。

では皆様御健闘を祈ります。

昭和二十年四月六日正午

たかし拝

（『雲ながるる果てに』）

海田茂雄（少尉　海軍飛行予備学生出身　一九四五年四月六日戦死　二二歳）

遺　書

私此度特別攻撃隊和気部隊護皇白鷺隊ノ一員トシテ攻撃ニ参加致ス事ト成リマシタ。

愛機ト共ニ敵艦ニ散ル、武人ノ本懐之ニ過グルハ無シト心ヨリ満足致シテ居リマス。

人生二十三年、思エバ何一ツ御恩返シノ出来ナカッタ私デハアリマシタガ、モトヨリ国ニ捧ゲタ体、笑ッテ私ノコト御許シ下サイ。

戦ハ益々重大時期ニ突入致シマシタガ、私ハ皇国ノ必勝ヲ信ジテ居リマス。

後ニ続ク者ヲ信ジテ居リマス。私ハ笑ッテ敵艦ニ体当リヲ致シ、皇恩ノ万分ノ一ニモ御報スル覚悟デス。

日本人ト生レタコトヲ今日程有難ク思ッタコトハ有リマセン。

みたみわれ生ける験しあり
　天地の栄ゆる時にあへらく思へば
此ノ古歌私ノ心ソノママデス。

国民学校、中学校、師範学校ノ恩師ノ方々、親戚一同様、村ノ方々ニモ宜敷ク御伝エ下サレ度。

最後ニ家内一同様ノ御多幸ヲ御祈り致シマス。

海軍少尉　海田茂雄

父上様
母上様

（『雲ながるる果てに』）

重信隆丸（少尉　海軍飛行予備学生出身　一九四五年五月二八日戦死　二三歳）

全く意地悪ばかりして申訳けない兄だったね。許してくれ。が、いよいよ明日は晴れの肉弾行だ。意地悪してむくれられたのは、今から思えばみんな懐しい思い出だ。お前も楽しかった思い出として笑ってくれ。兄さんが晴れの体当りをしたと聞いても、何もしんみりするんじゃないよ。

兄さんは笑って征くんだ。

およそ人生とはだね、エッヘン！　大きなあるものによって動かされているのだ。小さな私たちの考えも及ばない大きな力を持つあるものなのだ。それは他でもない、お前の朝夕礼拝するみ仏様なのだ。死ぬということはつらいというが、「何でもない。み仏様のなされることだ」と思えば、何も問題でなくなるのだ。欲しいと思うものが自分のものにならなかったり、別れたくないもの、例えば兄さんに別れたくなくったって、明日は兄さんはお前なんかまるで忘れでもしたかのように、平気であっという間に散ってゆくのだ。そしてちょうどお前のような境遇の人は、今の日本はもちろん、世界中のどこにでも一杯なのだ。

また兄さんは、特攻隊に入ってしばらく訓練したが、兄さんの周囲では特攻隊と関係のない長命すべきように思える人が、ぽつりぽつりと椿の花のおちるように死んで行った。大体分るだろう。この世は「思うがままにゆかないのが本当の姿なのだ」ということが。簡単に言えばちょっとまずいが、無常が常道の人生とも言えよう。ともかく、何も心配することなんかこの世にはないのだ。明るく朗らかに紡績に励み、勉強し、立派な人間になってくれ。それがとりも直さずお国への最も本当の御奉公なのだ。兄さんは、それのみ祈りつつ征く。

難しそうなことをいろいろ書いたが、兄さんもいろいろこれまで考えた挙句、つい最近以上書いたような心境になったのだ。お前もなかなか本当の意味は分り難いと思うが、折にふれてこんなことを考えていたら、いつか分ることだ。朝夕お礼をすることを忘れないように。しみじみ有難く思う時が必ずくる。お父さんはじめお母さんも相当年をとられたことだから、よくお手伝いをしてあげてくれ。姉さん、昭を頼む。元気に朗らかにやるんだよ！　仏様のことを時々考えろと言ったって、仏様とはしんみりしたものとは全く関係のないものだよ。以下取急ぎ断片的に書く。

一、運動は必ずやるべきだ。精神爽快となる。
一、守神《マスコット》を頼んではあったが、手に入らなくても、何の心残りも無し。雨降れば天気も悪しだ、ワッハッハハ……・。
一、よく読書すべし。

幾ら書いても際限なし、ではさようなら。お元気で。

妙子殿

（昭和二〇年五月二七日　詫間航空隊から　書簡）

（『あゝ同期の桜』）

海軍神風特別攻撃隊員の遺書内容を分析をし、またいくつかの遺書を引用した。陸軍との比較のためにも学徒出身の隊員（旧制大学、旧制高等学校、師範学校、旧制専門学校）、すなわち、陸軍では特別操縦見習士官出身者、海軍では飛行予備学生出身者の比較をおこなった。それでは、それ以外の出身者、例えば陸軍少年飛行兵と、それとほぼ同等の海軍飛行予科練習生（予科練）との比較はどうであろうか。

陸軍少年飛行兵出身の特攻隊員遺書は、筆者の手許に三八名分がある。しかし、海軍飛行予科練習生出身の遺書の公開が少ない。比較するにしても事例が少なすぎる。

海軍飛行予科練習生（予科練）出身者の遺書が少ないのは、筆者の収集努力の不足でもあるが、永末千里『白菊特攻隊』（光人社　一九九七）の次の記事が興味深い。引用する。

その当時、分隊長は飛行長その他責任ある立場の者から、遺書の取り扱いについて説明を受けたことはなかった。

思っていることや、伝えたいことをそのまま書くことのできない立場にいながら、なお肉親に伝える内容や方法を模索しなければならない焦燥は、これを体験した者でなければ、とうてい理解できないであろう。その上、これを家族に確実に届けてもらえるという保証はなかったのである（略）。

その点、士官の遺書や遺稿は比較的たくさん残されている。海軍では士官に対してはその人格を認め、隊内外の生活は自主的判断にまかされていたからである。

海軍飛行予備学生出身者は士官（少尉以上）として任官する。海軍飛行予科練習生出身者は下士官の任官である。ちなみに、著者の永末千里は海軍飛行予科練習生出身の下士官である。永末千里の証言からは、士官である予備学生出身の遺書は多く残され、下士官である飛行予科練習生出身者は、遺書さえ書けなかったようだ。

海軍は陸軍と比べて、全体に自由でスマートな気風であったと聞く。また、海軍飛行予備学生出身の士官搭乗員の遺書は、陸軍と比べて紋切り型ではなく、自由闊達であることはすでに述べた。しかし、下士官特攻隊員については、陸軍の少年飛行兵出身者には遺書を残す自由があったが、海軍の飛行予科練習生出身者には遺書すら書く自由がなかったようである。

第五項　遺書と「所感」

特攻隊員は、出撃前に自分の心境を伝えるために遺書を残した。ところで、特攻隊員は遺書とは別に「所感」も残している。この「所感」は、遺書と同様に航空特攻を考えるうえで貴重な資料である。しかし、筆者は、この「所感」は遺書とはせず、本稿では遺書分析の対象外とした。

遺書は家族や肉親、友人や恩師に宛てたものである。しかし、「所感」はこれとは違い、差し出し宛がはっきりとしていない。例えば、五月一一日に出撃戦死した陸軍航空特攻の第五一振武隊員安藤康治、島仁、鈴木惣一の三名の「所感」は、同盟通信記者であった陸軍報道班員の高木俊朗の差し出したノートに記されていた。陸軍報道班員のノートに記された「所感」は肉親ではなく、それとは別の第三者に伝えることが前提であろう。したがって、宛先は家族ではなく社会もしくは世間といってよいであろう。当然に書かれている内容や文面の調子は遺書とは違ってくる。家族宛の遺書には、本音にちかい感情が行間に滲みでているものと考えているが、「所感」にはこの本音の感情は必要ではない。任務遂行の「建前」が重要なのだ。

遺書であっても、本音をそのままに書ける世相ではなかった。だから建前の勇ましい内容が結構に多いが、同時に、遺書には家族への切々たる思いが綴られている。「所感」には、この家族への思いが入る余地がない。「所感」として残されているものには、家族や肉親への思いは全くといっていいほど記載されていない。筆者が「所感」を遺書とせず、遺書分析対象外にした理由はここにある。もし「所感」を遺書分析の対象とすると、いわゆる「特攻思想」が高くなり、相当の偏りがかかるのを恐れる。

ところで、陸軍航空特攻の第五六振武隊員上原良司も「所感」を残している。筆者はこの上原良司の「所感」も遺書とせず、遺書分析の対象外とした。

上原良司は「所感」を報道班員であった高木俊朗に手渡している（高木俊朗『特攻基地知覧』前掲）。この上原良司の「所感」は、特攻隊員の「遺書」として広く今日に紹介されており（日本戦没学生記念会編『新版　きけわだつみのこえ』岩波文庫　一九九八）、その内容は豊かであり、特攻を考えるうえでのひとつの貴重な資料となっている。内容的に遺書としても一向に差し支えはない。

しかし、陸軍報道班員に手渡した「所感」は、その内容はともかく、差し出し宛はやはり社会もしくは世間といっていいであろう。このことからも、内容の如何にかかわらず遺書とは峻別しておく必要があると考える。ところで、上原良司は特攻出撃の前に長野の実家に休暇をとっている。そして、その時に遺書をしたためている。筆者は実家で書かれた遺書を分析対象としたことを断わっておく。

そこで特攻隊員の残したいくつかの「所感」を紹介する。まず、五月一一日出撃戦死した陸軍航空特攻の第五一振武隊員三名の「所感」の全文を、高木俊朗『特攻基地知覧』（前掲）より引用させていただく。三名はいずれも陸軍少年飛行兵出身である。


安藤康治（伍長　陸軍少年飛行兵出身　五月一一日出撃戦死　二〇歳）

日本男子と生まれきて、皇国未曾有の国難にあたり、この五尺の身体で、神州守護の大任につけるは、男子の本懐、これに過ぐるなし。ただ、ただ、一機一艦、必中必殺、もって、大空の、み楯とわれ散らん。

島　仁（伍長　陸軍少年飛行兵出身、五月一一日出撃戦死、二〇歳）

日本国民と生まれてきたるを、最大の喜びとす。今まで育てられたる父母の恩、いかにして報ずべきや。帝国軍人として、戦闘隊操縦者として、栄ある特攻隊員として、空の、み盾として散る。男子の本懐、これに過ぐるものなし。父母の激励、実に男子をして強くす。実にありがたきもの。必殺轟沈を誓う。

鈴木惣一（伍長　陸軍少年飛行兵、五月一一日出撃戦死、二一歳）

大願成就、この身体が皇国護持の大任につけるかと思うと、なんともいえない喜びで胸がいっぱいだ。必死必殺、もって、空の、み盾とならんことを誓うなり。

本稿の各所で引用する遺書と比較した時に、内容や全体の調子に違いがあることが分かる。家族への思いはほとんど書かれていない。ここが遺書と「所感」のちがいである。ところで、この人たちの「所感」は前述したとおり、知覧基地駐在の同盟通信記者（高木俊朗）に手渡されている。強制されて書いたのではない。自分の意志で書いている。しかも手渡した相手は新聞記者である。筆者はここに救いを感じる。次に紹介する海軍神風特別攻撃隊員の「所感」は少し事情が違う。

鹿児島県鹿屋市に海上自衛隊鹿屋航空基地史料館（鹿児島県鹿屋市西原三丁目一一-二）がある。その展示の一角に海軍神風特別攻撃隊徳島白菊隊員の残した四六名の「所感」が展示されている。

この「所感」は特攻出撃にあたり、その心境を綴れとの上官による課題命令への答申となっている。宛先は家族ではない。宛先は上官であり海軍そのものである。すなわち、自分の意志によるものではなく、命令による強制の「所感」である。
四六名分の「所感」から三通の「所感」を引用させていただく。前述で引用した陸軍少年飛行兵との比較から、それと同等の海軍飛行予科練習生出身三名分の引用とする。また日付も、陸軍の三名が出撃した五月一一日に近い五月二四日分とする。
引用する「所感」は、筆者が鹿屋市の海上自衛隊鹿屋航空基地史料館の展示資料（原本のコピー）から直に書き写したものである。漢字、用語、行替え等はできるかぎり原文どおりとした。なお、これらの「所感」は公開展示されているが、刊行はされていない。故に本稿では氏名は省略させていただく。

（氏名略　上等飛行兵曹　海軍飛行予科練習生出身　五月二四日　二〇歳）

出撃ニ際シ所感
特ニ感ズル事ナシ只己ノ本務ニ邁進スル事有ルノミ皇国必勝信ズ

（氏名略　上等飛行兵曹　海軍飛行予科練習生出身　五月二四日　一九歳）

生ヲ受ケ有余年其ノ間ニ置ケル皇恩タルヤ大ナルモノ
有リ其ノ大恩ニ対シ何ヲ持ッテ答エン
時ニ皇国ノ大難来タル此ノ感激何ヲ持ッテ現
サンカ強イテ言ハバ廣々トシタル秋空ノ如シ心境何ニモ無シ嘘心坦懐唯有ルノハ米英撃滅ノ闘志
ノミ

此乃世おば
　ドカンと一発
ハイ□夜奈良（一字不明　「ハイさようなら」の意か―引用者注）

（氏名略　二等飛行兵曹　海軍飛行予科練習生出身　五月二四日　一九歳）

出撃ニ際シテ所感
覚悟ハ訓練ノ始メヨリ定マリ今更何モ感ジタル事ナシ唯目的地ニ辿リ着キ敵空母戦艦ニウマク命中スレバヨイ唯一筋ニ命中スル様ニ念ズル外何モ考ヘズ
　日本魂忠一筋ニ国ノ為
　敵艦目掛体當リ
　　　終

以上の引用からも、本稿の各所で紹介する遺書と比較した場合、書きぶりも内容も違っていることに気付く。この「ちがい」も特攻を見極めるうえで重要な要素である。

これらの「所感」を残した海軍神風特別攻撃隊徳島白菊隊の兵装に触れておきたい。この人たちの兵装は、機上作業練習機『白菊』（写真）である。当時「赤トンボ」と呼称されていた練習機のひとつである。操縦員の練習機ではない。爆撃機や攻撃機あるいは偵察機に搭乗する爆撃手、電信員、偵察員、射手などを訓練する練習機である。エンジンは単発で四五〇馬力の低出力、多数の練習生（四名程度）が乗り込むことから、単発機にしては大柄の機体である。胴体はジュラルミン製であるが、主翼は木製の布張、そして固定脚である。戦闘能力は端《はな》から必要とされていない。当然に速度は遅い。この『白菊』が海軍神風特攻として、沖縄戦で五四機が出撃している。

機上作業練習機としては、無難な機体であったという。しかし、この機での体当たり成功は限りなくゼロに近い。この『白菊』に搭乗させられ、特攻出撃した人たちの心境はいかばかりであっただろうか。

出撃の直前には、その刹那の心情の一端を家族に伝えたいと考えるのが一般であろう。これが遺書である。もし、それが出来ないのなら、かえって何も残さず、全ての思いを胸に秘めて寡黙で人生を終えるのも、あるいはひとつの慰めであったのかもしれない。事実、何も残さずに出撃していった人たちも多い。

しかし、自分の心情とはかけ離れ、命令による形式的な「所感」しか残すことが許されなかった人たちの心境はいかばかりであったであろうか。家族に何かを言い残したい、にもかかわらず、その手立ても絶たれ、ただただ無味な「所感」だけを書かねばならなかった徳島白菊隊の人たちには、断腸の思いだけが残ったであろう。さらに、この人たちの兵装は機上作業練習機『白菊』である。戦闘能力はゼロである。端から特攻成功はおぼつかない。この人たちの無念は察するに余りある。

第四章——陸軍軍用機

第一項　陸軍軍用機「一覧」

前章では、特攻隊員の残した遺書から、特攻における人間的な要素について見てきた。ところで特攻は人間的要素だけで成り立つものではない。飛行機というメカニズムも、特攻を考えるうえでの重要な要素となる。そして、このふたつの組みあわせで航空特攻が成り立つ。

そこで、本章では飛行機というメカニズムを概括したうえで、特攻隊員の「人」の要素と、飛行機という「物」の要素がどのように組み合わされ、特攻へと仕立てられていったのかを探っていきたい。実はこの組み合わせの中に、陸軍航空特攻のひとつの実像があると考えている。

陸軍航空特攻では、旧式機や練習機までが特攻機として運用されたと言われている。これは事実だ。同時に当時の最新鋭であった戦闘機も特攻機として運用されている。これも事実である。陸軍航空特攻は、最新鋭機から旧式のボロ飛行機までの全ての飛行機が運用されている。

生田惇『陸軍航空特別攻撃隊史』（前掲）によると、一九四四年の夏頃には陸軍保有の全ての飛行機が特攻機の対象とされている。また『陸軍特別攻撃隊』（モデルアート誌　前掲）に「と号用爆弾装備一覧表」が紹介されているが（『陸軍特別攻撃隊』はこの「一覧」の作成年月日や出典を明らかにしていない）、そこには、陸軍が航空特攻を実施するにあたっての特攻運用機種が記されている。その機種は新鋭の戦闘機から練習機までの一六機種となっている。これらの一六機種は一九四四年から一九四五年時点での陸軍機の全ての機種である。すなわち、当時陸軍が保有していた全ての飛行機が特攻機運用の対象となっている。

この「一覧」を見る限り、陸軍は航空特攻を航空総力戦と考えていたことがよく分かる。総力戦と言えば聞こえがいいが、しかしこの「一覧」にこそ陸軍の無策が余すことなく証明されている。「一覧」には、当時「赤トンボ」と呼称されていた四式基本練習機や九五式練習機などの複葉布張の練習機も含まれている。複葉布張練習機に爆弾を積むといった発想自体が、すでに常軌を逸している。

ちなみに、「赤トンボ」という呼称の由来は、当時の練習機は機体全体がオレンジ色に塗装されていたことと、複葉の翼がトンボに似ていることによる。このことから陸海軍とも各種の全ての練習機を、複葉や塗装の色に限らず「赤トンボ」と呼んでいた。

およそ戦闘能力のない飛行機も狩り出しての特攻作戦は、もはや「作戦」ではない。作戦とはいかに勝利するかの計画であり、そのための損と得の勘定である。「得」すなわち勝利が前提としてある。しかし、陸軍航空特攻にはこの考えがすでにない。いわば一方的な「損」の消耗戦だけの計画であり、何もしないより、せめて特攻でも出してはどうかといった戦争の格好付け、すなわち名目づくりをしているにすぎない。しかし、不幸中の幸いとでも言おうか、実際には四式基本練習機も九五式練習機も特攻機としては運用されていない（ただし、八月十三日に二機の九五式練習機が伊豆半島沖に出撃している）。

そこで、本章では沖縄戦で特攻機として、どのような機種が運用されたのか、その数や全体の率、さらには、それぞれの機種と空中勤務者の出身機関が、どのような関係があったのかを見ていきたい。

そこで、まず特攻機として運用された陸軍機の個々の機種について解説するが、それらを性能別にA・B・Cの各ランクに分類したうえで論を進めていく。Aランク群は、その性能から特攻の成功率が高いものとした。このことから精鋭の戦闘機群が多くなる。Bランク群は性能的には劣性であるが、特攻隊員の力量次第では、特攻成功の可能性の残るものとした。このことから旧式の戦闘機や爆撃機が多くなった。最後にCランク群は、特攻機としては全く問題外の性能をもつものとした。その結果、練習機や小型偵察機などとなった。

ABCランク分類の根拠は、まず、機種により分類した。当然にAランク群には戦闘機が多くなり、B・Cランク群には旧式の戦闘機や爆撃機、さらにCランクには練習機などとなる。

つぎは、その機種の開発年により分類した、いわば新式と旧式による分類である。当然に新鋭機がAランク群となる。旧式機はB・Cランクとなる。そして、最後は、その機種の最大時速により分類した。スピードの早い機種は連合国軍の邀撃《ようげき》から逃れる確率が高くなる。当然に時速の早い飛行機はAランク群となる。遅いものはB・Cランクとなる。もとより分類に客観的な方法がある訳ではない。あくまでも筆者なりの分類であることを断わっておく。

以下、筆者なりのABCランク別の「一覧」(次頁)を付しておく。なお、各機種の性能諸元は野沢正編『日本航空機総集I~VIII』(出版協同社　一九五八~一九八〇)を参考とした。

特攻機出撃総数の算出方法を述べておきたい。沖縄戦での陸軍航空特攻戦死者数は一・〇四一名であることはすでに述べた。実は、この数字がそのまま出撃機数とはならない。その理由は義烈空挺隊の戦死者八八名は、空中勤務者ではなく工兵である。故にこの数字を引いた九五三名が飛行機の出撃機数とイコールとなり、総出撃機数の上限となる。つまり九五三機が上限となる。

ところで、一式戦闘機『隼』のような単座の戦闘機の場合は、戦死者数がそのまま出撃機数となる。

特攻運用機（ABCランク別）**一覧**　　（ただし、特攻運用数は推計）

ランク別	種別	種別	時速	生産数	特攻運用数
Aランク群	一式戦闘機『隼《はやぶさ》』キ-43	戦闘機	515km/H	5,751機	178機
	三式戦闘機『飛燕《ひえん》』キ-61	戦闘機	580	3,159	106
	四式戦闘機『疾風《はやて》』キ-84	戦闘機	624	3,482	117
	二式複座戦闘『屠龍《とりゅう》』キ-45	戦闘機	540	1,690	37
	百式司令部偵察機キ-46	偵察機	604	1,742	6
Bランク群	九七式戦闘機キ-27	戦闘機	470km/H	3,386機	172機
	九九式襲撃機キ-51	爆撃機	424	1,472	171
	九九式軽爆撃機キ-48	爆撃機	505	1,977	3
	九七式重爆撃機キ-21	爆撃機	432	1,713	8
	四式重爆撃機『飛龍』キ-67	爆撃機	537	696	9
Cランク群	九八式直接協同偵察機キ-36	偵察機	349km/H	1,333機	40機
	九九式高等練習機キ-55	練習機	349	1,386	24
	二式高等練習機キ-79	練習機	340	3,710	31
合計				31,497機	902機

(注)生産数は野沢正編『日本航空機総集Ⅰ～Ⅷ』(出版協同社1958～1980) による。特攻出撃数は戦死者数1,041名（筆者推計）を基本とし、筆者作成のデータベースにより算出した。

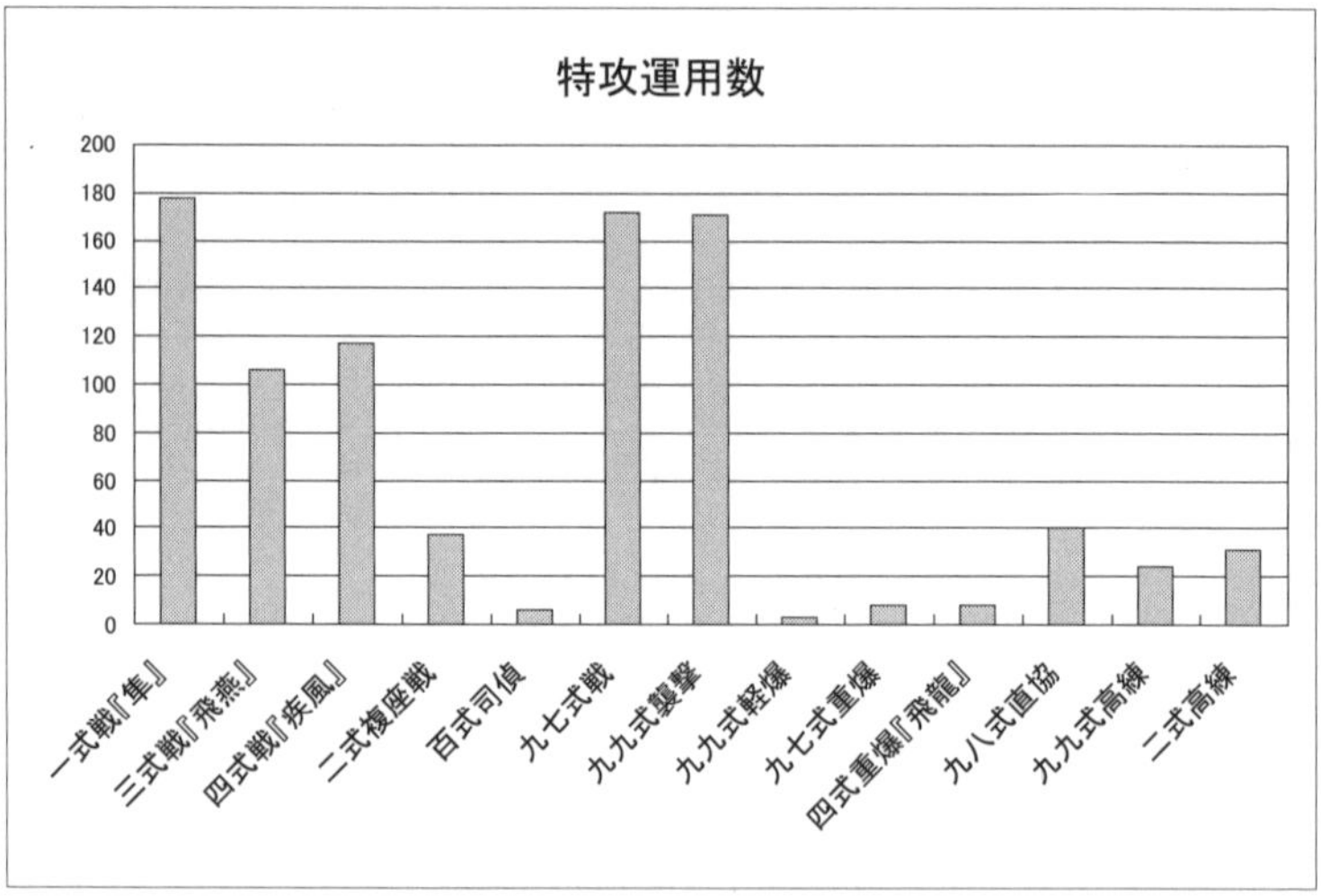

九九式襲撃機や九八式協同偵察機などの複座機の場合は、通常では前部座席に操縦者、後部座席に偵察が乗るが、陸軍航空特攻の場合は、若干の例外を除いて操縦者一名による出撃となっている。ゆえに、この場合も戦死者数と出撃数は概ね一致すると考えてよい。

問題は九七式重爆撃機や四式重爆撃機『飛龍』のような双発大型爆撃機などの場合である。このような大型機は正副操縦員二名が搭乗する。要するに、一機に複数の空中勤務者が搭乗することになる。ゆえに戦死者数が出撃機数とはならない。そこで、このような双発の大型機の算出に当たっては、特攻隊慰霊顕彰会編『特別攻撃隊』（前掲）等を底本として作成した筆者データベースにより独自に算出した。

以上の結果として、本章では陸軍航空特攻の沖縄戦での総出撃機数を前頁一覧のとおり九〇二機（筆者推計）としておく。

なお、特攻機の総出撃総数は、第七章の特攻の奏効（後述）を考察する場合も重要となってくる。

当時、日本軍特攻機を迎え撃つ連合国軍戦闘機（主として米軍機）の最大時速は六〇〇km／Hを越えていた。これを振り切るには日本軍特攻機にはそれ以上の性能が求められるが、当時、これら米軍機と同等の性能を有していた陸軍機は四式戦闘機『疾風《はやて》』だけであった。

しかし、軍用機にとって最大時速だけが飛行機の性能ではない。同時に運動性も必要とされた。この最大時速と運動性は矛盾する要素である。速度が早ければ運動性は鈍くなる。運動性を重視すれば速度を殺さねばならない。この矛盾する二つのバランスの上で、日本軍機は設計されていた。

日本軍機の戦闘機は、まず機体そのものを小型軽量に作り、何よりも格闘性能、すなわち運動性を重視した。そして、その運動性にスピードを加味しつつ、さらには航続力も付加されていた。とにかく日本軍機は欲張った設計が特徴となっている。一機の飛行機にいくつもの役割を担わせている。その結果、余裕のない設計となっている。とにかく、格闘性能を第一のコンセプトにした設計思想を「軽戦闘機主義」という。日本軍機はこの「軽戦闘機」が基本のコンセプトとなっている。有名な海軍の『零式《れいしき》』艦上戦闘機も「軽戦闘機主義」に基づいている。

これに対して米軍機は、当初から「重戦闘機主義」を採っている。高馬力の大型エンジンで、力で押していくタイプの設計である。運動性や格闘性能は端《はな》から無視されている。だから機体は相当に頑丈に出来ている。設計に余裕がある。パイロット保護も十分に施されている。

日本軍機は設計に当たっては「軽戦闘機主義」を基礎としつつも、これら連合国軍の「重戦闘機」への対応を図っている。いわば外枠は「軽戦闘機」であるが、艤装は「重戦闘機」の内容を盛り込んだ相当に無理な設計をしている。海軍の『零式』艦上戦闘機は、このふたつの矛盾を解決した最高傑作といわれている。しかし、そのための無理があった。いな有りすぎた。この無理が『零式《れいしき》』艦上戦闘機の命取りとなった。実はこの無理は日本の戦争遂行の特徴ともなっている。『零式』艦上戦闘機に象徴される「無理」が日本の命とりとなった。

『零式』艦上戦闘機で象徴される日本陸海軍用機は、空中勤務者や搭乗員にとって「棺桶」同然であった。なによりも飛行機自体に空中勤務者や搭乗員保護の処置がされていなかった。日本軍機は一機撃墜されるごとに、ひとりの日本人空中勤務者や搭乗員が戦死した。米軍機の場合は撃墜されても、パイロットの六〇％は生還したと言われている。だから日本軍は、常に経験のない空中勤務者や搭乗員が戦場に送り出され、初陣で戦死していったケースが多い。一方、米軍は経験豊かな搭乗員が戦場に復帰した。そして、このことが、ますます戦力差へと繋がっていった。この延長線上に日本陸海軍による航空特攻があった。

前置きが長くなった。ＡＢＣランク別に、それぞれの機種を概括する。

第二項　Ａランク群機種

Ａランク群は前述したように、当時でも精鋭の高性能機とした。当然ながら開発年も比較的新しい戦闘機群となった。以下、採用年順に記述する。

（一）一式戦闘機『隼《はやぶさ》』キ－四三（中島飛行機製）（次頁写真）

陸軍を代表する戦闘機である。一九四一年（昭和一六）一月からの採用である。海軍の有名な『零《れい》式《しき》』艦上戦闘機とはほぼ同世代である。最大時速五一五㎞／Ｈは、デビューした一九四一年時点では相当のスピードであった。しかし、四年後の沖縄特攻の一九四五年時点では連合国軍機の性能向上により、スピードをはじめ全般的な性能は劣性となっている。

しかし、本機の運動性能（格闘戦性能）は世界一級であった。いわば軽戦闘機の代表的なものであった。機体設計や製造の完成度も高く、エンジンの安定度も高く稼働率はよかったようだ。陸軍の空

中勤務者の人気も高かった。このことから、スピードの劣性や構造上の欠陥があったものの、いくつかの改良が加えられ、性能向上が図られつつ一九四四年（昭和一九）九月まで生産が続けられている。本機の総生産数は五・七五一機で、そのうち沖縄戦での特攻機運用は一七八機（筆者推計）である。

（二）三式戦闘機『飛燕《ひえん》』キ-六一（川崎航空機製）（次頁写真）

一九四二年（昭和一七）八月から配備された戦闘機である。日本機にしてはめずらしく、相当にしっかりした頑丈な機体構造であった。最大時速五九〇km／Hは、一九四五年時点でも遜色はない。運動性能も優れていたようだ。しかし、エンジントラブルに泣かされた。本機は液冷式エンジンの搭載である。当時の日本陸海軍機のほとんどは、空冷式エンジンを搭載していた。日本ではまだ液冷式エンジンの開発能力がなかった。米国や英国、またドイツでは液冷式と空冷式の、ふたつのタイプのエンジンが開発されており、飛行機の目的に即して、使い分けをしていた。本機は日本軍機には珍しく液冷式エンジンの搭載である。エンジンはドイツのダイムラーベンツ『DB六〇一』エンジンの国産化である。

液冷式エンジンの開発は、日本軍の悲願であった。機体は流線型となり、スピードの確保がし易くなる。しかし、一方では空冷式と比較してエンジンや機体の構造が複雑となってくる。液冷式エンジンは空冷式エンジンには無い新たな技術が要求される。当時の日本にはこの周辺技術が十分でなかった。三式戦闘機『飛燕《ひえん》』は陸軍の要求で終戦まで生産が続けられたが、とにかくエンジンが不完全でトラブルが絶えなかった。本機の稼働率はすこぶる悪く、一定の性能をもっていたにもかかわらず、現場の評判はよくなかった。本機の総生産数は三・一五九機で、そのうち沖縄戦での特攻機運用は一〇六機（筆者推計）である。

三式戦闘機『飛燕』をドイツのメッサーシュミットＭＥ一〇九戦闘機のコピーであるかのような記事が今日でも幾つか散見される。たしかに外観の形状はよく似ているが、当時の日本は機体設計と製造技術はすでに自立しており、相当の独創性もあり、ドイツ軍用機をも凌いでいる場合もあった。外国機をコピーする時代はすでに過ぎ去っていた。しかし、エンジンは確かにドイツのダイムラーベンツ『ＤＢ六〇一』のコピーである。

(三) 四式戦闘機『疾風《はやて》』キ－八六（中島飛行機製）（次頁写真）

一九四四年（昭和一九）の四月頃から「大東亜戦争決戦機」として登場した戦闘機である。最大時速六二四km／Ｈは、当時の米軍機と同等もしくはそれ以上の高速であった。練度の低い空中勤務者でも乗りこなせる設計になっていたという。本機は米軍機に対応した重戦闘機設計である。日本軍機としては画期的な飛行機であった。当時の全ての技術をつぎ込んだ戦闘機であった。いわば虎の子の戦闘機であった。

しかし、熟練工の不足や工場の空襲などで、生産管理が悪くなっていた。量産機の品質は悪く、特にエンジントラブルが多かった。本機に搭載されたエンジンは『ハ－四五』と言う、このエンジンの開発にも無理があった。

また、引込脚の金属焼き入れにムラがあり、脚折れ事故が多かった。その結果、本機の現場での稼働率は極めて低く、六割とも四割とも言われている。部隊によっては、稼働率ゼロもあったと言われている。これが「大東亜戦争決戦機」の実態であった。しかし、新鋭の高性能機には違いはない。こ

の飛行機をあてがわれた隊員は幸せであった。遺書にも、この四式戦闘機『疾風《はやて》』を家族に自慢しているのがある。本機の総生産数は三・四八二機で、そのうち沖縄戦の特攻運用は一一七機（筆者推計）となっている。この数字は結構に高い。この四式戦闘機『疾風』は、敗戦後に米軍のテストを受けた際、驚くべき性能を発揮したといわれている。その理由はガソリンとプラグの品質の違いによるものであった。

（四）その他のAランク群

二式複座戦闘機『屠龍《とりゅう》』キ－四五（川崎航空機製）（次頁写真）。川崎航空機製の双発複座の戦闘機で、最大時速は五四〇km／Hで双発の戦闘機としては当時では並の性能をもっていた。本機はB－二九戦略爆撃機への邀撃で有名となっている。空中でのB－二九への体当たりをおこなっている。総生産数は一・六九〇機、そのうち沖縄戦での特攻運用は三七機（筆者推計）と少ない。

百式司令部偵察機キ－四六（三菱重工業製）。その名のとおり司令部付きの戦略偵察機として開発されたものである。双発複座で三菱重工業製。一九四〇年（昭和一六）からの採用である。その頃で最大時速六〇〇km／Hを越えている。この速度に追いつける連合国戦闘機は、その時点ではなく、「通り魔」として恐れられた。総生産数は一・七四二機で、そのうち沖縄戦での特攻運用は六機（筆者推計）と少ない。

以上の機種をAランク群とする。性能的には機種間で違いもあり、問題点を多くもっていた機種もあるが、とにかく、いずれもが陸軍を代表する飛行機群である。通常の戦闘においても当時でも十分使用できる性能を持っていた。当然のことながら特攻機としての運用には何ら遜色はない。

このAランク群の沖縄戦での使用は、全部で四四四機（筆者推計）で全体の四九・二％となる。つぎのBランク群の三六三機、四〇・二％と比較しても結構に高い運用である。

特攻機には、旧式のオンボロ機が使われていたことが強調されがちだが、実際はこれら虎の子の精鋭機が多く使われていた。むしろ、全体での運用率は、つぎに述べるBランク群やCランク群よりも高いことを確認しておきたい。

第三項　Bランク群機種

Bランク群は、一九四五年時点ではすでに実戦では使いものにならなかった機種とした。しかしながら、特攻運用なら特攻隊員の力量次第では奏功の可能性をもっており、それなりの性能をまだ有していたものとした。また新鋭機ではあっても、時速や運動性能から特攻運用としては無理であったと考えられる機種とした。これらの結果としてBランク群は旧式の戦闘機や襲撃機、また新鋭機であっても大型の爆撃機などとなった。

（一）九七式戦闘機キ－二七（中島飛行機製）（次頁写真）

一九三七年（昭和一二）の採用で、先述の一式戦闘機『隼』の前の陸軍制式戦闘機である。採用当時は世界一級の戦闘機であり、その運動性はノモンハン事変でソ連空軍を震撼させている。

しかしながら、一九四一年（昭和一六）のアジア太平洋戦争開戦時にはすでに旧式化しており、一式戦闘機『隼』と入れ替わっている。最大時速四六〇km／Hは、一九四五年時点では戦闘機としては問題外の劣性である。固定脚のスタイルもAランク群の各機種と比較しても、いかにも古い感じを与える。製造も一九四二年（昭和一七年）で中止されている。その後は、空中勤務者養成の高等練習機として使用されている。しかし、そうであっても戦闘機である。性能的にはすでに劣性であっても、特攻機としてなら、特攻隊員の力量次第では何とか戦力にはなりうる内容はまだあった。

この九七式戦闘機の総生産数は三・三八六機で、そのうち沖縄戦での特攻運用は一七二機（筆者推計）、これは一式戦闘機『隼』に次いで多い特攻運用となっている。

（二）九九式襲撃機キ－五一（三菱重工業製）（次頁写真）

一九三九年（昭和一四）に採用の襲撃機（小型高速の爆撃機）。アジア太平洋戦争の全般を通して使用された陸軍を代表する、また唯一の単発小型の襲撃機である。固定脚は九七式戦闘機と同様だが、スタイルは精悍な感じを与える。採用当時は相当な優秀機であった。襲撃機であるにもかかわらず、米国製や英国製の中国軍戦闘機と空中戦をしてこれを撃墜している。最大時速四二四km／Hは、デビュー当時は速い方だが、一九四五年時点では、すでに問題外の劣性である。しかし、後継機がなかったことから、本機は一九四五年時点でもまだ実用機であり、沖縄での通常攻撃でも多数出撃している。

本機の総生産数は一・四七二機で、そのうち沖縄戦での特攻運用は一七一機（筆者推計）となっている。これも前述の九七式戦闘機と同じく、一式戦闘機『隼』に次いで多い運用となっている。

実は、このBランク群の九七式戦闘機と九九式襲撃機の特攻運用が、沖縄戦での陸軍航空特攻の大きな特徴の一つとなっている。このことについては後述する。

（三）その他のBランク群

九九式双発軽爆撃機キ－四八（川崎航空機製）

双発中型の爆撃機で、しっかりとした設計であり、空中勤務者の評判も良かったようだ。総生産数は一・九七七機で、そのうち沖縄戦での特攻運用は三機（筆者推計）と少ない。

九七式重爆撃機キ－二一（三菱中島飛行機製）

双発重爆撃で、つぎに述べる四式重爆撃機『飛龍《ひりゅう》』の前の制式爆撃機である。完成度が高く稼働率も良かった。一九四五年時点ではすでに旧式化していたが、空中勤務者には評判は良かったようだ。この爆撃機は一九四五年五月二四日の義烈《ぎれつ》空挺隊の空輸機として特攻運用されている。本機の総生産数は一・七一三機で、そのうち沖縄戦での特攻運用は、義烈空挺隊の八機（筆者推計）である。

四式重爆撃機『飛龍《ひりゅう》』キ－六七（三菱重工業製）（次頁写真）

一九四四年（昭和一九）四月から採用の双発重爆撃機。陸軍最新鋭の大型爆撃機である。最大時速も五三七㎞／Hで重爆撃機としては高速だ。しかし、高速の最精鋭とはいえ、重爆撃機の特攻運用は無理である。大型の爆撃機には運動性がほとんどない。

本機はその高速性が仇となった。高性能ゆえに胴体全体を爆装した特攻専用の改良機が製造された。これを『さくら弾』という。隊員は正副操縦員のふたりだけで銃座は外され、機体そのものが大型の爆弾となっている。陸軍特攻も、ここまで来れば正常な判断がすでに麻痺した断末魔の様相である。一九四五年五月二五日、飛行第六二戦隊の二機の四式重爆撃機『さくら弾』が出撃している。この日は陸軍六五機、海軍二一機、あわせて八六機による大編成の特攻出撃であったが、連合軍艦船への命中は三機のみであった。そのなかに『さくら弾』が含まれていたかどうかは不明である。

四式重爆撃機『飛龍』の総生産数は六九六機で、そのうち沖縄戦での特攻運用は、『さくら弾』（二機）も入れて九機（筆者推計）と少数である。本機のほとんどは「本土決戦」に温存されたと言われている。

陸軍には、百式重爆撃機『呑龍《どんりゅう》』（中島航空機）があった。しかし、これは余りにも鈍重でありすぎた。レイテ沖の特攻に運用されたが、その運用は大失敗であった。さすがの陸軍もこれには懲りている。この百式重爆撃機『呑龍』の沖縄戦での運用はない。

以上がBランク群である。すでに旧式化しているもの、あるいは新鋭ではあるが爆撃機など運動性能に問題のあるもの、しかし、特攻隊員の力量次第で特攻運用としては、まだまだ使用に耐える内容をもっている飛行機群となった。

このBランク群の沖縄特攻の運用は全部で三六三機、全体の四〇・二パーセントとなった。その中心となるのは九七式戦闘機と九九式襲撃機である。

第四項　Cランク群機種

Cランク群は小型の低速機とした。局地偵察機や練習機である。戦闘能力はゼロである。この機種での特攻奏功は無理である。しかし、陸軍はこのCランク群の機種を少数ではあるが特攻運用している。

（一）九八式直接協同偵察機キ－三六（立川飛行機製）（写真）

「九八直協」と略されて、今日でも航空マニアの間で親しまれている。砲弾の着弾確認とか局地の観測を目的とした小型機である。荒地の飛行場でも離着陸でき、この種の飛行機としては、世界でも傑作機のひとつに数えられている。完成度も高く、安定性もあり、また稼働率も高かったと言われている。一九三八年（昭和一三）の採用であり、一九四四年（昭和一九）まで製造されている。軍用機としては寿命の長い飛行機であった。アジア太平洋戦争の全期間で使用されている。日本の敗戦後、捕獲された本機がインドネシア空軍などで長く使用された実績をもっている。

しかし、いかに傑作機とはいえ、それは小型の偵察機としてである。最大時速三五〇㎞／Hは余りにも劣性である。戦闘能力も皆無に等しい。固定脚の何とはなしに愛嬌のあるスタイルからも、小型の軽飛行機といった印象を与える。本機の特攻運用は無理であり問題外である。総生産数は一・三三三機で、そのうち沖縄での特攻運用は四〇機（筆者推計）と少数である。

㈡ 九九式高等練習機キ－五五（立川飛行機製）（写真下）

これは前述の九八式直接協同偵察機を練習機に改修したものである。飛行機としての安定度と完成度の高さから、高等練習機として艤装転換をされている。故に九八直接協同偵察機とは外観も性能も変わらない。総生産数は一・三八六機で、そのうち沖縄戦での特攻運用は二四機（筆者推計）である。

㈢ 二式高等練習機キ－七九（満州飛行機製）（写真上）

前述したBランク機種である九七式戦闘機を練習機に改修したものである。九七式戦闘機は、操縦席は天蓋式の単座だが、本機は無天蓋、すなわちむき出しの複座の操縦席となっている。最大時速も三四〇㎞／Hとオリジナルの九七式戦闘機よりも、はるかに劣性となっている。本機の総生産数は三・七一〇機で、そのうち沖縄戦での特攻運用は三一機（筆者推計）と少数である。

Cランク群は、およそ戦闘能力の皆無に等しい飛行機群である。故に、全出撃数も九五機で、全体の一〇・五％と少数である。不幸中の幸いと筆者は考える。

しかし、九五名の隊員がこれらのCランク群を割り当てられて戦死している。筆者はこの九五名の隊員が気になる。いったい、誰が特攻機としては最も劣性で劣悪なこれ

ランク別	運用数	運用率	
Aランク群	444機	49.2%	『隼』『飛燕』『疾風』等
Bランク群	363機	40.2%	九七戦、九九襲、四式重爆等
Cランク群	95機	10.5%	九八直協、二式高練等
合計	902機		

（注）沖縄での陸軍航空特攻の戦死者は1,041名である。運用された軍用機は一覧のとおり902機である。数字が一致しないのは、軍用機には爆撃機のように複数の空中勤務者が搭乗する場合と、また、空中勤務者ではない義烈空挺隊が含んでいるからによる。

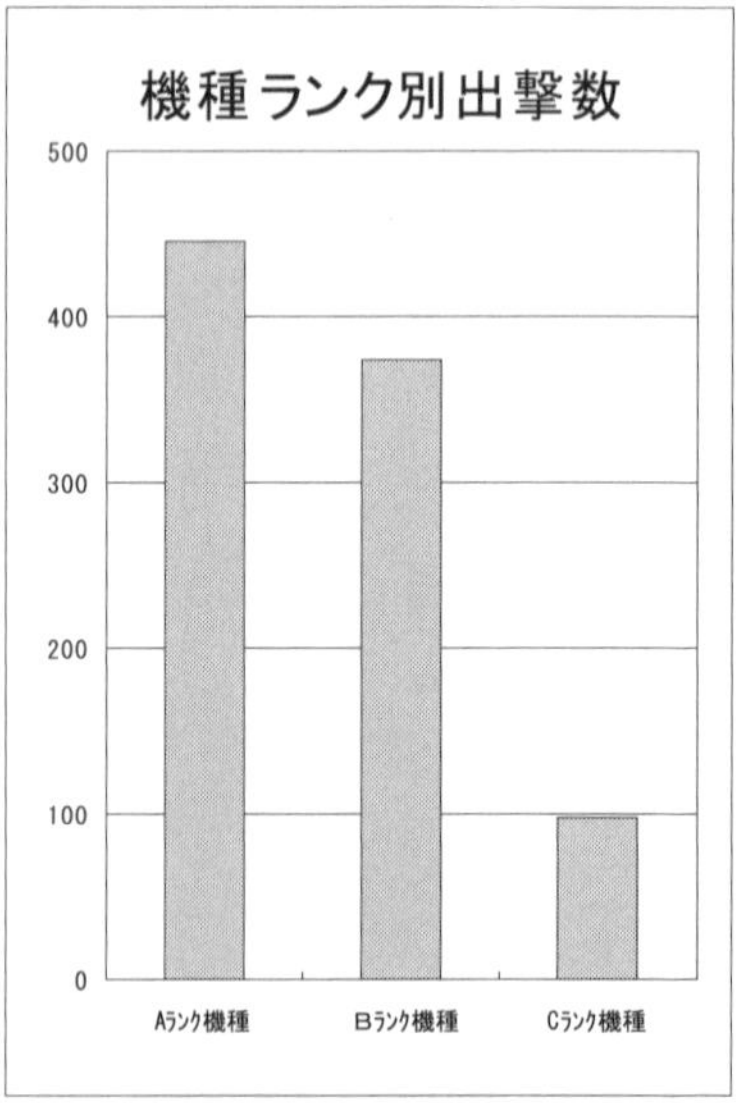

らの飛行機に乗ったのか、あるいは乗せられたのか。このことについての詳細は後に触れる。

以上をグラフにすると、図のようになる。

沖縄戦での陸軍航空特攻のABCランク別によるそれぞれの機種について概括した。航空特攻の悲劇を語るのに、複葉布張練習機までの運用を強調する傾向が今日でもあるが、練習機の運用はごく少数である。さらに複葉布張練習機の運用は、沖縄戦での陸軍航空特攻では皆無である。ただし、八月一三日に伊豆半島沖に二機の九五式練習機が出撃している。海軍も七月二九日と三〇日に沖縄に合計七機の九三式練習機（複葉布張練習機）が出撃している。いずれにしても少数である。

数字で見る限り、Aランク群の精鋭戦闘機群の運用がすこぶる高いことを改めて確認をしておきたい。とくに四式戦闘機『疾風《はやて》』の一一七機の運用は、他の機種との比較からも相当に高い運用である。なけなしの戦力を運用しているのが分かる。

さらにAランク群では旧式に属する一式戦闘機『隼《はやぶさ》』も、性能向上を図った後期の改良型が結構に特攻運用されているのが写真資料からも窺《うかが》える。神憑《かみがか》りの陸軍にあっても、特攻現場には飛行機の専門家もいた。精鋭機の特攻運用を具申した専門家もいたのであろう。

確かに、数字の上からもAランク群の運用が多いことが分かった。しかし、これを別の視点から見たときは、必ずしもそのようにはなっていない。むしろ、筆者は沖縄戦での陸軍航空特攻の特徴は、Bランク群（九七式戦闘機と九九式襲撃機）の多用と意図的運用にあると考えている。

そこで、このことについて、つぎに詳述したい。

第五項　使い捨て軍用機

陸軍航空特攻の沖縄戦で特攻運用された全出撃数は九〇二機（筆者推計）である。ところで、この特攻運用された全ての機種の総生産数は三一・四九七機となる。総生産数を母数にした特攻運用率は二・九％となる。一〇〇機のうち約三機弱が沖縄戦で特攻運用されたことになる。

この特攻運用の平均値二・九％と比較して、Aランク群、Bランク群、Cランク群別に、それぞれの特攻運用率を見ていくとつぎのようになる。

Aランク群の一式戦闘機『隼』の場合、総生産数が五・七五一機に対して特攻機として運用された

ランク別	種　　別	総生産数	特攻運用数	特攻率
Aランク機種	一式戦闘機『隼《はやぶさ》』	5,751機	178機	3.1%
	三式戦闘機『飛燕《ひえん》』	3,159	106	3.4
	四式戦闘機『疾風《はやて》』	3,482	117	3.4
	二式複座戦闘機『屠龍《とりゅう》』	1,690	37	2.2
	百式司令部偵察機	1,742	6	0.3
Bランク機種	九七式戦闘機	3,386機	172機	5.1%
	九九式襲撃機	1,472	171	11.6
	九九式双発軽爆撃機	1,977	3	0.1
	九七式重爆撃機	1,713	8	0.5
	四式重爆撃機『飛龍《ひりゅう》』	696	9	1.3
Cランク機種	九八式直接協同偵察機	1,333機	40機	3.0%
	九九式高等練習機	1,386	24	1.7
	二式高等練習機	3,710	31	0.8
合	計	31,497機	902機	2.9%

のは一七八機で運用率は三・一%となる。同じように三式戦闘機『飛燕』では特攻運用率は三・四%、四式戦闘機『疾風』は三・四%となっており、特攻運用率は平均値の二・九%より若干上回っている。

Bランク群である九七式戦闘機の総生産数は三・三八六機に対して、特攻運用数は一七二機で、特攻運用率は五・一%、九九式襲撃機は総生産数一・四七二機に対して、特攻運用は一七一機で、特攻運用率は一一・六%となる。これは、平均値二・九%より相当に上回った特攻運用率であるこ

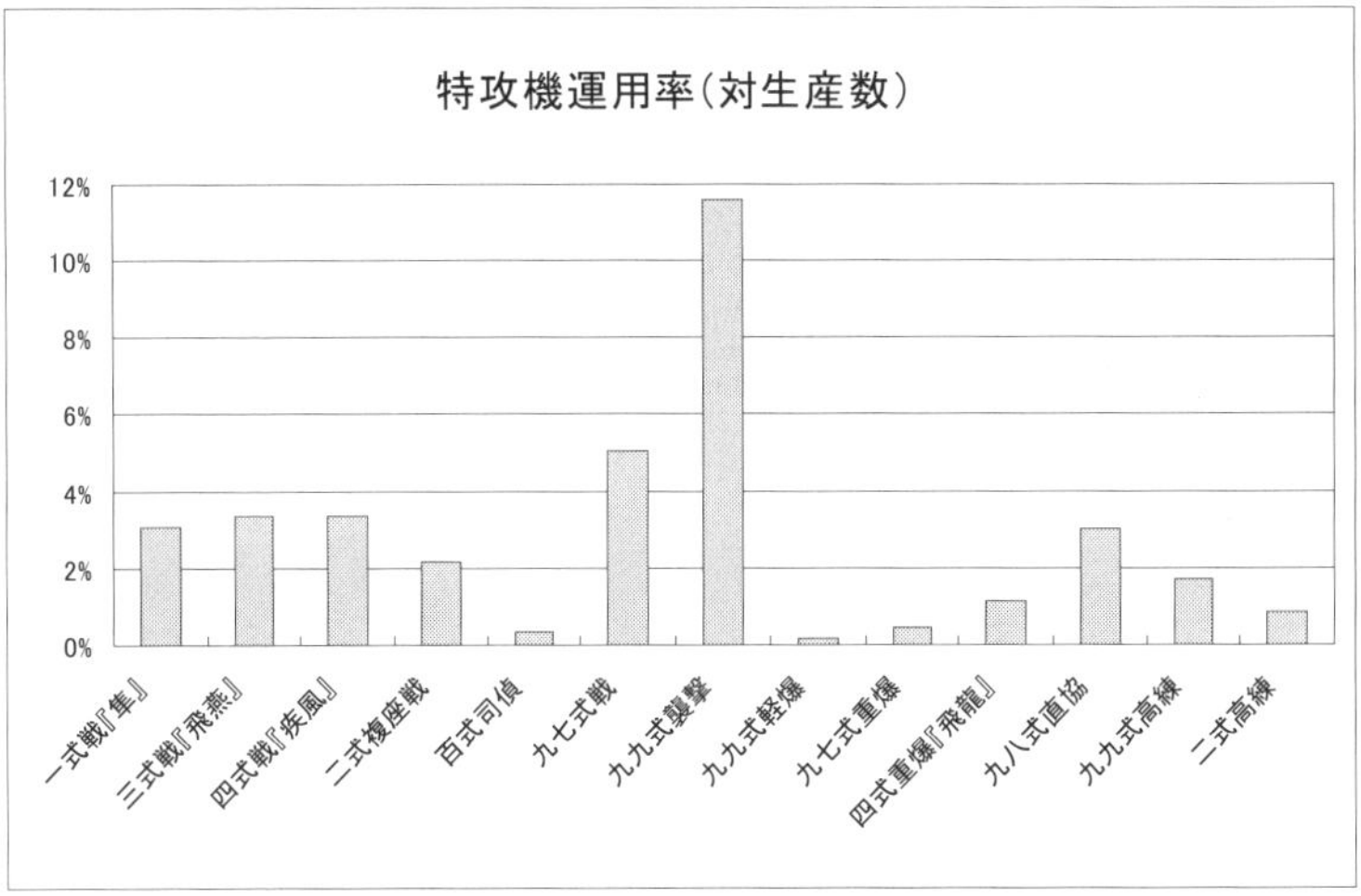

とが分かる。

ところで、Cランク群の場合は、九八式直接協同偵察機の総生産数が一・三三三機に対して、特攻運用数は四〇機で特攻運用率は三・〇%となる。九九式高等練習機では特攻運用率は一・七%、二式高等練習機は〇・八%と平均値の二・九%を相当に下回っている。

以上をグラフにすると、上図のようになる。

陸軍航空特攻運用機の総生産機数三一・四九七機が、一九四五年三月から七月の沖縄戦の時点でそのまま保有されていたわけではない。当然にそれまでの戦闘で相当な消耗がある。沖縄戦の時点で、これらの機種の残存機数がどれほどであったかは知る由もない。すでに生産の打ち切られているBランク群の九七式戦闘機、九九式襲撃機などは一方的な消耗があるのみである。Aランク群でも一式戦闘機『隼』は、一九四四年九月で生産が中止されている。三式戦闘機『飛燕』も一九四五年一月に生産打ち切りである。だから一方的な消耗があるのみである。四式戦闘機『疾風《はやて》』だけが生産続行中である。当然のことながら、沖縄戦時点でのそれぞれの機種の保有機は相当なバラつきがある。本章では、とりあえず、その時点までの総生産数を母数としたことを断わっておく。

ともかく、データからは九七式戦闘機と九九式襲撃機といったBランク群の特攻機運用率が相当に高いのが分かった。

Cランク群の九八式直接協同偵察機や九九式高等練習機では、その性能的劣性ゆえに特攻運用率が低くなったと推測する。

ところで、Bランク群の九七式戦闘機や九九式襲撃機（写真）は沖縄戦の時点では旧式化しており、すでに役立たずになってきているのは事実だ。しかし、そうではあっても戦闘機であり襲撃機である、デビュー当時は連合国やソ連、中国空軍を震撼させている。まだまだ戦闘能力はある。すでに旧式機ではあるが、使い方によっては役に立つ。通常の戦闘では無理であっても特攻機としての使用なら何とかなるだろう。Bランク群の飛行機群は、このようなものであったと筆者は推測する。すなわち、特攻という一方的な消耗戦には願ってもない存在であった。

沖縄戦における陸軍航空特攻の特徴のひとつに、このBランク群、すなわち九七式戦闘機や九九式襲撃機の意図的な多用があったと、筆者はデータから推測する。両機はまさしく「使い捨て特攻機」である。

陸軍が実際に特攻運用した機種について述べてきた。そして、Aランク群の精鋭機が結構に多数運用されてきたことを実証してきた。さらに陸軍航空特攻の本質として、このAランク群の運用もさることながら、別の見方をした場合は、Bランク群の運用に大きな偏《かたよ》りがあることも見てきた。繰り返すが、Bランク群の意図的運用に陸軍航空特攻のひとつの実像があると筆者は考える。

「赤トンボ」と称された複葉布張練習機の特攻運用は、海軍神風特攻ではあった。しかし、運用はごく少数であり、数字的には例外に近い。陸軍航空特攻の沖縄戦では、「赤トンボ」の運用はない。しかし、運用がなかったということと、運用意図の有無は別問題である。「赤トンボ」の特攻機運用の意図は、陸軍航空特攻にも確かにあった。このことに少し触れておく。

「赤トンボ」の九五式練習機の奇妙な写真（写真）が今日に伝わっている。この練習機の後部座席に注目したい。通常はここに教官が乗る。その後部座席が潰され、ドラム缶状のものが搭載されている。これは燃料タンクであると推測する。写真の九五式練習機が文字どおりの練習機であるならば、教官の乗る肝心の後部座席を潰す道理がない。だから写真の九五式練習機は「練習機」ではない。練習機の航続距離は短い。というよりも、航続力そのものは元々必要とされていない。だから、そのままでは沖縄まで到達できない。後部座席のドラム缶状のものは、航続距離を伸ばすための増設の燃料タンクであろうと推測する。

写真の尾翼のマーキングに注目したい。桜の花弁の中に「と」と記されている。この「と」が問題である。陸軍は航空特攻を「と号作戦」と呼称していたことはすでに述べた。

尾翼の「と」は「と号作戦」の意であることに間違いない。これらのことから写真の九五式練習機は特攻運用に改造された「と号」機ということになる。

いずれにしても、陸軍航空特攻の行き着く果ては、複葉布張の「赤トンボ」練習機も含めた全軍特攻であったことは間違いない。

ところで、海軍神風特別攻撃隊は、一九四五年七月二九日と三〇日の両日に合計七機の九三式練習機（複葉布張）を特攻出撃させている。海軍の九三式練習機は、陸軍の九五式練習機とほぼ同仕様の「赤トンボ」である。

七月二九日の特攻攻撃で、米軍駆逐艦『キャラガン』が沈没している。皮肉なことであるが、日本軍特攻機による連合国艦船の最後の沈没は、この「赤トンボ」によるものである。

第六項　「完全ナル飛行機デ出撃致シ度イ」

陸軍航空特攻に運用された飛行機を、その性能からＡＢＣランク群に分類し、それぞれの機種を概説してきた。そして、精鋭のＡランク群が数的には結構多く特攻運用されたことを述べた。しかし、それぞれの機種の生産数を母数にして、その運用を率に換算した場合は、Ｂランク群、とくに九七式戦闘機や九九式襲撃機の意図的な特攻運用があったのではないかと推測してきた。

そこで本項では、そのＢランク群のひとつである九七式戦闘機の稼働率と、九七式戦闘機兵装の第六六振武隊の苦戦について述べておきたい。

Ｂランク機種の九七式戦闘機は、一九三七年（昭和一二）に陸軍の制式戦闘機となっている。伝統的な軽戦闘機主義に基づいており、軽戦闘機としては当時の世界最高水準に達していたと言われている。一九三九年（昭和一四）のノモンハン事変では、その卓越した格闘性能でソ連空軍の重戦闘機と闘っている。

しかし、列強諸国の兵器開発のテンポは早い。一九四一年（昭和一六）のアジア太平洋戦争開戦時には、この九七式戦闘機（写真）はすでに旧式化している。伝統的な軽戦闘機の時代は過去のものとなってきた。ましてや、航空特攻が本格化した一九四五年（昭和二〇）当時では、通常の戦闘では全くの役立たずとなっている。二枚ブレードのプロペラ、無骨な固定脚は確かに古い。しかし、一九四五年時点では、まだ相当数の九七式戦闘機が残存していたと言われている。

そして、この九七式戦闘機の特攻運用率が高いことはすでに述べた。そこで、この九七式戦闘機の実態がどのようなものであったのかを、第六六振武隊長後藤光春の残した遺書と日記を軸に述べていくことにする。

「完全ナル飛行機ニテ出撃致シ度イ」、後藤光春は、こう遺書に残して一九四五年五月二五日に出撃戦死した。後藤光春は第六六振武隊長、陸軍士官学校出身、享年二二歳。

この遺書から推測すると、後藤光春の兵装は「完全」ではなかったようだ。オンボロの九七式戦闘機をやっとの思いで知覧まで回送して来たにもかかわらず、そのオンボロを知覧の作戦参謀に責められ面罵された第六五振武隊長桂正のことは前章で述べた。後藤光春の兵装も、同じくBランク群の九七式戦闘機であった。「完全ナル飛行機」でない九七式戦闘機をあてがわれた後藤の悔しさが遺書に滲み出ている。しかし、後藤は自分のボロ飛行機を詰《なじ》っているのではない。また、陸軍への恨みつらみを言っているのではない。「完全ナル飛行機」で「完全ナル特攻」をしたかったのである。彼の「完全なる特攻思想」を完遂させるには、九七式戦闘機では不十分であったのである。この人の残した遺書の本意はここにある。

その後藤光春は日記を残している。この日記からBランク群の九七式戦闘機がどのようなものであったかが窺い知れる。実は第六六振武隊は九七式戦闘機の故障と修理に振り回されているのが日記から分かる。日記は後藤慶生著『改訂版　流星一瞬の人生　後藤光春の実録―総集編―』（自家本　平成六）に収録されているので引用させていただく。なお、後藤慶生氏は第六六振武隊長後藤光春の実弟である。

以下、日記に則して記述を進める。

〈一九四五年四月一日〉　陸軍明野飛行場（三重県）で後藤光春を隊長とする一二名に、第六六振武隊の編成命令が出ている。「振武隊」の編成命令は実質的な特攻命令である。

〈四月　二日〉　第六六振部隊の結団式があった。翌四月三日に一二名のうち三名が大阪（おそらく伊丹飛行場か大正飛行場―現八尾飛行場のいずれか）に、残り九名は加古川に、それぞれ九七式戦闘機の受領に出発している。いずれも陸路と推測する。

〈四月　四日〉　大阪に行った三名が加古川に飛来し、一二機（一二名）の九七式戦闘機が加古川で揃う。

〈四月　六日〉　一二機全員が加古川から防府（山口県）に進出する。

〈四月　七日〉　防府から知覧（鹿児島県）へ進出するが、一二機のうち四機が故障となっている。すでに故障機が出ている。残り八機も天候不良で知覧ではなく、隈庄（熊本県）に不時着している。

〈四月一二日〉隈庄に進出した八機は、また防府に戻っている。機材調達のための移動である。しかし、機材が揃わずに四月一三日に菊地（熊本）に、一部は大刀洗（福岡）に移動している。機材不足によるのであろうか、とにかく段取りの悪さが読みとれる。

〈四月一七日〉一機のエンジンが故障している。この機の故障が完全に直るのは、一三日後の四月三〇日である。

〈四月二二日〉一機を除く一一機が菊地に揃っている。

〈四月二六日〉目達原（熊本）に移動している。とにかく移動がやたらに多い。

〈四月三〇日〉この時点で四月六日から二四日ぶりで、一二機（一二名）全機が揃っている。

〈五月　三日〉翌五月四日の特攻出撃のため万世（鹿児島）への進出が命令されたが、この日に飛び立てたのは一二機のうち八機である。残り四機は、いずれも故障かエンジン不調である。

〈五月　四日〉この日は陸軍第六次総攻撃、海軍菊水五号作戦の二日目の出撃である。陸軍は四五機、海軍は五九機、合計一〇四機の特攻出撃となっている。第六六振武隊にも出撃命令が出された。しかし、稼働機八機のうち出撃できたのは三機であった。五機が出撃していない。出撃できなかった中に、後藤光春も含まれている。出撃できなかった五機のうち四機はエンジン不調である。一機は整備不良によるガス洩れである。

五月四日の後藤光春の日記全文を引用する。なお、本文中に記されている隊員氏名は略す。

五月四日

一、午前三時半起床

五、一〇（午前五時一〇分―引用者注）離陸一路敵撃滅ニ向フ

一、〇〇（氏名略―引用者注）機（代機受領）エンジン不調〇〇機回転数不足発動機イキツキ

リタメ離陸不能
○○機離陸時爆弾投下排気管ノ整備不良ノタメガスモレ離陸断念
○○機後藤機エンジン不調ノタメ引返
計五機残留
毛利、壺井、荒川三機ノミ前進（出撃の意―引用者注）無念ノ涙ヲノミ三少尉ノ成功ヲ祈ル
（知覧特攻平和会館展示資料）

この日は陸海軍一〇四機のうち一一機が命中し、それ以外に連合国艦船の一三隻が特攻機の破片で損傷をうけている。出撃した三名の遺書を引用する。

毛利理（少尉　特操　二三歳）の遺書。

一、父上、母上様有難う御座居ました。親不孝ばかりやつて参りましたが最後の華を咲かせます。
一、皆々様によろしくお伝え願います。
一、多情に生きて参りました。満足して悠久の大義につきます。
一、明後日の出撃、必ず一艦轟沈して参りますどうか皆様御元気で
草々
第六六振武隊員　毛利理
（苗村七郎『陸軍最後の特攻基地』前掲）

壺井重治は日付のないままに、つぎの一文が紹介されている。恐らく振武隊編成命令受領の一九四五年四月一日前後の手紙であろう。

壺井重治（少尉　特操　二三歳）の遺書

取り急ぎ御一報
特攻隊ノ大命来ル
男子ノ本懐ナリ
直チニ明野本隊ニイキマス
何レ後程

（苗村七郎『陸軍最後の特攻基地』前掲）

話を日記に戻す

〈五月　七日〉　第六六振武隊の九七式戦闘機は、五月四日の三機出撃で残り九機となっている。この九機のうち、この時点での稼働機は六機であったようだ。しかし、「整備ニ要スル所多々在リ」として、この六機も全機入廠（整備修理）している。ところで、この六機の修理が完了するのが五日後の五月一二日となる。第六六振武隊は連合国軍と戦っているのではなく、自分たちの飛行機の修理やトラブルと戦っているのが窺える。

〈五月一六日〉　残り九機のうち、七機がつぎの出撃にそなえて知覧に前進している。日記からは残る二機の状況は不明である。

〈五月一九日〉　最終の出撃基地である万世への前進の時に、この七機のうちの三機が故障となり知覧に残っている。そして、第六六振武隊の残り九機が全員揃うのは、四日後の五月二〇日である。

〈五月二〇日〉　後藤は、「コレデ計九機集合ス」と日記に記している。

〈五月二五日〉　陸軍第八次総攻撃、海軍菊水七号作戦の二日目、この日は陸軍六五機、海軍二一機の計八六機が出撃している。この時の第六六振武隊の稼働機が何機であったかは日記からは不明である。当然、残り九機全員に出撃命令があったとおもわれるが、後藤光春（二二歳　陸士）と伊藤輝友（二三歳、特操）の二名だけの戦死記録が今日に残る。残り七機は出撃できなかったのか、それともエンジントラブルによる引き返しであったのかは不明である。

後藤光春の実弟である後藤慶生氏は、特攻から生還したと考えられる七名のその後の消息をたずねたが、探り当てることは出来なかったと、自著『改訂版　流星一瞬の人生　後藤光春の実録―総集編―』（前掲）に記している。二人だけ消息は分かったが面談はできず、証言も言葉少なかったと記している。特攻は生還した者、また生存した者にとっても辛く厳しい負い目として残っているようだ。その心の傷は深く、今も癒《いや》されてはいない。

余談となるが、後藤光春とともに出撃戦死した伊東輝友（少尉　特操　二三歳）のことを記しておきたい。一九四五年五月二五日には、第六六振武隊から後藤光春とともに伊東輝友が出撃戦死している。伊東輝友の名は、陸軍航空特攻を伝える全ての資料や文献にその名は記されている。しかし、不思議なことであるが、加世田市平和祈念館（前出）には、伊東輝友の名が記されていない。館外の石碑にも、館内の展示にも、そして館発行の名簿にもその名がない。この人は、今は加世田市となっている、その当時の万世から出撃したとされている。しかし、その場に建つ肝心の祈念館に、この人の名が記されていない。

このことについて、万世に詳しく、また、加世田市平和祈念館の建設と運営に尽力されている苗村七郎によると、伊東輝友のご遺族が、出撃基地は万世ではなく知覧であると主張されておられるとのことであった。これが万世に名を記すことの出来ない理由であるらしい。多くの資料は、伊東輝友の出撃は万世であることを証明していると苗村七郎は言う。しかし、ご遺族には、出撃基地は知覧でなければならない何ものかがわだかまっているようである。ご遺族にとっても様々な思いが解決されないままに、未だに癒されることなく空中をさまよっている。

話を戻す。後藤光春は、この日記で私事の一言をも残していない。全てが任務に関する記述である。訓練のこと演習のこと、兵装である九七式戦闘機の状況だけを詳細に記している。そして、その内容は何のことはない、九七式戦闘機とのトラブルの格闘記録となっている。

後藤は日記の最後の頁、すなわち五月二五日の出撃日の欄に、「五月廿五日は楠公祭」とのみ記している。

そこで、この日記を基に、九七式戦闘機の稼働率を推測してみた。

第六六振武隊の九七式戦闘機一二機全機が揃ったのが一九四五年四月四日である。その日から後藤らが出撃した五月二五日（第二回目出撃）までの日数は五二日間となる。第一回目の出撃は五月四日で、その日までの保有は一二機となる。その日に三機出撃したことから、その日以降の保有は九機となる。これらのことを基にした場合、第六六振武隊における五二日間の九七式戦闘機延保有機数は五六一機（延）となる。一方、日記からの推測では、この間の延稼働機数は三五一機（延）となった。このことから、第六六振武隊の九七式戦闘機の平均稼働率は六二・六%となる。

この数字は、日記の記述から、明かに故障と分かる機数以外は稼働機として計算した。このことから第六六振武隊の九七式戦闘機の平均稼働率が六二・五%を上回ることはない。当然に実質の稼働率は、この数字より低かったと考えられる。

別の見方もしておきたい。それは特攻出撃時のその瞬間での稼働率である。むしろこの時の稼働率が最も実態に近い数字と考える。五月四日の第一回目の出撃は三機が出撃した。全機は一二機であるが、出撃基地の万世に前進できた八機を母数にした場合、この日の稼働率は三七・五%となる。また、五月二五日の出撃は二機の出撃である。残存機の九機を母数とした場合のこの日の稼働率は二二・二

％となる。
特攻機は出撃前夜には完全整備される。機付整備兵は徹夜で愛機を磨き上げている。これを「盛装」と称している。出撃に備え、整備は完全に仕上げられる。それにもかかわらず、多くの部隊ではエンジン不調や故障で出撃できない飛行機が続出した。第六六振武隊の九七式戦闘機の出撃時の稼働率は、高くて三七・五％、低くて二二・二％ということとなる。先に平均稼働率を六二・五％と記したが、この出撃時の稼働率である三七・五％から二二・二％という数字が実態に近い九七式戦闘機の稼働率と推測する。

このことについて、別の資料からも検証しておきたい。知覧高女なでしこ会編『知覧特攻基地』（前掲）には前田笙子（知覧高女なでしこ部隊）の日記が紹介されている。この日記については第六章二項で詳述するが、一九四五年四月一六日付の記事を抜粋引用する。この日に、兵装が九七式戦闘機である第六九振武隊が出撃している。出撃の様子を記した後に、つぎの記事がある。

（略）最後までお送りして（出撃の見送り―引用者注）兵舎に帰る。しかし、何時までも何時までもぼんやりと考え込む。日の出と共に最後の基地を飛び立って征かれた神鷲の御成功を祈りながら。今朝の感激を語り合っていると山下少尉一人帰っていらっしゃる。「すみませんでした」と紙片を渡される。五名（渡部、堀井、渡井、中山、山下）の名が記されてある。これだけゆかれなかったんだ。さうすると征かれた方は本島さんと……河村さん……どんなことがあっても今日は征くと言っていらっしゃった御二人。（略）

この記述から推測すると、第六九振武隊の四月一六日の出撃は七機となる。しかし、そのうちの二機だけの出撃となり、五機は生還している。このことから、この日の第六九振武隊の九七式戦闘機稼働率は二八・五%となる。

ところで、この第六九振武隊は四日前の四月一二日にも出撃している。この日は四機出撃している。一二日の時点では、第六九振武隊の保有機数は最低でも一一機(一一名)と推測する。当然に全機一一機(一一名)に命令されているはずである。しかし、現実の出撃数は四機であることから、この日の稼働率は一一機を母数にした場合、三六・三%となる。このことから第六九振武隊の九七式戦闘機の稼働率も、三六・三%から二八・五%の間となる。この数字は後藤光春の第六六振武隊の稼働率と変わりはない。とにかく、九七式戦闘機は飛べない飛行機であったということになる。

しかし、このことに筆者は疑問を感じる。通常の移動時の稼働率が六二・五%で、完全整備された状態での稼働率がそれよりも低いというのは明らかな矛盾である。このことについては第九章第四項「特攻忌避」で詳述したい。本章ではとり急ぎ稿をすすめる。

「完全ナル飛行機ニテ出撃致シ度イ」の遺書は、五月一日に書かれている。これだけを読むと、後藤光春は陸軍と自分の飛行機への不平不満を言っているようである。確かにその通りではある。しかし、この人の本当に言いたかったことはそうではない。いま少しマシな飛行機に乗って「完全ナル」特攻を果たしたかったのである。これがこの人の本心である。そこで、五月一日前後に書かれたと考えられる遺書を紹介する。

時局ノ重大性ハ一日ト増ス
国家総力戦ノ最高度化ヲ必要トセラルヽコト甚大ナリ
御精励ノ程御願イ致シマス

幼き頃のご指導を謝します。
神明の加護の許に神通体当りに参ります。
五月初　振武隊長　後藤光春

初陣が最後　　後藤光春

完全ナル飛行機ニテ出撃致シ度イ
五月一日　後藤光春

（村永薫編『知覧特別攻撃隊』前掲）

遺書はこれだけではない。五月二五日の再度の出撃前日の二四日にも遺書を残している。これが絶筆となっている。すでに引用紹介したが、改めて全文を記す。

吾、十数時間後ニ出動体当リセントス　此ノ時ニ於イテ生死ヲ考フルヤ否ヤ　勿論　考フベシ
併シ出撃ノ時　軽イ気持、演習気分デ出撃ス

（後藤慶生『流星一瞬の人生　後藤光春の実録』前掲）

五月二五日は陸軍航空特攻の第八次総攻撃、海軍神風攻撃の菊水七号作戦の二日目に当たる。陸海軍あわせて八六機の出撃であったことはすでに述べた。ところで、この日の命中は三機である。後藤らの意気込みとは裏腹に、この頃になると、体当たりの奏功は極端に低くなってきている。後藤光春

が命中の三機に含まれているかどうかは知る由もない。

ただし、この日は森本忠夫『特攻』（前掲）によると、陸軍特攻機六五機のうち二四機が目標上空に到達し、「突入」を報じたと記している。さらに、後藤光春の実兄である後藤慶生は、その後の調査で後藤光春の「突入」無電の入電を確認したとしている（後藤慶生『流星一瞬の人生　後藤光春の実録』前掲）。後藤光春は目標上空に到達し、体当たりはともかく、突入には成功した可能性が残る。

陸軍航空特攻の隊員たちは、沖縄に遊弋《ゆうよく》する巨大な連合国軍の機動部隊と戦う前に、自分たちの兵装である小さな九七式戦闘機の故障とトラブルに振り回されている。これも陸軍航空特攻のひとつの実像であった。

第七項　九八直接協同偵察機に乗った人たち

前章ではBランク群の九七式戦闘機について述べてきた。そこで本項では、A・B・Cランク別のそれぞれの機種に、特攻隊員がどのように割り当てられたのか。すなわち、誰がどの機種に乗ったのか、あるいは乗せられたのかを実証しておきたい。わけても、特攻機として最も劣悪なCランク群を割り当てられた隊員はどのような人たちであったのかが気になる。そこで、Cランク群を軸にして、その機種に誰が乗ったのかを探りたい。ここにも陸軍航空特攻のひとつの実像が潜んでいるように考えている。

実は、A・B・Cランク別の機種と特攻隊員の出身機関、それと連動する階級には相関関係があると考える。そこで、A・B・Cランク群別の機種と特攻隊員の出身機関の関係を一覧にすると、次頁のとおりとなった。

	Aランク(%)	Bランク(%)	Cランク(%)	合 計
陸士	54名(65.9)	28名(34.1)	0名(00.0)	82名
特操	167 (61.2)	82 (30.0)	24 (8.8)	273
少飛	157 (47.3)	156 (47.0)	19 (5.7)	332
航養	18 (17.1)	69 (65.7)	18 (17.1)	105
幹候	39 (52.0)	27 (36.0)	9 (12.0)	75
少尉候	2 (16.7)	7 (58.3)	3 (25.0)	12
召集	2 (5.0)	17 (42.5)	21 (52.5)	40
合計	439名(47.8)	386名(42.0)	94名(10.2)	919名

なお、数字のことで断わっておきたい。沖縄戦での陸軍航空特攻隊員の戦死者は、本稿では一・〇四一名としている。しかし、この一覧の戦死者総計は九一九名となっている。これは空中勤務者とABCランク群別の機種との関係を述べていることから、空中勤務者ではない義烈空挺隊員の八八名を含む出身機関「不明」一〇六名、及び出身機関「その他」一二名、そして空中勤務者でない「陸士」二名と「幹候」二名の合計一二二名の人たちは母数から除いている。

さて、上の一覧とグラフ（次頁）からも、ABCランク別の機種と特攻隊員の出身機関との間に、ひとつの傾向が見出すことができる。

そこで、一覧とグラフに則して、ABCランク群別に、それに乗った特攻隊員の出身機関と階級について述べていくことにする。

〔Aランク群の機種〕

まずAランク群の場合はどうであろうか、ここでは、陸軍士官学校出身者八二名のうち五四名の六五・九％が、また特別操縦見習士官出身者二七三名のうち名一六七名の六一・二％がAランク群の兵装となっている。

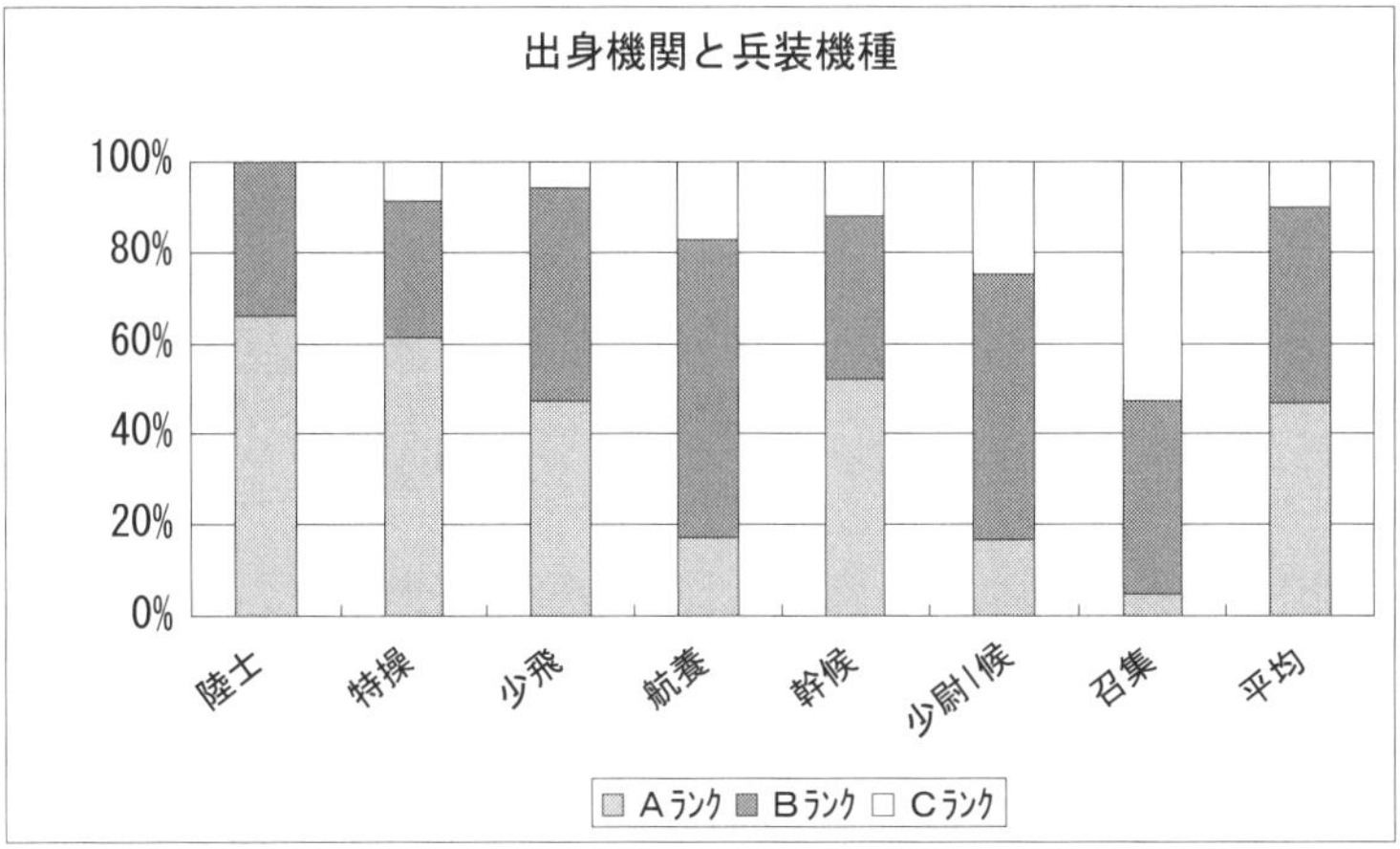

この人たちとAランク群の相関が高い。いずれもが半数以上がAランク群の機種を割り当てられている。

ちなみに陸軍士官学校出身者の場合、Bランク群の兵装は二八名の三四・一%、Cランク群の兵装は〇%となっている。一方、特別操縦見習士官出身者の場合はBランク群の兵装は八二名の三〇・〇%、Cランク群の兵装は二四名の八・八%となっている。このことからも、陸軍士官学校や特別操縦見習士官出身者は、Aランク群の兵装に偏っており、BランクやCランク群の兵装が低い。陸軍士官学校出身は当時の若者の憧れのひとつであった。難関であったと聞く。また、特別操縦見習士官は大学などの学徒出身者である。特攻隊員の中でもこの人たちの階級的な位置は高い。全員が士官で、出撃時はほとんどが少尉である。とにかく、この人たちとAランク群との強い相関関係が認められる。

〔Bランク群の機種〕

つぎにBランク群はどうであろうか、ここでは逓信省航空局乗員養成所出身者(以下、航空局乗員養成所)一〇五名のうち六九名の六五・七%がBランク群の兵装となっており、高い率となっている。ちなみに航空局乗員養成所出身の場合、Aランク群は一八名の一七・一％、Cランク群も一八名の一七・一％となっている。このように、航空局乗員養成所出身者はAランクとCランク群の兵装が少なく、Bランク群への兵装に際だって偏っているのが分かる。

航空局乗員養成所の出身者は、元々が飛行機乗りのプロである。軍隊入隊以前に相当の飛行訓練を受けている。階級は下士官。この人たちとBランク群との強い相関関係が認められる。

少年飛行兵も飛行機乗りに憧れて志願した人たちである。いわば飛行機乗りのプロである。階級は下士官。出撃時は軍曹や伍長であった。彼らとBランク群との相関が高い。少年飛行兵出身者は、三三二名のうち一五六名の四七・〇％がBランク群の兵装となっている。少年飛行兵出身者もBランク群との相関が高い。

また、絶対数は少ないが、少尉候補生出身者一二名のうち七名の五八・三％がBランク群の兵装となっている。一方、少年飛行兵の場合は、Aランク群（四七・三％）への偏りも結構に高い。

少尉候補生は、現役下士官から試験を経て陸軍士官学校に進んだ人たちである。軍隊での生活が長い、また、実戦経験もある。出撃時は少尉以上であった。

〔Cランク群の機種〕

筆者が最も気になるのがCランク群の兵装である。特攻機としては最も劣悪なCランク群の飛行機に、一体誰が乗ったのか、あるいは乗せられたのか。このCランク群での出撃はもともとが少数である。少数であるだけに、この飛行機をあてがわれた人たちが誰なのかが気になる。

Cランク群の九八式直接協同偵察機、九九式高等練習機、そして二式高等練習機の兵装は召集兵出身者が一番に多くなっている。召集兵出身者四〇名のうち二一名の五二・五％がCランク群の兵装となっており、一番の高い率となっている。つづいて、少尉候補生出身と航空局乗員養成所出身となっている。

Cランク群の特攻運用は絶対数そのものが少ない。故に、ここから一定の結論を導き出すのは危険ではある。しかし、絶対数の比較的多いA・Bランク群と、それに乗った陸軍士官学校や特別操縦見習士官、また少年飛行兵や航空局乗員養成所出身者との比較からも、少数とはいえ、召集兵出身者のCランク群への相当の偏りが認められる。ちなみに、召集兵出身の場合、Aランク群はわずかに二名の五・〇パーセント、Bランク群は一七名の四二・五％となる。このことから召集兵はBランクとCランク群への偏りがあり、わけてもCランク群への偏りが強いと言える。

召集兵出身は陸軍現役兵から志願で航空に転科した人たちである。階級は下士官、出撃時は伍長や軍曹であった。隊員としての平均年齢も二五・一歳と高い。軍隊経験と実戦経験も他の出身者よりは豊富であったと予想する。この人たちとCランク群との相当に強い相関関係が認められる。少尉候補生も現役兵から試験を経て士官学校に進み、空中勤務を志願した人たちである。このように、現役兵出身とCランク機種との相関が強い。

特攻隊員にも出身機関と階級、すなわち士官であるか下士官であるかの違いにより兵装にも違いがあったようである。すなわち、陸軍士官学校や大学卒業等の特別操縦見習士官出身者である士官にはAランク群が、少年飛行兵や航空局乗員養成所出身の下士官にはBランク群が、さらには、召集兵出身のたたき上げ下士官にはCランク群が割り当てられている。この傾向は先述の一覧とグラフからも明らかである。

ところで、以上の説明から幹部候補生出身者が抜け落ちている。実は幹部候補生出身者の兵装には、他の人たちと比較して際立った偏りが認められない。すなわち、A・B・Cランク群の飛行機そのものの運用率と正比例するかのように、幹部候補生出身は、その運用率とほぼ同率でそれぞれの機種に振り分けられているのが興味深い。

幹部候補生は現役兵から士官もしくは下士官に任用される制度である。軍事教練の検定を合格し一定の銓衡を経て採用された人たちで、相当に優秀な人たちであったようだ。特攻戦死の平均年齢は二三・七歳で、旧制中学校から直接に士官学校に入った人たちより一・二歳高い。また、同じ現役兵出身であっても、少尉候補生の二八・五歳、召集兵の二五・一歳よりは相当に若い。このことから、幹部候補生そのものが、陸士出身と召集兵出身とのちょうど中間にあたることによると考えられる。このことが兵装にも影響しているようだ。

このように、特攻隊員の兵装は彼らの出身機関とその時点での階級と深く連動している。

ところで、それでは出身機関と階級だけで特攻隊員の兵装が決められたのであろうか。筆者はこれだけではなく別の作用があったと考える。このことについてもう少し述べておきたい。

特攻隊員がA・B・Cランクのどの機種を割り当てられたかは、確かに隊員の出身機関と軍隊での階級、すなわち士官か下士官であるかの違いと相関がある。しかし、筆者はむしろそれとは別の作用、すなわち、隊員の練度と実戦経験の有無により兵装が決められていたと推測する。階級との関係はその結果によるものと考える。以下そのことについて述べる。

たとえば、特別操縦見習士官を例にとる。この人たちは学生である。いわば、飛行機乗りとしては本来は素人である。この特操がAランク群に偏っていることは前述のとおりである。特に三式戦闘機『飛燕』の六割近くが特別操縦見習士官出身者に割り当てられているのが興味深い。このことは特攻隊員としての練度の低さを、Aランク群である三式戦闘機『飛燕』の性能で補っていたように考えられる。もちろん、特別操縦見習士官出身の中にもBランク群やCランク群に乗った人もいた。この人たちの練度は相当に高かったのであろうと推測する。

陸軍士官学校も途中から航空に転科する。はじめから空中勤務を志願するシステムにはなっていない。いわば、飛行機乗りとしては素人に属する陸士出身とAランクの相関もこのことに原因しているようにも考える。

つぎに航空局乗員養成所出身は、もともと民間パイロットの志望であり、軍籍の前にすでに飛行訓練を受けている。この人たちは飛行機乗りの玄人である。練度は他の出身と比較して相当に高かったと推測する。そして、彼らの多くはBランク群、特に九九式襲撃機の兵装が多くなっている。飛行機性能の劣性を、隊員の練度の高さで補っていたように考えられる。ちなみに、航空局乗員養成所出身で沖縄戦戦死者一〇六名のうちAランク群の兵装は一式戦闘機『隼』が九名、三式戦闘機『飛燕』が九名、二式複座戦闘機『屠龍』が一名、四式戦闘機『疾風』はゼロとなっている。

少尉候補生や召集兵出身は、前述したように、現兵役から空中勤務者として採用され、そして特攻隊員になった人たちである。空中勤務者を学歴や出身機関とは関係なしに、一兵卒までも門戸を開放していたのは、日本独特の制度であったようだ。熱意と成績によっては、狭き門ではあったが、航空転科への道は開かれていた。米国や英国などの連合国軍ではパイロットはすべて士官であった。このことから、日本陸軍の場合は、特に召集兵出身の空中勤務者は文字どおりの努力家であり実力者が多かったと思われる。この人たちの実力と豊富な実戦経験や軍隊経験が、飛行機性能の劣性を支えていたようだ。その結果がB・Cランク群への偏りであると考える。わけてもCランク群への偏りが多いと考える。

兵装について、こんなエピソードがある。高木俊朗『知覧』(前掲)からの抜粋である。高木俊朗は第六五振武隊隊長桂正の三角兵舎を訪ねている。高木俊朗が出撃直前の心境を知りたいとノートを差し出すと、桂正はつぎのことを記したという。

(一) 部下を犬死にさせたくない(略)。

(二) 特攻機には優秀なる飛行機がほしい。しかるに現状は、いかに。一・〇〇〇時間近い優秀なる操縦者が、あるいは九八直協機(九八式直接協同偵察機 Cランク群—引用者注)に、あるいは中級練習機(中級練習機の特攻運用は現実にはなかった。引用者注)によって出発しつつあり(略)。

(三) 一式戦(『隼』Aランク群—引用者注)未修教育の過程も終わらざる者が一式戦で行き、一式戦で戦闘まで終わりし者が九七戦、あるいは直協機(九八式直接協同偵察機—引用者注)などで行くがごとき、これなり。

(四) 優秀なる一式戦を教育に使用しながら、特攻機には極めて不良なる九七戦を使うは一考を要す(略)。

すなわち、練度の高い隊員をBランク群の九七式戦闘機やCランク群の九八直協偵察機に割り当て、反対に十分に操縦訓練を修了していない者にAランク群の一式戦闘機『隼』の兵装となっていることを窺わせる。そして、そのことの「不満」を桂正は述べているようだ。ちなみに、桂正の兵装はBランク群の九七式戦闘機である。

このことからも特攻隊員の兵装には出身機関や階級もさることながら、飛行機の性能と特攻隊員の練度との相関関係があったと推測できる。すなわち、特攻隊員の練度の低さを飛行機の高性能で補い、反対に飛行機の性能的な劣性を特攻隊員の練度の高さで補うという、プラスとマイナスの相殺によって効果を高めようとした意図が窺《うかが》える。このような兵装は当時においてさえ明らかな間違いであった。

高性能な兵器（飛行機）を練度の高い兵士（空中勤務者）が操作（操縦）することによって、高い効果を挙げうることは、当時でも分かっていた。しかしながら、一九四五年三月時点では、このような余裕はなかったのであろう。

ところで、元陸軍飛行第六六戦隊員の苗村七郎によると、出身機関と兵装には特別な因果関係はなかった言う。すなわち、個々の隊員と兵装はたまたまの偶然の所作で、出身機関や階級、さらには戦闘経験の有無などによるものではないと言う。筆者の分析結果に対しては、一見、出身機関と兵装に因果性を含んでいるように見えるが、それはたまさかの偶然の結果であると手厳しい批判であった。筆者自身も苗村七郎の説を否定しない。筆者の言う出身機関と兵装との相関は、明確な輪郭をもっている訳ではない。おぼろげながらの傾向を示しているに過ぎない。故に苗村七郎の批判もここに併せて記しておきたい。

第五章――志願と命令

第一項　「志願」説

特攻が「志願」によるものか、それとも「命令」によるものかは、今日でも論争の的となっている。そこで本章では陸海軍航空特攻が「志願」によるものなのか、それとも「命令」であったのかを各種の文献や資料から推測したい。方法としては、各種文献資料に「志願」と「命令」がどのように解説されているかを分析したい。つぎに、陸軍航空特攻隊員は、遺書のなかで「志願」と「命令」をどのように表記しているのかを分析したい。

まず、「志願」説を採る資料の分析をする。

〔「志願」説、陸軍の場合〕

生田惇『陸軍航空特別攻撃隊史』（前掲）は、昭和天皇と特攻編成との関係を述べている。著者の生田惇は陸軍士官学校出身の空中勤務者であった。敗戦時は陸軍航空士官学校区隊長（大尉）である。航空の現場に居た人である。それだけに証言内容は貴重で重要である。特攻編成に関わる部分を引用させていただく。

陸軍中央部内では、特攻の編成方法をめぐって激しい論議が行われていたのである。それは、正式の軍隊として、天皇に上奏裁可を仰ぐか否かの問題であった。

甲案は、特攻戦法を中央が責任をもって計画的に実行するため、隊長の権限を明確にし、団結と訓練を充実できるように、正規の軍隊編成とすることが必要であるとするものである。乙案は、特攻要員と器材を第一線兵団に増加配属し、第一線指揮官が臨機に定めた部隊編成とすべきであるとするものである。それは、わが国の航空不振を第一線将兵の生命の犠牲によって補う戦法を、天皇の名において命令することは適当でないとするものである。

すなわち甲案は天皇の命令を仰いだうえで特攻を実施する方法、いわば正規の部隊編成とする案、そして、乙案は天皇に上奏せずに、現場の指揮官判断で第一線の将兵のそれぞれの判断のもとで実施する方法である。そして、陸軍では生田惇によると乙案が採用されたとしている（ただし、海軍ではこのようなことはほとんど議論されなかったようである）。

特攻隊を正式な部隊編成にすれば、それは、天皇の統帥事項すなわち天皇の命令となる。天皇の命令で生還を期さない特攻を強要するのは適当でない。しかし、現地部隊の臨機判断によるものとして実施すれば、天皇の統帥事項の枠外となる。この場合、「命令」ではない。だから、当然に兵による「志願」が前提とならざるを得ない。生田はつづけて、

特攻隊は、表面的には一般の軍隊に順じ、隊名、隊長などと定められているが、厳密に言えば、リーダーを有する殉国の集団である。

としている。さらに、

特攻隊編成についての大陸令（天皇裁可を得た大本営命令—引用者注）、大陸指（参謀総長の指示—引用者注）はない。

とする。すなわち陸軍では、特攻隊は天皇の名のもとで編成されたことはなく、また、参謀本部の命令によるものでもなく、現地部隊のそれぞれの判断により編成されたものということになる。そのうえで、生田は「志願」と「命令」をつぎのように結論している。

当時の状況下で、志願者を募ったならば、おそらく、ほとんどの者が志願したであろう。当時は、まさに、そのような雰囲気であった。しかし、人は、それぞれの生活環境や性格により、生命に対する執着もさまざまである。そして同一人であっても、その時により、そのおかれた環境によっても気持ちは大きく変動するものである。ここに、大きな問題を生ずる要素があった。特攻隊員の選出は、志願によったか、命令によったかを一々史的に論証することは困難である。しかし、大局的にみるならば、多くの問題はあるが、志願によった、というべきであろう。

と、逡巡しつつも「志願」説をとる。

松浦喜一（『昭和は遠く—生き残った特攻隊員の遺書』前掲）は、陸軍航空特攻第一四四振武隊員として一九四五年六月一九日に万世から出撃し、奇跡的な生還をしている。その松浦喜一はつぎのように言う。

三月初めころ（一九四五年—引用者注）爆弾を抱えて飛行機ごと敵に体当たりする特攻隊志願について「熱望」「希望」「希望せず」の三種類の意志表示を紙片に書いて提出を求められた我々は、別に唐突のこととも、恐ろしいこととも思わなかった。危機が迫っている戦況のことを考えれば、飛行機操縦者である我々には、ただ来るべきものが来たなという思いだけであった。黙って死を待つよりも、単調な飛行訓練よりもむしろ、早く実戦への願望の方が強かった。しかも訓練実績のない我々に、これ以外にどんな戦法が可能だったのかと考えれば、もはや特攻は止むを得ないことでもあった。

さらに松浦喜一は、特攻「命令」説を採る高木俊朗『知覧』（前掲）を批判してつぎのように述べている。

私は高木氏の真意を知り、ご努力に対しては充分なる敬意を表するものであるが、ただ一つ、戦死された真の特攻隊員については「命令だから死にます」ではなく、「自分の意志で、特攻攻撃を最上の方法として、闘って死んだ」と確信するのである。（略）「命令だから」という言葉は「自分が自分に与える命令」であり、人は、それ以外の命令で死ぬことはあり得ないと、私は思うのである。

と「志願」説を主張している。特攻隊の生還者であるだけに、その証言は重い。

苗村七郎『陸軍最後の特攻基地　万世特攻隊員の遺書・遺影』（前掲）は、その前書きでつぎのように記している。

戦後五十年近くを経過した昨今「特攻隊」というものの存在について、命令されたもの、自ら征った者の区別をせずに批判をする輩がいるようです。（略）隊員たちのどの日誌を拝見しても、戦後世間で誤り報じられていることとは異なり、本書を読んで頂ければおわかりのように最初から最後まで文字は乱れず、思想の混乱もない正気そのもので、逞しい精神構造やひたむきな努力、そして崇高な義務感は筆舌に尽くし得ぬものがあります。

「命令」か「志願」かの特定はないものの、全体の調子として「志願」説のニュアンスが強い。同書に推薦の寄稿をしている評論家の草柳大蔵も、つぎのように述べている。

かなり永い間、「犬死にだった」「強制的に殺されたのだ」という批評がとぐろを巻いていたように思います。私は飛行学校の同期を特攻で喪っているので、耳に入る雑駁な意見に腹が立ってきました。

ここでも、特攻が「命令」なのか「志願」なのかを特定していない。しかし、草柳は「犬死に」や「強制」の「雑駁な意見」に腹を立てている。草柳大蔵は、つぎの「命令説」の項でもう一度取り上げることにする。苗村七郎と草柳大蔵は、ともに陸軍の特別操縦見習士官出身の空中勤務者であった。

後藤慶生『改訂版　流星一瞬の人生　後藤光春の実録』（前掲）ではどうか。著者は陸軍航空特攻第六六振武隊長後藤光春の実弟である。兄の後藤光春は一九四五年五月二五日に出撃戦死していることはすでに述べた。その後藤慶生はつぎのように記す。

それにつきまして、特攻隊は命令か、志願か、のことですが、これは全て志願であると判断する。勿論周囲の状況、雰囲気など微妙な点無きにしもあらずであるが、極少の例外を除いて志願と判断します。

しかし、「志願」であったことの明確な実証は記されていない。

桐原久『特攻に散った朝鮮人』（前掲）は、金尚弼（結城尚弼）の軍隊入営は形式的には志願制であるが、それは「志願」という名の「強制」であったという。しかし、同じ朝鮮人でも少年飛行兵の場合は大空への憧れの「志願」であったとしている。大河正明（朴東薫　少年飛行兵）は、操縦がたいへんうまかったという。「朝鮮人の肝っ玉をみせてやる」といって出撃したことはすでに述べた。この人の弟である朴尚薫の証言として、桐原久『特攻に散った朝鮮人』（前掲）は、「でも飛行機があれ程好きで、少年飛行兵に応募したのだから、特別攻撃隊ができた以上、特攻戦死もかえって兄の本懐だった、と思います。強制的に徴兵されて歩兵にされるよりは、生き甲斐があったでしょう」と記している。大河正明が特攻に「志願」したとはいっていない。しかし、それが「命令」だけの動機付けではなかったことを暗示している。

田口頌二『陸軍航空整備兵物語』（光人社　一九九六）によると、つぎのようになる。田口は空中勤務者ではなく整備兵である。「満州」での錬成基地での出来事である。

それから一ヵ月たったある日（一九四五年三月中旬頃―引用者注）、飛行教育隊に異変が起き、私たち整備兵もすくなからず動揺した。飛行兵に、特別攻撃に志願する呼びかけがあったのである。（略）

何日かして特別攻撃隊員にきまった飛行兵の名前十二名が張り出された。彼らは生きながらに軍神となった。それからは、飛行訓練以外のすべての勤務からはずされた。三度の食事当番は、私たち整備兵が交代で行なうことになった。

田口頌二は、同年齢の人たちによる特攻隊員「志願」の様子を紹介している。しかし、これが文字どおりの「志願」なのか、実質的な「命令」であったのかは、田口頌二の記述からは判然としない。

〔「志願」説、海軍の場合〕

以上は陸軍航空特攻での「志願」説である。それでは海軍神風特攻隊での「志願」はどうであったろうか。

猪口力平・中島正『神風特別攻撃隊の記録』（雪華社　昭和五九）から引用する。著者の猪口力平は終戦時は軍令部参謀（大佐）、中島正は七二三航空隊飛行長（中佐）である。いずれも海軍神風特攻隊を現場で統帥している。同書によると、フィリピン戦と沖縄戦とで海軍神風特別攻撃隊の「志願」にも違いがあったようである。

まず、同書第三部『比島における神風特別攻撃隊』から、フィリピンでの神風特別攻撃隊「志願」の様子（一九四四年一〇月から一九四五年一月）を引用したい。ここでは先陣争いをしながら特攻を志願する搭乗員の様子を多数紹介している。その中で象徴的な部分を引用する。

宴会の食卓はなかなかにぎやかであった。酒も手伝って口が軽くなっていたせいもあろうが、私（猪口）の前にきた搭乗員は、

「私はいつ出撃するのですか、早くしてくれないと困ります」と言う。中には、

「私は一番早くから特別攻撃隊員になっているのに、後でなったものがもう先にいっています。一体いつまで待てばいいんですか？」

などと、脅迫するものまで現れる。私はさんざんいじめられて困りはてた末に、とうとううまい口実を見つけだした。

「桜井の駅では大楠公が小楠公を河内の国の母のもとに帰したわけを知っているか？　先になろうと後になろうとみんな祖国のためだ、しかも特攻隊は世界平和がくるまでは、後から後からいつまでもつづくだろう。それを思えば、お前達は先陣中の先陣じゃないか！　だから二、三日ぐらい遅れたからといって、あまり文句を言うな」

すると彼らは頭を掻きながら、

「飛行長の言われることはわかります、……しかし、やっぱり大楠公になる方がいいですよ」とニコニコ笑うのであった。（略）

私がほどなく帰ろうとすると、二、三人の搭乗員が追いかけてきて、個人取引をしようとする。戦後の言葉でいえば闇取引だ。いち早く見つけた者が「ずるいぞ、ずるいぞ！」と叫ぶ。私は先任搭乗員にお礼を言って、外に出た。まだ興深く、先にいこうと議論しているであろう彼らの明るいさわぎを後にしながら……。

特別攻撃隊員は、体当り攻撃を特別の攻撃とは思っていなかった。

特攻隊員が、駄々っ子のように、まるでおやつか駄賃でもねだるように出撃命令をせがんでいる。その聞き分けのない腕白ぶりがいかにも可愛いといった記述である。同書にはこのような情景が繰返し記述されている。フィリピンでの海軍神風特攻隊員がこのようであったことは毫も疑わない。確かに、猪口力平の記述どおりであったろう。しかし、特攻隊員にとっては、特攻命令の待機が最も辛かったと言われている。今日か明日かと出撃を待っているよりは、さっさと出撃命令が出た方が、気が楽であったと言われている。同書での隊員の状況は、この苦しみから逃れるための、裏返しの表情であったのかもしれない。

角田和男『修羅の翼』(今日の話題社　平成二)はつぎのように記す。角田は『零式』艦上戦闘機の歴戦搭乗員で特攻隊の直掩をしている。そして、特攻隊の突入を機上から目撃している。ところで、角田の記述内容は、先ほどの猪口力平と中島正の記述(『神風特別攻撃隊の記録』)とは少し落差がある。一九四四年一〇月三〇日のことである。その日の午後に角田和男は、神風特別攻撃隊若桜隊の直掩機として出撃している。角田は特攻隊ではなく直掩隊である。角田は若桜隊員出撃前の昼食の様子を、「まるで遠足にいった小学生のように嬉々と立食いしている」としている。そして、その後の彼らの突入を目撃している。

引用箇所は、直掩から帰ったその夜のことである。角田は搭乗員宿舎に立ち寄っている。そこには明日特攻出撃する隊員がすでに就寝しているか、あるいは別れの宴を開いているかのどちらかであるはずであった。

引用はその時の出来事である。宿舎見張り番の兵曹との会話から始まる。

薄暗い部屋の正面にポツンと十人ばかりが飛行服のままあぐらをかいている。そして、無表情のままじろっとこちらを見つめた眼がぎらぎらと異様に輝き、ふと鬼気迫る、と言った感じを覚えた。（略）

「どうしたんだ、今日俺達と一緒に行った搭乗員たちはみな明るく、歓び勇んでいたように見えたんだがなあ」「そうなんです。ですが、彼らも昨夜はやはりこうしていました（一〇月三〇日出撃の葉桜隊―引用者注）。眼をつむるのが怖いんだそうです。色々と雑念が出て来て、それで本当に眠くなるまでああして皆起きているのです。毎晩十二時頃には寝ますので、一般搭乗員も遠慮して彼らが寝るまでは、ああしてみな起きて待っているのです。しかし、こんな姿は士官に見せたくない、とくに飛行長には、絶対にみんな喜んで死んで行く、と信じて貰いたいのです。だから、朝起きて飛行場に行く時は、みんな明るく朗らかになりますよ。今日の特攻隊員と少しもかわらなくなりますよ」

私は驚いた、今日あの悠々たる態度、嬉々とした笑顔、あれが作られたものであったとすれば彼等は如何なる名優にも劣らない。しかし、また、昼の顔も夜の顔もどちらも本心であったかもしれない。何でこのようにまでして飛行長に義理立てするのか。（略）

割り切れない気持ちを残して、私達はまたトボトボと坂道を明るい士官室へと引き返した。

ところで、猪口力平・中島正『神風特別攻撃隊の記録』（前掲）は、時期を「一一月（一九四四年―引用者注）になってからであったか」としている。一方、角田和男『修羅の翼』（前掲）は同年一〇月三〇日のことであると明記している。ゆえに両著の間には時間差はない。ほぼ同じ状況下であったと考えてよい。

この引用からも、確かに猪口力平・中島正『神風特別攻撃隊の記録』（前掲）の記述は決して誇張ではない。特攻隊員は嬉々として出撃していった。そのとおりであった。

しかし、それは半分の真実である。もう半分の隠れた、しかも上官に決して見せたくない重要な真実があった。角田和男は、その隠れた半分の真実を今日に伝えている。

『神風特別攻撃隊の記録』（前掲）は、基本的に「志願」説で貫かれている。しかし、それにもかかわらず、この「志願」とは矛盾する記述が同書には結構に多い。そこで同書の記述そのものの矛盾を指摘しておきたい。

例えば、神風特別攻撃隊敷島隊の編成の際、隊長関行男の選定は、同書をどのように読み込んでも「志願」とは判断できない。「命令」としか言いようがない。その箇所を引用する。

「どうだろう、おれは関を出してみようと思うんだが？……」と、玉井副長は私（猪口）に言った。私は兵学校の教官時代に接した関生徒の面影を思い出しながら、関大尉について、玉井副長の概略の話を聞き、「よかろう」と、この人の人選に同意したのであった。

これは明らかに「命令」である。この時点で関行男の「志願」はなかった。有無を言わせない人選である。そしてこの後に関行男を部屋に呼び同意を求めている。

玉井副長は（略）「ついてはこの攻撃隊の指揮官として、貴様に白羽の矢を立てたんだがどうか？」

と涙ぐんでたずねた。関大尉は唇を結んで何の返事もしない。両膝を机の上につき、オールバックにした髪を両手でささえて、目をつむったまま深い考えに沈んでいった。身動きもしない。一秒、二秒、三秒、四秒、五秒……と、彼の手がわずかに動いて、髪をかき上げたかと思うと、静かに頭を持ち上げていった。

「ぜひ、私にやらせて下さい」

すこしのよどみもない明瞭な口調であった。

玉井中佐も、ただ一言、

「そうか！」と答えて、じっと関大尉の顔をみつめた。

「白羽の矢を立てる」という表現そのものが「命令」と言っているのと同じである。関行男は母と子ひとりの家庭である。特攻隊員からは母子家庭や長男を外したといわれている。関は母子家庭の長男である。これも士官が先ず範を示す「率先垂範」であったとすれば筋は通る。しかし、関行男とともに出撃した敷島隊の下士官隊員である永峰肇も長男であった。長男であるにもかかわらず、特攻隊員に選定されている。日本最初の神風特別攻撃隊敷島隊は端《はな》から「志願」の原則から外れている。

ところで、それでは、この永峰をはじめとした神風特別攻撃隊敷島隊における下士官隊員の選定の様子はどうであったか。

玉井副長の脳裏には、（略）すでに『第九《（ママ）》期飛行練習生（第十期の誤記とされている—引用者注）の搭乗員から選ぼう』という考えがうかんでいた。九期《（ママ）》飛行練習生と玉井副長との間には、前々から切っても切れない深い縁があったからである。（略）玉井中佐は自然彼らに対して親が子を思う「可愛くて可愛くてたまらない」というような深い関係を持っていて、何とかよい機会を見つけ、彼らを立派なお役にたたせてやりたいと考えていたし、彼らの方も玉井中佐には親に対するような心情を持ち——

としている。第十期飛行練習生出身が選ばれたのは、以前に教官であった玉井の「親ごころ」である。この記述からも、日本最初の特別攻撃とされる神風特別攻撃隊敷島隊の選定は、「親ごころ」であり「志願」であったとは言いがたい。

『神風特別攻撃隊の記録』第五部『沖縄における神風特別攻撃作戦』では、この「志願」がますます怪しくなっていく。

この点、本土特攻隊（沖縄戦—引用者注）はめぐまれていなかったともいえる。彼ら（神風特攻隊員—引用者注）の周囲にいる人々から、手の届かないところにいる偉大なものとして、荒神のように遇せられた傾向があったからである。そのために志願制度の不適切なことと相まって、一部にはみずから荒神をもって任じ、いかにも英雄めいた不遜な態度をとったり、蛮勇をふるったりするものが現れたのは遺憾である。

「志願制度の不適切」と率直に「志願」の曖昧さを認めている。ここに至っては、「志願」を主張しているはずの猪口力平や中島正も、沖縄戦での海軍神風特攻では「志願」が崩れていたことを暗示している。小沢郁郎『つらい真実—虚構の特攻隊神話』（同成社　一九九五）は、この箇所を引用しつつ、「本文中でこの箇所はもっとも簡略で、説明も事例もなく、歯切れも悪い」としている。この「歯切れの悪さ」にこそ、海軍神風特攻は命令であったことの証拠があると小沢郁郎は暗示している。

ところで、「志願」の崩壊とモラルの崩壊は隊員の責任ではなく、当然に戦争遂行者、すなわち統帥の側の責任であるが、猪口力平や中島正はそのことには一切触れておらず、反対にその記述からは、隊員に責任があるかのような記述に見受けられる。

フランス人ジャーナリストのベルナール・ミロは、フィリピンでの特攻は「志願」であるとしている。自著『神風』（前掲）より引用させていただく。

志願には強制的要素はひとつもなかった。そのすべては誇りたかき花の若者たちの自薦によってなされたのであった。

しかし、沖縄戦での特攻では、つぎのようにニュアンスが異なってくる。

ようやく当然おこるべき現象が生じはじめた。すなわち特攻志願の強制である。さすがにあからさまな強制や、強圧の命令だけは最後までなかったようであるが、特攻隊に入ることを何らかの形で強いることが、この時期にいたってついに行われ出したのであった。

この強制は決して公然と行われることはなかった。しかし一時の興奮にかられての言動をとらえて、有無をいわせず特攻隊員にしたてあげてしまうということも行われるようになった。それにも増して最も多かったケースというのは、当人の周囲の事情や雰囲気から、どうしても特攻志願をせざるを得ないような状況に、ジリジリと追い込まれてゆくといった場合であった。

こうして特攻の要員となった者の中には、心理的にはきわめて受動的に特攻隊員とならされた者の数がしだいに増加してきた。しかもこのような強制の対象となった者が、前述の学徒兵や若者の中に多かったのは、なんとも残酷なことである。

このように言いつつも、ベルナール・ミロは、このことの結論としてつぎのように述べている。

絶対多数の特攻隊員は、依然として彼らの先輩に恥じない高潔さを保っていたのである。

ベルナール・ミロの論調は微妙であるが、大局的には「志願」説を採っている。

最後に、連合国側は日本陸海軍の航空特攻隊の「志願」をどのように見ていたのであろうか。大谷内一夫訳／編『JAPANESE AIR POWER 米国戦略爆撃調査団報告』（光人社 一九九六）は、

入手した大量の証拠や口述書によって大多数の日本軍パイロットが自殺航空任務（連合国は特攻を「自殺攻撃」とよんでいる—引用者注）に、すすんでボランティアしたことはきわめて明らかである。機体にパイロットがしばりつけられていたという話は、実際にそんなことがおきたとしても、一度だけだったであろう。

嫌がる特攻隊員を無理やりに操縦席に縛りつけ出撃させたとする風聞があったようだが、米国戦略調査団は、これを荒唐無稽として退けている。そして「志願」説を支持している。

生田惇『陸軍航空特別攻撃隊史』（前掲）によると、体当たりの際、体が操縦席から飛び出ないように、ロープで体を機体に結びつけるよう整備員に頼んだ隊員がいたと言う。デニス・ウォーナー／ペギー・ウォーナー『神風』（前掲）は、一九四四年一二月一一日に特攻機が駆逐艦『リード』に体当たりした様子を、つぎのように記している。

日本機のパイロットの上半身が音を立て空中を飛んだとき、砲員一名を甲板にたたきつけた。

さらに、一二月二一日の上陸揚襲艇四六〇号の場合は、

一人の若い水夫は日本機のパイロットが機体から投げ出されてマストにぶつかるのをみたと語った。マストに飛んでいかなかったパイロットの肉体の残りが、この若い水夫の足もとに落下した。

と記している。特攻隊員がロープで操縦席に自分の身体を縛りつけた理由はここにあったようだ。

第二項 「命令」説

それではつぎに、特攻「命令」説を採る文献を紹介したい。

高木俊朗『特攻基地知覧』（前掲）は、「命令」説を採っている。高木は、戦時中は陸軍報道班員として知覧基地で陸軍航空特攻隊の取材に従事している。特攻隊員を身近で取材しており、またその体験は貴重である。敗戦後に特攻から生還した河崎広光を取材している。

「特攻隊員となったのは、志願をしたのですか」

私は、生き残りの特攻隊員にあうたびにした質問を、くり返した。河崎広光は指先のたばこを

見つめながら、

「私の場合は、命令できまったのです」

高木俊朗は、それまでは特攻は「志願」と信じていたようだ。河崎広光の証言から、これまでの「志願」説に疑問をもつ。

「私（河崎―引用者注）が出撃する時は、本当にそんな気持ちでした。当時の新聞などの報道では、特攻隊員は、にっこり笑って機上の人となったと、いつも書いてありました。本当に笑った人もいたかもしれません。しかし、心から笑えた人はいないと思います。笑い顔をしたのは、そうしなければ、泣き顔になってしまうからだったろうと思うのです」

デニス・ウォーナー／ペギー・ウォーナ『ドキュメント神風』（前掲）は、つぎのように記す。

自殺攻撃（連合国側は特攻をこう呼んだ―引用者注）が少人数の志願者による（略）行動から―志願とは表面上のことにすぎないことがしばしばだった―大規模な自殺攻撃にかわったとき、（日本の―引用者注）伝統は姿を消した。

と、回りくどい言い方ではあるが「命令」説をとっている。

少数の咄嗟の決断での愛国的特攻は、日本の伝統である。それは「志願」によってなされている。しかし、大集団での組織的な「自殺攻撃」は日本の伝統にはない。だから、このような自殺攻撃は「志願」ではなく「命令」によってなされたものであると解釈できる。このウォーナー夫妻の指摘は

示唆的である。さらに続けて、

にもかかわらず、神風特攻パイロットたちはきわめて優秀であった。

と日本軍特攻隊員を賞賛している。

三村文男『神なき神風―〈特攻〉五十年目の鎮魂』(MBC二一 一九九七)も、「命令」説をとる。この人の特攻統帥に対する批判は痛烈である。陸軍航空特攻を統帥し、戦後も生存する菅原道大に対しては、他の文献資料を引用しながら、菅原道大の主張する「志願」説と、それに伴う「無責任性」を痛烈に批判する。さらに、マスコミにはひたすら従順で卑屈であるが、人によってはころりと態度をかえるとして、そのような菅原の「傲慢」な態度を厳しく指弾する。菅原道大については後に触れる。

また、三村文男は海軍神風特別攻撃隊の生みの親とされている大西瀧治郎に対しても殺人者として指弾する。大西瀧治郎は神風特攻の責任をとって、一九四五年八月一五日に割腹自殺をする。介錯《かいしゃく》を断わった古風な自決であった。絶命までの一五時間を耐え抜いている。大西に対する評価は今日でも様々ではあるが、この自決までを批判する向きはない。後述する御田重宝によると、大西は海軍統帥に利用されたと、むしろ大西瀧治郎には同情的である。しかし、三村文男の大西瀧治郎に対する舌鋒は鋭い。

つまり大西中将は特攻作戦の命令者、推進者、責任者として、黒幕の海軍という組織の意向をおおいかくす役割を演じたわけである。ロボットだったという人もあるが、(略)彼はみずからの意志をもたぬロボットでは断じてなかった。(略)性格的にもあまりに適役であったため、それにのめりこみ役者が劇中人物になりきってしまうように、意識して悲劇的英雄らしく振る舞いつつ、みずから悲劇的英雄になったつもりで死んでゆく。（略）つまり彼はナルシスト、自己愛者であったということだ。名言として多く引用される『棺を蓋うて云々』（「わが声価は、棺を蓋うて定まらず。百年ののち、知己またなからん」―引用者注）は、問うにおちず語るにおちた、彼のナルシシズムの告白であった。

大西瀧治郎の割腹を、ナルシシズムと批判する。痛烈である。ただし、三村の大西批判はやや感情的である。「命令」説も全体として感情が先走りしており、実証的でないのが悔まれる。そして、

かろうじて戦線を支えていたのは、無名戦士たちの忠誠であった。日本の歴史においても、世界戦史上にも、これほど無能な指導者の下で、これほど勇敢にたたかい、戦線をもちこたえた軍隊はなかったのではないか。

三村文男は、敗戦の年に東京帝国大学医学部を卒業している。

永末千里『白菊特攻隊』（前掲）は、沖縄戦での海軍神風特別攻撃は「命令」であったとしている。

しかし、それは（神風特別攻撃―引用者注）一部の志願者による特別な行為であって、他人事としか考えていなかった。だから、自分自身が「体当り攻撃」を実施する立場にたたされるとは夢想もしなかったのである。ところが艦隊参謀の説明によれば、全保有機で「特別攻撃」を編成するというのである。これは志願者を募るのではなく、飛行隊をそのまま「特攻隊」に編成替えし

て「体当り攻撃」を実施することらしい。

そして、永末千里の属する第十航空艦隊は、その全保有機（『白菊』機上作業練習機）をもって「特別攻撃隊」を編成すると宣言されたのである。

小沢郁郎『つらい真実―虚構の特攻隊神話』（前掲）は、明確に命令説を採る。

（略）脳ミソのシワの間の思考から筋肉に出る感情までを支配しようとしたのではなかったか？表現力から思考能力までが奪い去られたときに、上長の意向と命令に対して機械のごとく行動する日本将兵が誕生した。（略）

志願しない者に対する蔑視や差別のないことが保証されなければならない。が、旧軍隊が一番に嫌ったことが、その「自由」であり、「個人」であったのである。ついウッカリ、戦後社会に空気のようになってしまっている「自由」が、戦中の日本軍隊の中にあったなどと考えたら、大変なまちがいである。

端的に言えば、軍上層部は「自発的に志願せよ」と命令できたのである。

飯尾憲士（『開聞岳』前掲）は、陸軍航空士官学校出身である。その当時の士官学校出身者の心境をつぎのように語る。

特攻を募られれば一も二もなく一歩前に踏み出したであろうことは、疑うべくもない。それほどに私は、日本のため、国民のために、勇躍命を捨てることのできる少年だったのである。私は、特攻を、心から志願したであろう。

ちなみに、飯尾は飛行訓練を一度も受けることなく敗戦を迎えている。当然に特攻命令は受けていない。飯尾は続けてつぎのように言う。

体当たりをやってくれるか、と聞かれて、致しません、と答えることの出来る者は殆どいないであろう。手を挙げてくれ、といわれれば、意志の有無にかかわらず、卑怯者と誹られたくないため一斉に手が挙がるであろう。

そして、これは「踏絵である」と、「志願」と「命令」の微妙なバランスを語る。

草柳大蔵『特攻の思想〈大西瀧治郎伝〉』（文藝春秋　昭和四七）も、「志願」と「命令」の微妙なバランスを語る。以下引用させていただく。

しかし、「特攻」は「死」を客観にゆだねている。当事者は「死を覚悟」しているのではなく、「死」でしか任務を遂行できないのである。もうひとつの大きな相違点は「決死」はある局面にのみむけられるが、「特攻」はいわば「制度」として採用された持続的な組織である。

さらに、つぎのように言う。

ことわるまでもないが、特別攻撃隊員になることは強制ではなく志願の形をとっている。それは形式上のことで、当時の雰囲気からいえば「志願しない」という選択はほとんど許されなかったろう。若者たちは「志願」をしたときに「死」を選んでいる。いや、航空隊を志願したときに（飛行隊は命令ではなく志願である—引用者注）生きることをやめている。

御田重宝『特攻』（前掲）の説も興味深い。「志願」説や「命令」説ではなく、それとは別の「利用」説を展開している。

当時の日本は、青年がそっぽをむくような、国家でなかったことは確かである。この認識に欠けると、正確な特攻の姿は見えてこない。

そして、

上層部は打つ手を失い、若者のひたむきな心情にすがってのみ、戦争を継続し得たという、組織として最低の様相を呈していたと言える。

御田重宝は、若者たちの国を思う心情を軍の統帥部が「利用」したとしている。さらに御田はつづける。

特攻に駆り立てたものは日本人の「軍国主義教育にあった」とする論が多いようであるが、必ずしもそうとは断定できない証拠が幾つもある。（略）長い歴史の中で培われてきた〝国民性〟という立場からの議論も必要な気がする。

以上、文献資料から、陸軍航空特攻と海軍神風特別攻撃が「志願」であったのか、それとも「命令」であったのかを論じてきた。意見は様々に分かれる。ところで、この分析から幾つかの興味ある傾向が見られる。

まず、特攻「志願」説は、元軍人や特攻生還者に多いということが分かった。元航空士官学校区隊長生田惇、元陸軍航空特攻隊員松浦喜一、また元海軍参謀猪口力平と中島正らは「志願」を主張する。一方、「命令」説は、ジャーナリストや評論家に多い。高木俊朗、三村文男らがこれに当たる。元軍人ではあるが、作家の飯尾憲士は「踏絵」論を採る。そして、ジャーナリストの御田重宝は「利用」論を展開するが、この「利用」論も、広くは「命令」説と言っていいだろう。

以上のことは外国の文献にも当てはまる。軍関係である米軍戦略爆撃調査団は「志願」説であり、ジャーナリストのデニス・ウォーナーは「命令」説である。ただし、ジャーナリストでもベルナール・ミロは少し違う。彼は微妙な言い回しではあるが、大局的には「志願」説を採っている。

さらに興味のあることは、陸軍と海軍とでは「志願」と「命令」に微妙な違いが見受けられる。陸軍では、沖縄戦においても軍関係者が「志願」説を主張し、ジャーナリストや評論家が「命令」説を主張し、「志願」と「命令」が明確に二分するのに対して、海軍では沖縄戦に関しては元軍関係者でさえ「志願」とは断定していない場合もある。元軍令部参謀の猪口力平と第五航空艦隊司令部飛行長の中島正も、沖縄戦での「志願」には疑問を呈している。元神風特攻隊員永末千里は、明らかに「命令」と断定している。

ところで、沖縄戦での陸軍航空特攻が「志願」ではなく、むしろ「命令」であったのではないかを髣髴させる証拠がある。陸軍が作成した『と号空中勤務必携』（第七章二項参照）には、「と号部隊ト ハ 敵艦船攻撃ノ為高級指揮官ヨリ必中必殺ノ攻撃ヲ命ザラレタル部隊ヲ謂ウ」としている。この文書は陸軍が作成したものである。特攻隊員のマニュアルである。その文書には、特攻は「高級指揮官ヨリ必中必殺ノ攻撃ヲ命ザラレタル部隊」と、「命」という一字を明記している。この「命」一字をもって、陸軍航空特攻の全てを「命令」と断定するのは確かに早計である。しかし、反対に、この『と号必携』には「志願」という文字が見当たらない。『と号空中勤務必携』は後に詳述する。

第三項　遺書のなかの「志願」と「命令」

つぎに、陸軍航空特攻隊の一四三名の遺書に、「志願」や「命令」がどのように表記されているかを分析していくことにする。

対象とした遺書は第二章で分析対象とした遺書とする。ただし、第二章では隊員の本音に近い心情を汲み取ることからも、出撃直前の遺書、もしくは絶筆と判断できるものを対象としたが、ここではもう少し対象を広げ、出撃のかなり以前に書かれた日記や手紙をも分析対象とした。その理由は、「志願」もしくは「命令」は、出撃直前に決定されるものではなく、「志願」の場合はかなり以前に決定されるものであるからによる。また、「命令」の場合でも、遅くとも一ヶ月前には特攻隊への編入が命令されているからである。故に、ここでの分析は、日記や手紙などかなり以前の日付のものも分析対象とした。すなわち対象の期間を拡げた。

また、分析方法は「志願」や「命令」を言葉として表記しているもの、もしくは「志願」や「命令」と同義語の単語を使って表記しているものに限定した。すなわち、あくまでも言葉での表記にこだわった。したがって、前後の関係から「志願」や「命令」を推測することは避けた。

その結果、一四三名のうち「志願」とした隊員は五名、「命令」とした隊員は一六名となった。残り一二二名は「志願」とも「命令」とも表記していない。

〈「志願」表記の遺書〉

それでは「志願」と表記した遺書五通を見てみることにする。

◆金澤富士雄（伍長　少年飛行兵）は、出撃の一ヶ月半前に母に手紙を書いている。その中に「至高任務血書志願して採用せられし此の感激」としている。金澤は特攻を「血書志願」している。

◆野口鉄雄（軍曹　航空局乗員養成所）は、父あての手紙の表題を「特別攻撃隊志願の所以」と表記し「志願」と言っている。

◆上成義徳（曹長　召集）の遺書は短い。全文を引用する。

二十有余年ノ御恩ニ深謝ス。孝ノ及バザルヲ悔ユルノミ。而レ共父母ノ心子ニ通ジ子ノ心父母ニ通ゼン。

今般宿望ノ特別攻撃隊ニ参加シ郷土南西諸島ニ散ル。又望ム所ナリ。

郷土戦場ト化ス。勝ツヲ信ジ健闘ヲ祈ル。

四月四日　　義徳
父母様

上成は特攻を「宿望」と表現している。ここでは「志願」としておく。

◆大野一郎（少尉　特別操縦見習士官）は遺書に、「一郎儀、今般願成りて特別攻撃隊となりて」としている。この「願」も「志願」としておく。

◆大塚要（少尉　特別操縦見習士官）は、出撃五日前の日記に、「一人前の特攻隊員として、操縦に志せし時よりの本望です」としている。ただし、この「本望」を「志願」と読み換えるには少し無理があるかもしれない。

〈「命令」の表記〉

それではつぎに「命令」と表記した遺書一六通を見てみることにする。

◆足立次彦（伍長　少年飛行兵）は、出撃の二ヶ月前の日記に「本日我ニ陸軍特別攻撃隊参加ノ命下ル」としている。

◆天野重明（少尉　幹部候補生）は、「米鬼撃滅の大任を与えられ」としており、「大任」「与えられ」と表記している。

◆渡部佐多雄（少尉　特別操縦見習士官）は、「小生今回選べられて特別攻撃隊の一員と相成り候」としており、「選ばれて」と表記している。

◆池田亨（少尉　陸軍士官学校）は、「重大なる任務を与えられ」としている。

◆柳生諭（少尉　特別操縦見習士官）は、二ヶ月前の日記に「全員特攻の覚悟せよ」と「覚悟」という表記をしている。「覚悟」を「命令」と読むのか、「志願」と読むのかは難しい。

◆本島桂一（少尉　特別操縦見習士官）は、遺書の中に自分の略歴を記しており、そこに「昭和二十年三月二九日　特攻ノ命下ル」としている。出撃の一ヶ月半前のことである。

◆壺井重治（少尉　特別操縦見習士官）は、「取急ぎ一報　特攻隊ノ大命来ル　男子ノ本懐ナリ　直チニ明野本隊ニ行キマス　何レ後程」としている。出典資料の『陸軍最後の特攻基地』（前掲）には、日付は記されていない。

◆勝又勝男（少尉　特別操縦見習士官）は、「特別攻撃隊を拝受」としている。
◆奥山道郎（少佐　陸軍士官学校）は、「此の度、義烈空挺隊長を拝命」としている。
◆国吉秀俊（軍曹　少年飛行兵）は、「此の度特別攻撃隊員を命ぜられました」とし、続けて「武人最高の至上の幸」としている。
◆中原常信（少尉　陸軍士官学校）は、「命令下（三月三十日）」としている。この日付は、出撃の二ヶ月前である。
◆舟橋卓次（少尉　特別操縦見習士官）は、「小生今般大命を拝し近く征途につきます」と、「大命を拝し」と表記している。
◆鈴木邦彦（少尉　陸軍士官学校）は、知人あての手紙で「大命を拝して特攻隊の一員に選ばる」としたうえで、「武人の光栄之より大なるはなく」としている。
◆若尾達夫（軍曹　航空局乗員養成所）は、両親あての手紙であろうか「愈々待望の命が下りました」としたえで、「男子本懐正に之に過ぎるものはなく」としている。
◆宮川三郎（伍長　航空局乗員養成所）は、出撃一ヶ月前の両親あての手紙に「陸軍特別攻撃隊第三降魔隊員に選ばる。男子の本懐之に過ぐるもの無し」としている。
◆渋谷健一（大尉　少尉候補生）は、子どもへの遺書で「父は選ばれて攻撃隊長と成り」としている。
「選ばれて」「命下る」「大命」「与えられ」「大任」と表現は様々だが、いずれも「命令」と読み替えたことを断わっておく。いずれの場合も「命令」を不服としてもいなければ、戸惑ってもいない。むしろ従容として受けとめている。そして、その「命令」が「本懐」であり、これほどの「名誉」はないとしている。

遺書からは、特攻が「志願」なのか「命令」なのかは判然としない。たとえ「命令」と表記されていても、文字どおりの「命令」と解釈していいのかどうかは筆者に判断はつかない。

海上自衛隊鹿屋航空基地史料館（鹿児島県鹿屋市西原三丁目一一－二）でボランティア・ガイドをする渡邊昭三（一九九七年一二月二八日現在）は海軍飛行予科練習生出身である。氏は憧れの飛行機ではなく、爆装をした特攻モーターボート『震洋』（写真）で終戦の年の一九四五年七月中旬に鹿児島県の坊津基地から特攻出撃している。一七歳であったという。米軍潜水艦と思った目標は誤認と分かり、突入寸前に急転舵し、九死に一生を得て特攻から生還した。

その渡邊昭三はつぎのように証言する。この証言は筆者が一九九七年一二月に鹿屋航空基地史料館で海軍神風特別攻撃隊徳島白菊隊の所感（前述）を調査していた際に、氏との初対面で得たものである。あらかじめ計画されたインタビューではない。

渡邊昭三によると、特攻出撃は「祖国のためとか国のためとか、そんなきれいごとではなく」、特攻とは単純に「順番、当時の当然のなりゆき、そして予め決められていたシステムであった」とする。「俺の出撃は十番目、九番までが行った、だからつぎは俺の番」「あいつもやった、だからおれもやる」といった「あきらめ」の「踏ん切り」のようなものであったとする。しかし、同時に特攻出撃は「おそろしかった、こわかった、父や母がここで俺が死ぬことを知っているのか、それを思うと残念であった、複雑な心境であった」とする。

たしかに渡邊昭三の証言は複雑である。「終戦間際には日本は勝てないと分かっていた、祖国の負けを見る前に死んでやるという気持ちはあった。負けを見たくない、だから死なねばならないの心境」であったとする。しかし、同時に終戦は「本当にうれしかった、これで生きて還れる、これに尽きた」とも言う。

渡邊昭三の証言を聞きながら、筆者は一つの強い印象をもった。それは氏が証言中に示したひとつの〝表情〟である。それは出撃の命令が下った瞬間の再現であり、証言中に何度もごく自然に反射的になされたものであるように筆者は感じている。

まず座った姿勢である。氏はつぎに「出撃！」の命令と同時に両手で机を強く支えて、強い調子で「よしオレが行く！」とスックと立ち上がった。そして、その時の目は何か遠くを睨み付けているような表情であった。この〝表情〟は短い面談中に何度か繰り返された。その〝表情〟には、ただならぬ雰囲気が確かにあった。戦友の出撃の瞬間がそうであったのか、それとも渡邊自身の出撃の瞬間がそうであったのか、あたかもストップモーションのように、渡邊昭三の身体の中に凍結しているかのようである。

その〝表情は〟は、今もなお渡邊昭三に刻印されている、それ自身ひとつの証言のように筆者には思えた。

ところで、渡邊昭三は、特攻が「命令」なのか「志願」なのかの筆者の不躾《ぶしつけ》な質問に対して、「最初は命令」「後は自発」、そして「一種の諦《あきら》め」としている。

その後、渡邊昭三から筆者宛に書簡（一九九八年二月）をいただいた。特攻を考えるうえでの基本に関わるものである。特攻生還者ゆえの大切な内容を含んでいる。引用させていただく。

遺書や、断片的な証言を以て「特攻」を定義づけたり解明し得たなどとすることは、大変な誤りを犯す恐れがあります。一度体当たりをやり損ねた小生にすら、チョットやソットでは「特攻」を他人に説明し了えることは出来ません。

戦列に加わった最年少兵は昭和三年生まれの小生達と推定されます。ハッキリ申し上げて子供です。生か死かの間で気持ちが揺れ動くのは当たり前で、高邁な理想や理屈など、余りよくわからぬまゝに、お国の為めとやらで凝り固まって、死ぬとなったら顔面蒼白となってでも突込んで行こうと、一途に思い詰めた子供心を、大人のスケールで、今アレコレ評するのは、一寸無茶だと小生は考えております。

銘ずべきである。渡邊昭三は断片的な資料からの推論や今日的な価値観に基づく断定を厳に戒めている。

敗戦後の証言には、時の流れによる変色もあれば、また様々な色合いの重なりも出てくる。いずれも、時代の流れに偏りが出てくる。渡邊昭三はこの「偏り」を戒めている。同感である。

本稿では、資料や証言の持つ歴史的な重要性を認識しつつ、同時に資料や証言の持つ限界をも認識しておきたい。

さらに、渡邊昭三は、特攻の「命令」か「志願」かは、そのこと自体をテーマにすることに無理があると言う。特攻の「その根幹は命令に基づく戦闘技術の延長です。命令だったのか、志願だったのかという設問こそ愚問だとお思いになりませんか」（筆者宛書簡）とする。特攻とは、敗戦が濃厚となり、打つ手の無くなった当時の戦闘技術の帰結、そして戦争遂行のシステムの一環であったと筆者も考える。故に渡邊昭三の論は、当事者の貴重な証言として併せてここに記しておきたい。

第四項　特攻隊員と都道府県

少しくどくなるが、特攻が「志願」であったのか、それとも「命令」であったのかの傍証をしておきたい。本項では特攻戦死者数（率）と、その人たちの出生地域（都道府県）との関係を見てみたい。ここでの分析テーマは、もし特攻が「命令」であったならば、その「命令」は等しく全ての若者に与えられることから、戦死者数（率）は等しく各地域（都道府県）に均等に分布するであろうと考えられる。反対に、特攻が「志願」であるならば、特攻戦死者数（率）には、出生地域特性による地域間格差がでてくるであろうと考える。

結論を先に言う。特攻戦死者数（率）の分布は、地域（都道府県）により相当の格差が出た。すなわち、戦死者数（率）と地域特性とには相関関係があると推論する。

ここでの分析方法を記しておく。陸軍航空特攻の沖縄戦での全戦死者は、本稿では一・〇四一名（筆者推計）としている。ただし、ここでは一・〇二七名とする。樺太と朝鮮出身者、そして出身不明の合計一四名を除いたからである。その理由は依拠した統計資料の限界による。このことは後に述べる。まず、この一・〇二七名を母数とする。つぎに出生地域（都道府県）別の戦死者実数を割り出し、これを分子とする。そして、出生地域（都道府県）別の「特攻戦死者率」を求める。当然に率は地域によってバラツキがでる。東京や大阪のような人口が高い地域は、それだけ若者の人口も高く、航空への志願者が多くなる。その結果として特攻戦死の絶対数も多くなる。このことから「特攻戦死者率」が高くなるのは当然である。

そこで、本項では、その当時の人口（一九四〇年現在　七三・〇七五千人）を母数として、つぎに都道府県別の人口を分子として、地域（都道府県）別の「人口率」を算出し、「特攻戦死者率」と、この「人口率」とを比較することにより、地域間格差を考察した。すなわち、「特攻戦死者率」と「人口率」を重ね合わせる方法である。こうすることによって、特攻戦死の地域間格差の有無と、その程度を考察した。

ところで、本稿では当時の人口ではなく、一九三〇年（昭和五）の「年少人口」（零歳から一四歳二三・五七九千人）を基準とした。その理由は、その当時でさえ、若者の比率は都道府県でバラッキがあったようである。特攻戦死者は若者（一七歳から三一歳）であることから、当時の若者の人口を母数にする方が望ましい。人口総体を母数にした場合では歪みの幅が大きくなることを恐れる。一九三〇年の年少人口を基準としたのは、一五年後の一九四五年（昭和二〇）には、この人たちは一五歳から二九歳の年齢となる。戦死した特攻隊員は概ねこの年齢幅に入る。もちろん一九三〇年の年少者全員が一九四五年まで生きた訳ではない。その間に病気などの死亡もある。この年少人口を基準にするにしても無理が出るが、本稿での考察ではこれで十分であると考える。

以上の結果を記す。次頁の図を参照されたい。

まず、陸軍航空特攻の場合であるが、北陸東北地方では宮城で「特攻戦死者率」が「年少人口率」に比べて上方に偏向しているが、他の地域では「特攻戦死者率」は下方に偏向している。関東地方は東京ではやや「特攻戦死率」が上方に偏向しているのがわかる。中部地方の愛知では概《おおむ》ね平行しているようである。要するに、特攻戦死者は年少人口に比例していることになる。ところで関西地方では少し様子が違う。大阪や兵庫では「特攻戦死者率」は「年少人口率」に比べて下方に偏向している。要するに、年少人口の割に特攻戦死者は少ないという結果になる。中国地方では、岡山、広島そして山口では、「特攻戦死者率」が上方へ相当に偏向しているのが認められる。四国ではバラッキが認められる。九州では、概ね「特攻戦死者率」の上方への偏向が認められる。特に佐賀、大分、鹿児島では「特攻戦死者率」が相当に上方へ偏向しているのが分かる。

海軍の神風特攻の場合も見ておきたい。ここでの特攻戦死者の算出は、陸軍航空特攻と同じ期間内の航空特攻での戦死者に限定した。海軍の場合は航空特攻以外に、『回天』や『震洋』などの海中海上の特攻があったが、陸軍航空特攻との比較からも、これら海中海上の特攻戦死者は除くことにした。

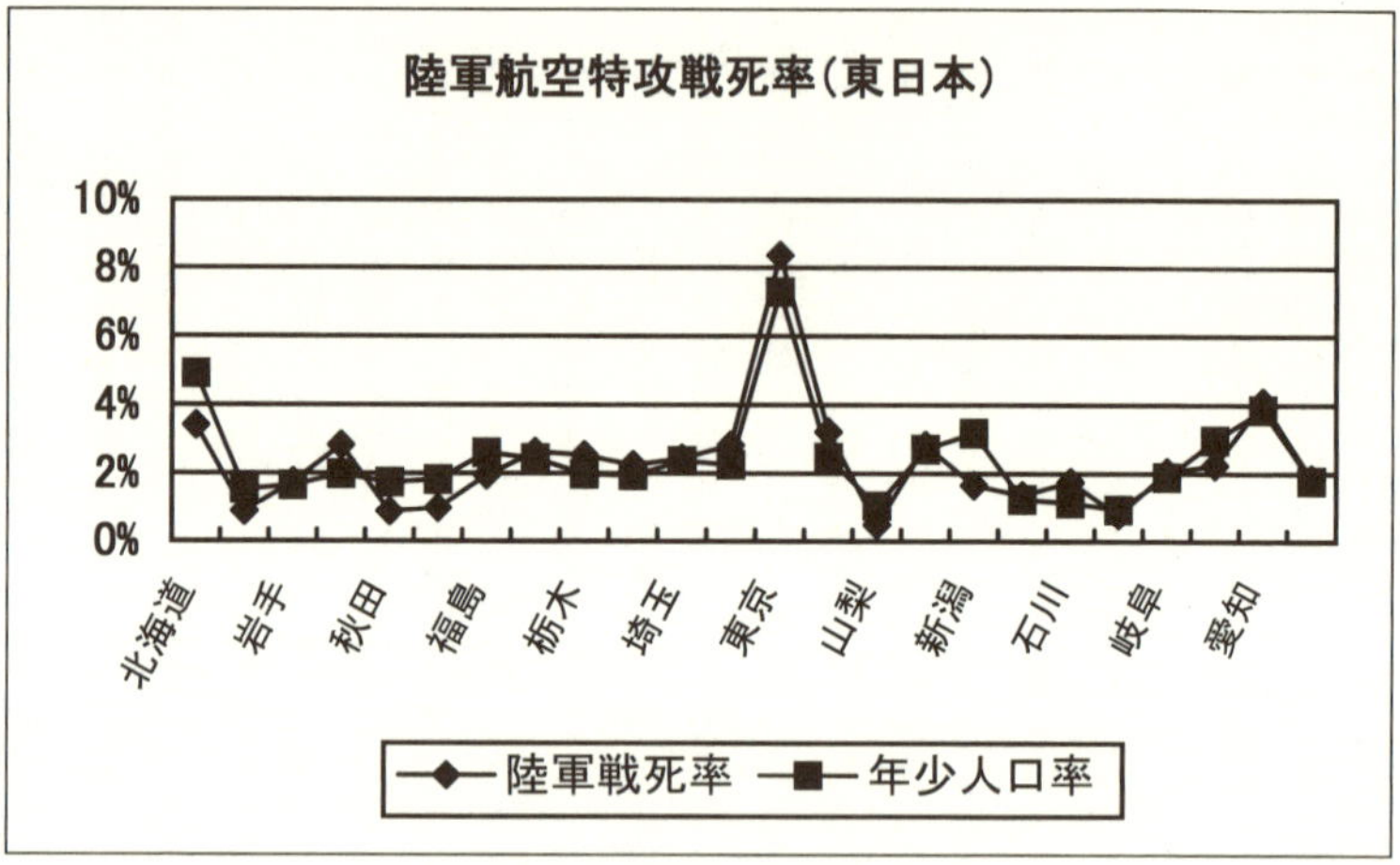
陸軍航空特攻戦死率（東日本）
10%
8%
6%
4%
2%
0%
北海道
岩手
秋田
福島
栃木
埼玉
東京
山梨
新潟
石川
岐阜
愛知
陸軍戦死率
年少人口率

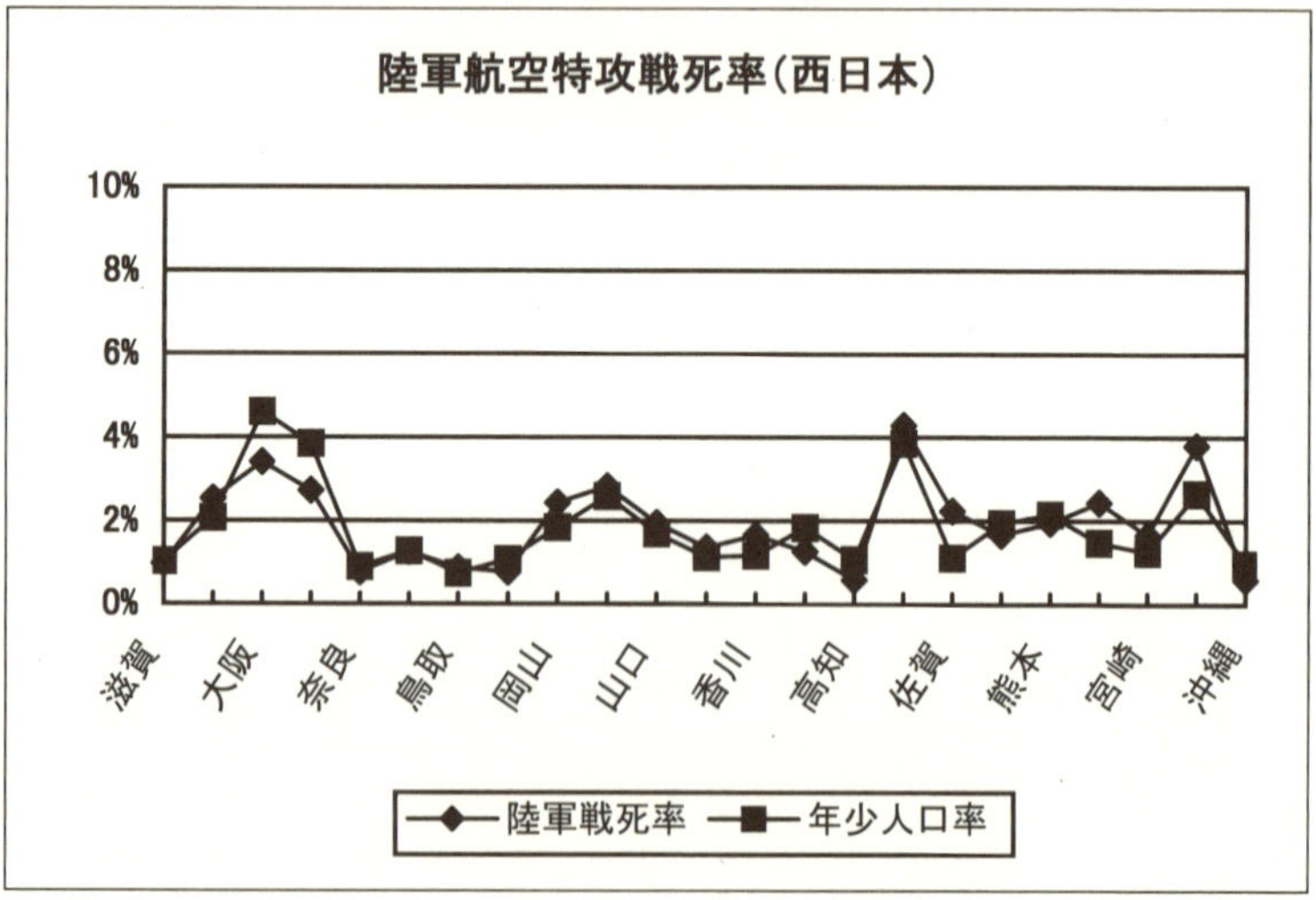
陸軍航空特攻戦死率（西日本）
10%
8%
6%
4%
2%
0%
滋賀
大阪
奈良
鳥取
岡山
山口
香川
高知
佐賀
熊本
宮崎
沖縄
陸軍戦死率
年少人口率

次頁の図を参照されたい。

本稿では、海軍神風特攻の沖縄戦での戦死者は一・九六四名（筆者推計）としている。ただし、ここでは一・九三六名とする。樺太と台湾、そして出身地不明者を除いたからである。要するに、前述の陸軍と同じ理由に拠る。

北陸東北地方では全体として「戦死者率」が「年少人口率」に比べて下方に偏向している。関東地方でも「特攻戦死者率」は下方に偏向している。ただし東京には偏向がない。要するに、「特攻戦死者率」と「年少人口率」は平行している。このことは愛知を中心とした中部地方でも同様である。関西地方では、概ね「特攻戦死者率」の下方への相当の偏向が見出せる。すなわち海軍神風特攻の場合も、特に大阪や兵庫では年少人口に比べて特攻戦死者は少ないということになる。中国地方では、岡山、広島、そして山口、さらに四国の各県で「特攻戦死者率」の上方への高い偏向が認められる。九州では、福岡を中心として「特攻戦死者率」の上方への高い偏向が認められる。

以上のことから、特攻戦死は出生地域（各都道府県）に均等に出現しているのではなく。相当な地域間格差があるようである。筆者はそこには地域のある種の「特性」が影響しているように推論する。特に大阪での特攻戦死者は、年少人口の割には低いという結果が出た。これは大阪という地域・経済文化が反映しているのかもしれない。反面、例えば鹿児島や福岡では特攻戦死者の割合が高くなっている。これは、その地域の歴史的な特性が反映しているのかもしれない。

特攻戦死者が多いということは、その前提としてもともと航空志願者が多かったということである。このことを踏まえたうえで、以上のことから、陸軍航空特攻（海軍神風特攻も）は、単に組織的な「命令」とだけで割り切れないものがあると考える。もし「命令」ならば、このような地域間格差は出ないであろう。等しく分布するはずである。しかし、実際は地域間に相当な格差が出た。このこと

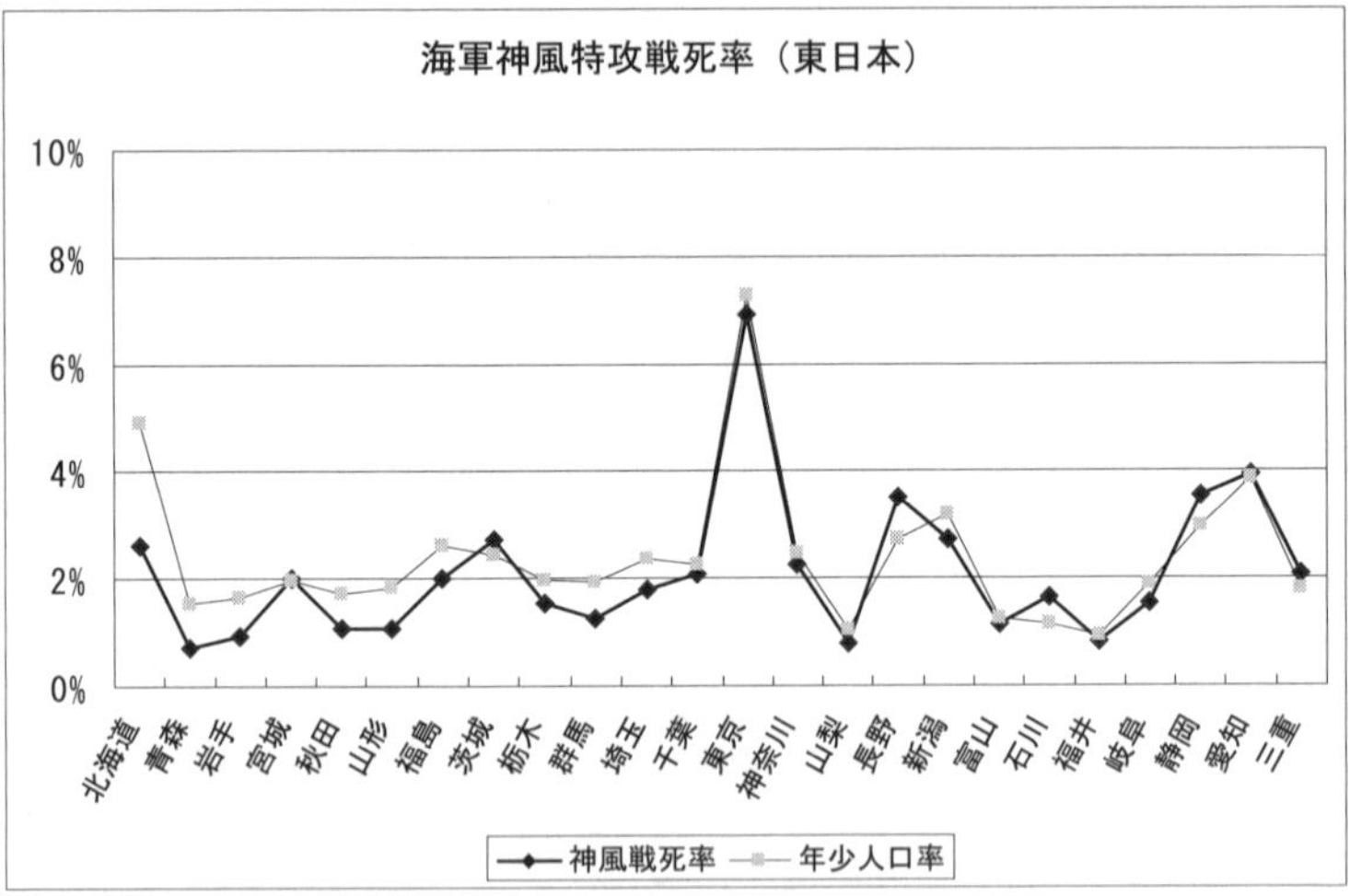
海軍神風特攻戦死率（東日本）
10%
8%
6%
4%
2%
0%
北海道
青森
岩手
宮城
秋田
山形
福島
茨城
栃木
群馬
埼玉
千葉
東京
神奈川
山梨
長野
新潟
富山
石川
福井
岐阜
静岡
愛知
三重
神風戦死率
年少人口率

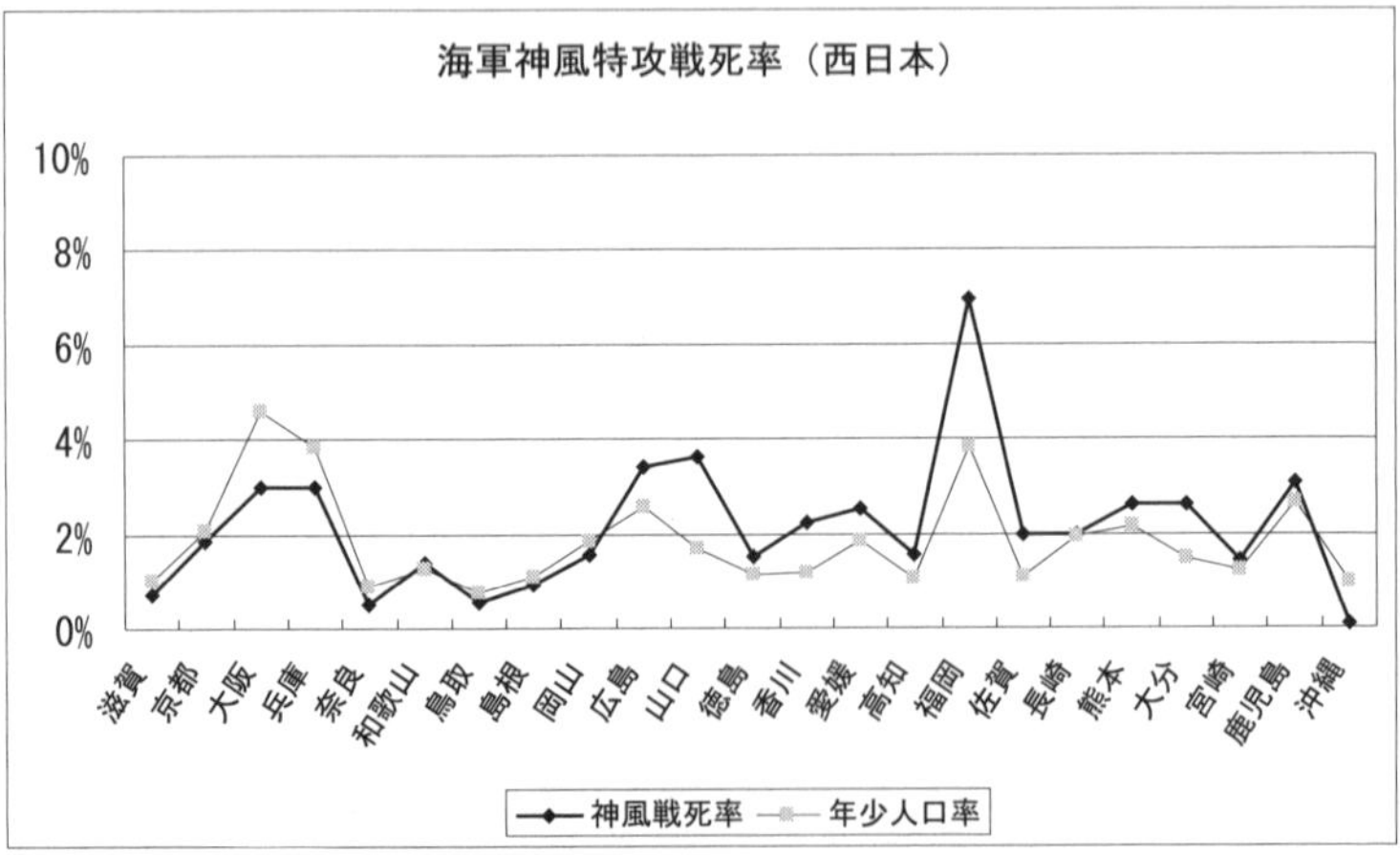
海軍神風特攻戦死率（西日本）
10%
8%
6%
4%
2%
0%
滋賀
京都
大阪
兵庫
奈良
和歌山
鳥取
島根
岡山
広島
山口
徳島
香川
愛媛
高知
福岡
佐賀
長崎
熊本
大分
宮崎
鹿児島
沖縄
神風戦死率
年少人口率

から特攻戦死者の割合は、それぞれの地域がもつ文化や経済の歴史的な特性と、その中で育まれた個々人の人格と個性が相当に反映しているようにも考えられる。もちろん、このことで特攻が「志願」であったとするものではない。これはあくまでも「命令」「志願」を考察するうえでの傍証であることを断わっておく。さらに、この地域間格差は、単なる偶然の所作であり、根拠なしとする批判もあるであろう。このことについても、筆者自身も明確な反論の根拠を持ってはいない。

なお、人口統計の出典は『人口の動向　日本と世界　人口統計資料集』（国立社会保障・人口問題研究所　平成一一）によった。樺太と朝鮮出身者を母数から除いたのは、出典にはその地域と国の記載がないことによる。

第六章——特攻隊員を見送った人たち

第一項　鳥浜トメ

陸軍航空特攻隊員を語る時に、忘れてはならない人がいる。鳥浜トメである。知覧の富屋食堂の経営者であった。富屋食堂は陸軍指定の食堂であった。このことから知覧の特攻隊員は、ここをよく利用している。鳥浜トメは、「軍指定」以上の親身の世話をしていたようだ。今日でも知覧の陸軍航空特攻隊員と鳥浜トメとの関係は語り草となっている。私財をなげうって特攻隊員を世話したという。「軍指定」という枠を越えた献身であったようだ。その献身が過ぎて軍に睨まれてさえいる。憲兵隊に拘束され、拷問に近い叱責を受けたこともあった。拘束の理由は、特攻隊員を「甘やかし過ぎた」ことであったらしい。

鳥浜トメは一九〇二年（明治五）六月二〇日、鹿児島県川辺郡坊津町で生まれている。生粋の薩摩の人である。若い時から根からの明るい努力家であったようだ（相星雅子『華のときが悲しみのとき』高城書房　一九九八）。知覧が特攻出撃基地になったのは一九四五年（昭和二〇）の三月からであることから、鳥浜トメは当時四三歳ということになる。二〇歳前後の特攻隊員にとっては「母」の年齢である。一方、鳥浜トメにとって特攻隊員たちは「息子」のような年齢となる。当時からも「特攻おばさん」と愛称されていた。今日でもこの人を抜きに陸軍航空特攻、わけても知覧は語れない。陸軍航空特攻の知覧が今日でも生き生きと語られる背景には、この人の無償の功績が大きい。鳥浜トメは、陸軍特攻という現代史を語っているのではない。それは史家の仕事である。鳥浜トメは、知覧から出撃していった隊員ひとりひとりの表情を今日に伝えてくれている。鳥浜トメはその語り部である。

朝鮮人特攻隊員光山文博（少尉　特別操縦見習士官　二四歳）の「アリラン」にまつわる話は、鳥浜トメが今日にきちんと伝えてくれている。もし、この人がいなかったなら、あるいは朝鮮人であるが故に、光山文博こと卓庚鉉の姿は、永遠に大空の彼方に消え去っていたかもしれない。

鳥浜トメは、光山の寂しげな表情がとくに気になっていたようだ。あとで分かることであるが、光山には、すでに母はなく京都にいた妹も出撃の一ヶ月前に病死していた。しかし、軍籍にあった光山は妹を見舞っていない、臨終にも立ち会っていない、葬式にも出ていない。そして老いた父一人を異境の日本に残す光山には、深い悲しみだけがあったようだ。出撃の前日に鳥浜トメに乞われるままに『アリラン』を歌っている。顔を軍帽で隠していたが、その軍帽の下から涙が滝のように流れ落ちたという（朝日新聞西部本社編『空のかなたに』前掲）。筆者は、この『アリラン』を光山の「遺書」としたことは既に述べた。「アリラン」を歌った光山文博こと卓庚鉉の望郷の心境は察するに余りある。

五月一一日の出撃、飛行場での鳥浜トメとの最後の別れの言葉は「じゃあね」の一言であった。それが精一杯であったと、佐藤早苗『特攻の町知覧』（光人社　一九九七）は記す。

ここで、朝鮮人特攻隊員のことで是非とも述べて置きたいことがある。

日本軍にとって、特攻は「守り」の戦であった。連合国軍という巨大な大軍に対して、寡弱な兵力での抵抗の手段として特攻が創出された。要するに、戦局を維持し現状を持ちこたえることにより、戦機が好転するのを期待するといった消極的な作戦であった。さらに、特攻隊員には、このような戦局の趨勢とは別に、もっと具体的な「守り」の対象があった。それは自らの命を代償にして自分たちの家族を守ることであり、さらには日本の将来と未来を担保することであった。ここに死を選ぶことへの納得があった。とにかく、日本人特攻隊員には、特攻への「合理性」が何とか見出せた。

それでは、朝鮮人特攻隊員にとって特攻とは一体何であったのか。この人たちにとっても特攻は「守り」の戦であったことには変わりはない。守るべきものは、この人たちの家族であり、祖国朝鮮であった。ところで、この人たちには、その前にもっと守るべき相手があった。すなわち支配者としての日本からの「守り」であった。要するに、日本から朝鮮を、さらに朝鮮人としての誇りをまず守らねばならなかった。だからこそ、日本人にとっても困難な特攻を、自分たちもあえて実行することによって、日本人との同等性あるいは優位性を主張しようとしたのではないだろうか。この人たちにとって、まず成すべきことは、自分たちの支配者である日本から同胞を守ることであった。すなわち特攻とは、この人たちなりの祖国朝鮮を日本から守る健気な実践であったと筆者は考えている。

朝鮮人特攻隊員の中にも、本気で自分を「日本人」と思い込み、日本の勝利を本気で信じて突入していった人たちもいたであろう。そうあっても決して不思議ではない。そのような時代背景があった。一方では日本の支配に怒りを感じつつ、全ての抵抗の手立てを絶たれたがゆえに特攻を敢えて受け入れ、朝鮮人としての誇りを実践した人たちもいたであろう。しかしながら、この人たちの個々の心境はともかく、この人たちにとっての特攻は、やはり第一義的には日本のための特攻であり、日本の戦争協力であることに変わりはない。だから、遺族の中には朝鮮同胞から迫害を受けた人たちもあった。

本稿は、アジア太平洋戦争の戦争責任や加害責任を追及するものではない。しかし、朝鮮人特攻隊とにかく朝鮮人隊員にとって、特攻とは多重多層の矛盾する意味合いが輻輳していた。

員から特攻を見た場合は、そこにアジア諸国、わけても朝鮮に対する日本の支配と加害という事実を無視することはできない。

朝鮮人特攻隊員のことで、いまひとつ記しておきたいことがある。陸軍航空特攻沖縄戦での朝鮮人戦死者は一一名であることはすでに述べた。加えて、一九四四年（昭和一九年）一一月から翌年の一月までのフィリピンでの特攻では三名が戦死している。故に航空特攻での朝鮮人戦死者は一四名となる（なお、陸軍海上挺身戦隊では野山在旭〈朝鮮名不詳〉が一九四五年一月三〇日に特攻戦死している）。

それでは、海軍神風特攻の場合はどうであろうか。特攻隊慰霊顕彰会編『特別攻撃隊』（前掲）の「海軍の部」には、「出身県」が「朝鮮」とする戦死者は一人もいない。要するに、海軍神風特攻では「名簿」の上では朝鮮人特攻隊員は記録されていない。ここにも海軍と陸軍の違いがある。


話を鳥浜トメに戻す。

川崎渉（特操）は、特攻戦死ではなく「不慮死」となっている。第一章で述べたように、川崎には妻がいた。妻は夫の出撃を知覧で見送っている。出撃の後、妻は崩れるように地面に倒れた。そんな妻を鳥浜トメは、抱きかかえるように支え続けている。川崎は三度出撃し三度生還している。知覧ではこれが噂となり、「川崎は女に未練を残して死ねない」と噂になったという。また、生還の理由がいずれも「エンジン不調」であったという。しかし、エンジンには異常は無かったようだ。このことから整備兵からも、川崎は不評を買ったようだ。そして五月三〇日に、川崎はテスト飛行の際に知覧から程近い実家のある鹿児島県隼人町で墜落死している。

鳥浜トメは、「今にして思えば、正式に妻と認められない綾子さんのことが心残りだったのでしょう。御両親が二人を認めていてさえいれば、川崎さんは何も思い残すことなく出撃していかれたと思いますよ」（朝日新聞『空のかなたに』前掲）としている。

いる。中島豊蔵（軍曹　少年飛行兵　二〇歳）は、捻挫した左腕を操縦桿に縛りつけて六月三日に出撃している。中島は訓練生の頃、知覧で鳥浜トメの世話になっている。そして特攻隊員としてあらためて知覧に着任した時、鳥浜トメの顔を見て懐かしさの余りトラックから飛び降り、腕を捻挫したという。風呂に入れない中島豊蔵を、鳥浜トメは自宅の風呂場で背中を流してやっている。そして、捻挫しているにもかかわらず、どうしても出撃するといってきかない中島の背中を流しながら涙している（朝日新聞『空のかなたに』前掲）。この時の情景を鳥浜トメは、ずっと後になってつぎのように言っている。相星雅子『華のときが悲しみのとき』（前掲）より引用させていただく。

あたいが風呂をたてっくれたや、久しかぶいじゃち言て入ったがな、腕が痛かってでな、背中を擦っくれたたったが、中島さんな、威勢のよかこっばっかい言ちょたどん、腹でな泣ちょったとおはら。分かったどお背中を見ちょればなあ。ほかん衆もずんばい（たくさん）擦っくれたがなあ、みんなじゃったど、あっち向っせえ顔を洗ろともおったがな、みんな背中が泣ちょったが。

威勢のいい中島豊蔵も、鳥浜トメには嘘はつけなかった。背中が泣いていたという。中島だけではない。みんなの背中が泣いていたと鳥浜トメは言う。

宮川三郎（伍長　航空養成所　二〇歳）の「ホタル」の話も、鳥浜トメを通して今日に伝わっている。宮川は出撃前日の六月五日に富屋食堂を訪れている。そして「あした出撃だ」と上機嫌であったという。その宮川は、鳥浜トメにホタルになって還ってくると告げている。出撃の六月六日の夜、一匹のホタルが富屋食堂に飛んできたという。富屋食堂は大騒ぎになったという（朝日新聞『空のかなたに』

前掲)。

広井忠男『螢になった特攻兵』(日本海企画社　平成八)は、宮川三郎の故郷、新潟県北魚沼郡城川村(現小千谷市)の風物を詩情豊かに紹介する。そこには、澄みきった四季折々の故郷の原風景が記されている。宮川三郎は、こんな美しい北国の風景の中で両親の愛情のもとで育った。「ホタル」の一言は宮川の故郷への、そして父母への限りない思慕の代名詞であったと筆者には思えてならない。

富屋に飛んできた「ホタル」は、しばらくして富屋の食堂を飛び去っていった。何処へ飛んでいったのか。相星雅子『華のときが悲しみのとき』(前掲)は、鳥浜トメ自身の言葉として、「そんた、わが一番戻いたか所お、我が家ん在っ所の山やったい川やったい」と記している。螢は故郷に還っていったと鳥浜トメは言う。


特攻隊員に真心を尽くしたのは鳥浜トメだけではない。内村旅館の吉見ミノ、永久旅館の吉永ミエも渾身の世話をしている(高木俊朗『特攻基地知覧』)。当時は知覧の住民全体がそうであったと、相星雅子『華のときが悲しみのとき』(前掲)は言う。知覧ばかりではない、万世の『飛龍荘』従業員も、さらに宮崎県都城基地周辺の人たちもそうであった。しかし、知覧の鳥浜トメの世話は一桁違っていたようだ。

鳥浜トメと知覧の特攻隊員との話題は尽きない。知覧を語る時は必ずこの人の名が出る。鳥浜トメが今日に伝える特攻隊員の様子はもちろん全部でない。一部かもしれない。しかし、この人の伝える知覧の特攻隊員は生き生きと今日に蘇り、貴重な証言となっている。

鳥浜トメの世話は敗戦後も続く、持っているものの有りたけを惜しげもなく使い果たしたテンコ盛りの田舎料理といった感じの人である。世話をするために生まれて来たような人である。一九九二年四月二二日、全ての思い出を胸に秘めて、享年八九歳の生涯であった。

第二項　知覧高女なでしこ部隊

元知覧高等女学校なでしこ隊部員も、知覧での陸軍航空特攻を今日にいきいきと伝えてくれている。とくに前田笙子（現在、永崎笙子、以下は旧姓の前田で記す）の残す日記は、陸軍航空特攻を伝える貴重な資料となっている。この日記の全文は、前田笙子自身が編集代表をしている知覧高女なでしこ会編『知覧特攻基地』（前掲）に収録されている（その後、知覧高女なでしこ会編『群青』高城書房　平成九）。高木俊朗『特攻基地知覧』（前掲）にも、この日記が掲載されている。本稿では、この日記を以下、前田笙子『日記』とする。

陸軍は知覧高等女学校に一九四五年三月二七日より特攻隊員の奉仕をするように命じている。勤労動員である。食事の世話や兵舎の掃除、洗濯、裁縫といった身の回りの世話を命じている。彼女らの年齢は一四歳から一五歳ぐらいであった。この奉仕隊を「なでしこ部隊」といった。特攻隊員にとってはちょうど妹といった年齢であり、彼女らにとっては兄の年齢となる。特攻隊員にとっては良きはなし相手である。

鳥浜トメといい、なでしこ部隊といい、知覧特攻隊員にとってはちょうど家族的な雰囲気を提供していたようである。なでしこ部隊も、鳥浜トメと同様に陸軍の命令以上の世話をしている。

ここで、知覧高女なでしこ会編『知覧特攻基地』（前掲）から前田笙子『日記』を引用させていただく。先述したように出典の『知覧特攻基地』は、『日記』の主である前田笙子自身が編集している。当然に『日記』の原典に最も近い文献となる。『日記』は三月二七日の動員命令からはじまり、四月一八日で終わっている。

昭和二十年三月二十七日（全文）

作業準備をして学校へ行く。先生より突然特攻隊の給仕に行きますとのこと、びっくりして制服にきかへて兵舎まで歩いて行く。はじめて三角兵舎にきてどこもここも珍しいものばかり、今日一日特攻隊の方々のお部屋の作り方。こんなせま苦しい所で生活なさるのだと思ったとき私達はぶくぶくした布団に休むのが恥ずかしい位だった。わら布団に毛布だけ、そして狭い所に再びかへらぬお兄様方が明日の出撃の日を待って休まれるのだと思ふと感激で一杯だった。五時半かへる。

三月二十八日（全文）

今日は特攻隊の方のいらっしゃるお部屋へまわされたが、初めてのこととて恥ずかしくしたり逃げたりしたが、自分の意気地のないことを恥ぢた。明日からはどしどし特攻隊のお兄様方のおっしゃることをおきゝして、お洗濯やらお裁縫を一生懸命やらうと思う。

三月二十九日（全文）

朝お洗濯をして午後ちょっと兵舎の掃除をしたついでにおはなしを承る。大櫃中尉を隊長とする第三十振武隊の方々は若いお方々で、隊長さんの威厳とした態度、私達には至ってやさしい隊長さん、部下の方々も実に隊長様になついていらっしゃった。松林の中で楽しく高らかにうたをうたふ。

以下は抜粋で引用する。

〈三月三〇日〉「出発なさるとのこと」としたうえで、桜とマスコット人形を特攻隊員に手渡している。第三〇振武隊の出撃である。しかし、「出発なさったが天候の都合でかへられる。大変残念がっていらっしゃった」と記している。

〈三月三一日〉特攻隊員に住所を聞いたところ、「佐々木、池田兵長さん、地獄県三途川区三丁目草葉蔭とかかれる」と記している。こんなユーモアもあったようだ。ここでいう「佐々木」と「池田」は、『日記』の前後の関係から第三〇振武隊員と推測する。もしそうだとすれば、「佐々木」の名で第三〇振武隊での特攻戦死記録はない。「池田」は池田強（少年飛行兵出身　一八歳）であろうか。もしそうであれば、四月一三日に進出先の喜界島から出撃し戦死している。

〈四月一日〉「十八歳の今井兵長さん、福家伍長さん」と談笑しつつ、「この立派なお兄さん、そしてこの立派な妹さんのことをお聞きして感泣する」としている。ところで、「今井兵長さん」とは今井實のことであろうか、第三〇振武隊今井實（少年飛行兵出身　一八歳）は、四月一五日に進出先の喜界島より出撃し戦死している。あとひとりの「福家伍長さん」の特攻戦死の記録はない。

〈四月二日〉第三〇振武隊の出撃が記されている。ところで、この日の第三〇振武隊の出撃はさんざんであった。「宮崎少尉機がすぐ引き返して着陸なさる」「宮崎機は『ウヽヽヽ』と調子が悪く火を吐きさうになった」「隊長機（大櫃）は左右の振動はげしく」「福家機は爆弾を落としてしまひ」「後藤機故障でゆかれず」としるされており、結局はこの日は知覧からの出撃はない。「今日は隊長さん二度とも出撃出来得ず兵舎で一人歯ぎしりしていらっしゃった」としている。ところで、第三〇振武隊の兵装はBランク機種の九九式襲撃機であった。

〈四月三日〉「今日は四回目の出撃、まさに四時であった。最後の基地知覧を後に大櫃機以下十機は遠い々々南へと飛び去っていった」。そして「私達は只三十振武隊の方々が無事敵艦に体当りなさって立派に御大任をお果しにならんことをお祈りするのみです」と第三〇振武隊の出撃を記している。

ところで、この日、第三〇振武隊の戦死の記録はない。徳之島か喜界島などの前進基地への進出であったのかもしれない。『日記』の中の「大櫃中尉」は、特攻戦死には記録されていない。

〈四月四日〉この日に興味ある記載がある。当時の新聞取材の様子を記している。その部分を抜粋する。

四月四日（抜粋）

（略）新聞記者に捕まり特攻につかへての感想、覚悟等話す。幾人もの新聞記者に取り巻かれほと々々した。

いつの時代も、マスコミの取材はかわらなかったようだ。「ほと々々」するほどに新聞記者の取材があったようだ。

〈四月五日〉この日は世話をする特攻隊員はいなかった。整備員の身の回り物の洗濯をしている。

〈四月六日〉たばこをお香がわりに出撃した隊員の霊をまつっている。また、第二〇振武隊残り三名の繕《つくろ》い仕事をしている。

ところで、この日のなでしこ会編『知覧特攻基地』の前田笙子『日記』は、高木俊朗『特攻基地知覧』が引用する前田笙子『日記』と少し違うところがある。大要はほぼ同じだが、記載の順序や表現が違う。原典は同じ前田笙子『日記』のはずである。この違いはこの後も続く。とにかく先にすすめる。

〈四月七日〉「お年を召した方」の「少尉」ばかりの隊が前進して来た。「ひっそりしていた兵舎も又賑やかになる」としている。ここでも両著の表現に違いがある。なでしこ会『知覧特攻基地』の前田笙子『日記』では、この「お年を召した方」の名前は記していない。しかし、高木俊朗『特攻基地知覧』の前田笙子『日記』には氏名が記されている。その人は第六九振武隊長である。なでしこ会『知覧特攻基地』の前田笙子『日記』は、その『日記』の原本所有者である前田笙子自身による編集である。だから原本に近いはずである。しかし、そこには人物の特定はしていない。高木俊朗は具体的な氏名を記している。

〈四月八日〉 前田笙子らは第二〇振武隊の穴澤利夫に、「何時も貴方達は俺達の兵舎へきてくれぬ。何故だ。洗濯物だってあるんだよ」と連れていかれたが、洗濯どころか何の用もなく、隊員のはなし相手となったとしている。穴澤は「洗濯」を口実に前田らを自分たちの兵舎に呼び、前田らをはなし相手にしている。穴澤は後に詳述する。

〈四月九日〉 整備兵の魚釣りの様子を記している。この魚釣りの様子は、高木俊朗『特攻基地知覧』の『日記』には記されていない。

〈四月一〇日〉 慰問団の舞踊の見学、その道すがらの様子が面白い。隊員の一人が国民学校の四年位の男の子をどこからともなく連れてきた。「特攻隊になるか」ときくと、「僕はなりたくない、長生きしたい」と答えたとしている。特攻隊員が航空食料を与えると、手にした茹《ゆ》でたてのさつまいもが落ちてペシャンコ、「みんなして大笑い」としている。慰問団の踊り子たちを乗せた自動車を止めて、それに便乗している。華やいだ楽しいひとときが伝わって来る。

息のつまりそうな前田笙子『日記』にあって、このくだりはホッコリと楽しい。こんなひとときもあった。大変に興味ある内容である。しかし、高木俊朗『特攻基地知覧』が引用する四月一〇日の『日記』には、このくだりが割愛されている。

〈四月一一日〉 この日は第二〇、三〇、六九振武隊出撃の前夜である。

四月十一日（抜粋）

（略）その晩、二十、六十九、三十振武隊のお別れの会が食堂であった。特別九時まで時間をもらって給仕をする。前に隊長さん住所を書いてやるから家に出撃したことを知らせてくれとお願ひされていたことを思ひつき、酔っていらっしゃたけど住所をおききする。酒臭い息を吹きかけながら優しく書いて下さる。

「空から轟沈」のうたを唄ふ。ありったけの声でうたったつもりだったが何故か声がつまって涙が溢れ出てきた。森さんと「出ませう」といって兵舎の外で思う存分泣いた。私達の涙は決して未練の涙ではなかったのです。明日は敵艦もろともなくなられる身ながら、今夜はにっこり笑って酔ひ戯れていらっしゃる姿を拝見したとき、ああこれでこそ日本は強いのだとあまりにも有難い涙だったのです。

岡安さん、酔って自動車にぶらさがってお礼を言われる。何と立派な方々ばかりでせう。森さんとだき合って泣いた

そして翌日の出撃の様子をつぎのように記す。

四月十二日（抜粋）

今日は晴れの出撃日、征きて再び帰らぬ神鷲と私達をのせた自動車は誘導路を一目散に走り飛行機の待機させてあるところまで行く。途中「空から轟沈」の唄は絶え間ない。（略）

桜花をしっかり握り一生懸命駆けつけた時は出発線へ行ってしまひ、すでに滑走しやうとしている所だ。遠いため走って行けぬのが残念だった。本島機が遅れて目の前を出発線へと行く。と

隊長機が飛び立つ。つづいて岡安、柳生、持木機、九七戦は翼を左右に振りながら、どの機もどの機もにっこり笑った操縦者がちらりと見える。二十振武隊の穴澤機が目の前を行き過ぎる。一生懸命お別れのさくら花を振ると、にっこり笑った鉢巻き姿の穴澤さんが何回となく敬礼される。

パチリ………後を振り向くと映画の小父さんが私達をうつしている。特攻機が全部出て行ってしまふとぼんやりたたずみ南の空を何時までも見ている自分だった。何時か目に涙が溢れ出ていた。（略）

毎日新聞社提供

ここで余談。

知覧高等女学校生徒なでしこ部隊が特攻出撃を見送る写真が、今日に伝わっている。この写真は、知覧を紹介する文献には多く掲載されているが、そのほとんどはキャプションを付していない。その中にあって神坂次郎『特攻隊員の命の声が聞こえる』（PHP研究所　一九九五）は、「特攻出撃の第二〇振武隊穴沢少尉機を、八重桜を手に持って見送る知覧高女三年生たち」「昭和二〇年四月一二日午後三時半頃」と明確なキャプションを付している。まさにこの写真は、穴澤利夫の出撃そのものであると推測する。その証拠は前田笙子の残した『日記』の中にある。

前田笙子はこの時、すなわち四月一二日の出撃見送りの際に、自分たちの背後から「ぱちり」と写真を撮られている。「パチリ……後を振り向くと映画の小父さんが私達をうつしている」と『日記』に記している。『日記』に書かれている内容と、写真の情景がよく似ている。写真では生徒たちは制服とモンペ姿である。皆一様に俯《うつむ》いている。『日記』では、「お別れのさくらを振った」としている。女学生全員が手に桜の小枝をもっている。写真に写る飛行機は一式戦闘機『隼』である。穴澤利夫の兵装は『隼』であった。『日記』には、「にっこり笑った鉢巻き姿の穴澤さんが何回となく敬礼」とある。「鉢巻」は写真では判然としないが、機上の隊員は確かに生徒に向かって敬礼をしている。この写真と前田笙子の残す『日記』とは、同一の情景である可能性が極めて高いと筆者は推測する。

映像と文書による両面からの貴重な証言となっている。余りにも出来すぎのようにも感じられなくもないが、通り過ぎる穴澤の一式戦闘機『隼』の胴体下には、二五〇キロ爆弾が懸架されている。また、飛行機の影がクッキリと地上に刻まれている、この日の知覧は快晴であったようだ。苗村七郎『陸軍最後の特攻基地』（前掲）も、この日（四月一二日）は「（九州快晴）」と記している。この穴澤機に向かって地上勤務の兵が最敬礼をしている。さらに、画面奥の列線には別の一式戦闘機『隼』数機が待機しており、回りには整備兵らしき人々が写し込まれている。これらの点景が、ここが紛れもなく戦場であることの臨場感を醸し出している。

穴澤利夫の遺書は本章三項で引用しているので参照されたい。また『日記』の中の岡安明、柳生論の遺書は、第一章で抜粋しているので参照とされたい。岡安は、生徒たちに「行ってくるよ、いろいろお世話になったね、お元気で」と言い残している。

四月一二日の日記はこのあとに、本島桂一と「渡井さん」のことを記している。二人は第六九振武隊として、この日は出撃できずに生還している。「渡井さんも『本当にすみませんでした』と涙ぐんでいらっしゃる」としている。出撃できなかったことを女学生に詫びている。律儀としか言いようがない。最後に「立派な隊長さんと一緒に体当たり出来得ず又第二次総攻撃に参加出来なかったことが残念だったことでせう」と記している。ところで、本島桂一は四月一六日に再度出撃し戦死している。

「渡井さん」の特攻戦死は今日の記録にはない。

〈四月一三日〉残りの第六九振武隊員のことを記している。「山下少尉」「渡辺少尉」「河村少尉」「堀井少尉」「中山少尉」の名が記されている。いずれも特攻による出撃戦死の記録はない。

〈四月一四日〉整備兵の苦労を記している。「これだからこそ日本の兵隊さんはえらいんだと思ふことだった」としている。

〈四月一五日〉明日出撃する本島桂一のことを、「明日は隊長の後を追ってあの世に行けると大変喜んでいらっしゃった」と記している。ところで、高木俊朗『特攻基地知覧』が引用する前田笙子『日記』によると、この日の夜に前田笙子は本島桂一から本島本人の写真を手渡されたことになっている。その部分を高木俊朗『特攻基地知覧』より引用する。


夕食の準備を終わって、私は松林のなかに立って、夜空を仰いでいた。急に、うしろで、くつ音がした。ふり返ろうとした時、私の右手を握られた。男の人の手なので、飛びあがるほど、おどろいた。ふりむくと、本島さんだった。本島さんは、両手で握っていたが、すぐに離した。私の手には、一枚の固い紙が残されていた。本島さんは、特徴のある。右手を軽くまげた挙手の礼をして、だまって静かに去って行かれた。

残して行ったのは、本島さんの写真だった。


ところで、このくだりは、なでしこ会編『知覧特攻基地』の前田笙子『日記』には記されていない。この内容の違いについて永崎笙子（本稿では前田笙子）に問い合わせたところ、丁重な返信を頂戴した（一九九九年八月二日）。「四月一五日」の『日記』原資料のコピーが同封されていた。そこには本島桂一が前田笙子に「写真」を手渡したとする上記引用の個所（高木俊朗『特攻基地知覧』）は記されていなかった。要するに、原資料にはそのことに該当するものは何も記されていない。その後の電話での問い合わせにも、上品な口調で言葉少なであった。寡黙にして達観のようなものがあった。この人にとって大切なことは、戦死した特攻隊員への心からの悼み、そして静かな祈りだけであるかのようだ。そんな風に感じた。

話を戻す。

〈四月一六日〉第六九振武隊の出撃である。午前四時、本島桂一は前田笙子らに「おはよう」と声をかけている。ところで、この日は第六九振武隊からは本島桂一だけの出撃となっている。「渡辺、堀井、渡井、中山、山下」は出撃したものの生還している。「すみません」の紙片を前田笙子に手渡している。ここでも生還したことを女学生の前田らに詫びている。ちなみに、第六九振武隊の兵装はBランク群の九七式戦闘機であった。

〈四月一七日〉「ハセベリ（長谷部良平―引用者注。後述）」と「渡井」のことを記している。この日、「渡井」は「早く死んだ方が幸福だよ。俺達の様な死にそこないひは苦労するよ、福岡辺まで行かねばならないからね」と言ったとしている。この「福岡辺」の意味については後に詳述する。

前田笙子『日記』の最後の日付の、最後の行にはつぎのように記されている、

四月十八日（抜粋）

（略）兵舎は山下少尉と長谷部さんと整備の方がお一人だけで、山下さんも午後より福岡へ。今当分特攻隊の方々がいらしゃらぬから明日から休みとのこと。

『日記』には当分特攻出撃がないから任務が終わったような表現になっている。確かに、四月一七日以降五日間は出撃記録はない。しかし、四月二二日から陸軍第四次航空総攻撃、また海軍菊水四号作戦が発動されており、この日以降、知覧からも連日多くの特攻機が出撃している。
『日記』に「長谷部さん」の名が記されている。長谷部良平（少年飛行兵出身）のことであろうか。結局は兵舎にはこの人だけ残されたことになる。出撃直前まで紹刺しの刺繡をしていたという。写真に残る長谷部良平はまだまだ少年の顔である。四月二二日に知覧から出撃している。誠第一七飛行隊からは長谷部の一機だけの出撃となっている。この人のことで気になることがある。後に詳述する。

前述したように、なでしこ会篇『知覧特攻基地』に収録されている前田笙子『日記』と、原本が同じであるはずの高木俊朗『特攻基地知覧』が引用する前田笙子『日記』に違いがあることを改めて付しておく。ちなみに、筆者が参考としたのは知覧高女なでしこ会編『知覧特攻基地』（話力総合研究所平成四年八月一五日一三刷発行）と、同会編『群青』（高城書房出版　平成九年一五日改訂二刷）、それと高木俊朗『特攻基地知覧』（角川文庫　平成七年五月二〇日改版初版）である。なお本稿では、なでしこ会篇『知覧特攻基地』と同編『群青』の前田笙子『日記』を出典資料としたことを改めて付しておく。

ところで、なでしこ部隊は、さらに重要な役割を演じている。なでしこ会編『知覧特攻基地』より、引き続き引用させていただく。

（略）そして、それらの書簡や遺品は、私たちが帰るまぎわになると「家族の許へ送ってくれるように」とたびたび依頼されました。当時の私たちは、食料不足から昼食はふかした唐芋（さつまいも）を二つと決められていました。それを手提げ袋に入れて兵舎へ通っていましたが、その手提げ袋の底に依頼されたものを、そっとしのばせて持ち帰りました。隊員の私信はきびしく検閲されていながら、幸いなことに、私たちは所持品の検査を受けることもなく無事に家まで持ち帰ることができました。家に帰ると早速、発信人を自分の名前にしたり、住所を自分の番地にして投函しました。

なでしこ部隊は重要なメッセンジャーとなっている。今日に残る知覧特攻隊員の遺書や手紙、そして絶筆の幾つかは、この人たちの無償の献身に依るところが多いと考えられる。

知覧高女なでしこ部隊は、わずか二二日間でその役割を終えている。理由は特攻隊員に女学生への未練が残り、途中で引き返して来る隊員が多いと憲兵隊が疑いを持ったからと、高木俊朗『特攻基地知覧』（前掲）は記す。一方、島原落穂『白い雲のかなたに』（童心社　一九九五）は、「激しい空襲のつづく飛行場に、女学生をおいておくことはできないという理由だった」と記している。

前田笙子『日記』は、知覧特攻のごく限られた範囲を記しているにすぎない。知覧高女なでしこ部隊の奉仕期間は三月二七日から四月一八日までの二二日間である。現実には、知覧からの出撃は六月一一日まで続く（陸軍航空特攻は七月一九日まで続く）。前田笙子らの奉仕はわずかな期間ということになる。前田笙子らが世話し出撃を見送ったのは『日記』からの推測では第二〇振武隊、誠第一七飛行隊、第六九振武隊の四隊である。現実には、知覧からの出撃は全部で五六隊、特攻戦死者は四〇九名となっている。故に、『日記』から陸軍航空特攻や知覧の全てを語ることは出来ない。

しかし、この瞬間的な短い期間に、またごく限られた狭い範囲とはいえ、彼女らは生涯忘れることのない、そして、彼女らだけにしか成し得ない体験をしている。期間が短いだけに一人一人に強烈な印象として体に染み込んでいった。

陸軍航空特攻に関しては、今日でも寡黙が続いている。関係者の証言が少ない。筆者はこの「寡黙」も、陸軍航空特攻のひとつの「証言」だと考えているが、その中にあって前田笙子の『日記』は貴重な資料を我々に提供してくれている。

前田笙子『日記』は、たまたまの若い男女の何とも爽やかな出会いと別れを記している。異性への戸惑いと少女の恥じらい、兄のような若者への畏敬と特攻への感謝、勇ましさへの歓喜、そして、別れの悲しみと、とどめなく流れる涙。彼女らにとって特攻隊員はなによりも「神様」であった。

富屋食堂や鳥浜トメ、そして知覧高女なでしこ部隊は、知覧特攻の鮮やかな彩《いろど》りを今日に残している。しかし、これは知覧のことであり、他の特攻基地のことではない。

それでは、同じ陸軍航空特攻基地であった万世（鹿児島）や都城（宮崎）ではどうであったのであろうか。他の陸軍航空特攻基地にも、軍指定のサロンはあったようだ。万世には『飛龍荘』、都城には『千亭』や『藤の井』などが軍指定の旅館であった。また、知覧高女なでしこ部隊のような奉仕が各地であったかどうかの詳細は不明だが、「国防婦人会」をはじめとした基地周辺の人々による激励の宴は結構に多かったようだ。加世田市平和祈念館の展示キャプションは、つぎのように記す。


緊迫した状況下、万世飛行場での見送りは、正規の飛行場とは異なり、早朝か薄暮、夜間に行われた。爆弾を抱いた飛行機が滑走路に運ばれ、担当整備兵、発進指示者、軍参謀等若干の軍関係者だけの立ち会い、後方基地で行われた〝別れの盃〟などはほとんどなかった。民間の見送りでは、旧万世町長や助役、隊員の世話をした宿舎の人など、ごく限られた人が、提灯をさげて飛行場まで行った。そのほか、隊員と親しかった旧加世田町の人たちは、出撃の噂を聞いて『飛龍荘』の裏山に登り、日の丸を振りつつ声を限り万歳を叫んで見送った。

各基地によって、特攻隊員見送りの様子はそれぞれに違いがあったようだ。

第三項　妻たち、女性たち

川崎渉（特別操縦見習士官　三一歳）に妻がいたことはすでに述べた。確かに川崎渉の場合は妻への思いが強く、また、妻にも夫を特攻にやりたくない気持ちが強かったようだ。だから、川崎渉にとっては死への「踏ん切り」がつかなかったのであろう。妻への思いは「未練」であり、当時としては男の「恥」とされた。

しかし、川崎の「未練」は、妻そのものへの「未練」よりも、結婚を許されなかった妻の将来への不安であったと推測する。だから死ねなかった。それはそれで正当である。しかし、「踏ん切り」がつかない口実を飛行機の整備不良にしたことが川崎渉の不幸であった。このことは川崎の知覧での立場を悪くしている。本来味方であるべき整備兵を怒らしている。まさしく悲劇である。

前述したように、川崎渉は知覧からほど近い鹿児島県隼人町の実家付近の畑に墜落、「不慮死」となっている。この時に野良仕事をしていた母子二人の女性を事故に巻き込んでいる。二人は即死である。このことは当時でも話題になったようだ。川崎渉の意図ではないが、結果として死ななくていい人を巻き添えにしている。まさしく悲劇である。高木俊朗の言うように、「川崎少尉の死は、太平洋戦争を通じての、異例の悲劇といえよう」。

確かに、川崎渉の「不慮死」は異例ではある。しかし、このような悲劇は全ての特攻隊員の底辺に共通なものとしてあった。川崎渉の場合は、本人の気質なり、また余りにも正直すぎる性格の故にたまたま形になって現われたにすぎない。異例なのは航空特攻そのものであって、川崎渉が決して異例であったのではない。

倉元利雄（特別操縦見習士官　三一歳）にも妻がいた。倉元も川崎と同様に三一歳で特攻隊員としては高齢である。妻は一〇歳若く二一歳である。倉元は妻に自分が特攻隊員であることを言っていない。しかし、妻は周りの様子から夫は特攻隊員であることに気がついている。

この倉元の妻も、夫の出撃を見送っている。一九四五年五月四日のことである。倉元の出撃は宮崎県の都城基地である。妻は飛行場に行っていない。妻にとっては、軍指定の旅館『千亭』前で、迎えのトラックに乗った夫が最後の姿になった。「みなさん、お世話になりました」、これが夫の最後の言葉である。世話になった『千亭』への挨拶である。妻には無言の挙手の礼であったと、高木俊朗『特攻基地知覧』（前掲）は伝えている。

夫を見送った妻は、「畳のうえで、こどものように声を挙げて泣いた」と高木は記す。しばらくして、基地飛行場の兵が妻の泊まる『藤の井』に来て、薄いノートを手渡した。そこには出撃前の機上で書いた妻への遺書が記されていた。高木俊朗『特攻基地知覧』（前掲）より引用させていただく。

喜美子、喜美子、おれは本当に幸福であった。あとをたのむ。うまれてくるこどもが男の子なら、宏と名づけて、父に負けない日本男子に、女の子なら、僚子と名づけて、すなおな優しいこどもに育ててくれ。おかあさまを大事に、よくせわをせよ。

しかしこの日、倉元の四式戦闘機『疾風』の調子が良くなかった。離陸後にエンジンからのオイル漏れがあった。倉元は気がついていない。このことを知らせるために編隊を組んでいた部下の手塚進が倉元機の前方に出て来て故障の合図をした。そして手塚機が元の位置に戻る時に倉元機と接触し手塚機は墜落した。手塚進は事故死となっている。今日でも特攻戦死とはなっていない。

その日、倉元は基地に戻った。事故とはいえ、自機のトラブルが原因で部下を失った。そして自分が生還した。倉元はこの日から無言でいることが多かった。悩んでいる様子である。妻はそんな夫を見るのがつらかった。そして、今度は妻が夫の出撃日の早からんことを願ったと、高木俊朗『特攻基地知覧』(前掲)は記す。

再度の出撃は五月一一日であった。この日の妻との別れも、前回と同じように無言の挙手の礼であった。そして、倉元らの編隊は『千亭』上空を通過していった。

ところで、知覧特攻平和会館(前掲)に倉元利雄の妻喜美子が書いた一通の手紙が保管されている。五月四日に出撃戦死した夫の部下(少年飛行兵出身　一九歳)の父親宛の手紙である。「突然の書面差上げ失礼御許し下され度候　御息子○○様(実名が記されているが略す—引用者注)と御一緒なりし第六〇振武隊倉元少尉の家族に御座候」と自己紹介したうえで、子息は、朗らかに、最後まで笑顔で、見事な編隊を組んで出撃していったとしたためている。差出人として、「第六〇振武隊陸軍少尉　妻喜美子」としている。

妻喜美子の文面は、しっかりと落ち着いた筆致である。父親に子息の出撃は何も心配することはなかったとしている。家族への気遣いが伝わってくる。自分自身は、夫の出撃、そして生還、また再度の出撃で身も心も千々に乱れていたであろう。しかし、部下の家族への優しさを忘れてはいない。二一歳の若妻である。

藤井一（少尉候補生　二八歳）の遺書は第二章で紹介した。妻は夫の特攻決行を励ますとともに、後顧の憂いになってはいけないと「お先に行っておりますから心おきなく戦って下さい」の遺書を残し、一九四四年一二月一五日に荒川に入水し、子ども二人を道連れに無理心中をしている。

生田惇『陸軍航空特別攻撃隊史』（前掲）は、「又、夫に『心おきなく戦って下さい』と遺して荒川の露と消えた、誉れ高い武人の妻とその子供達は、筑波山を望む小高い丘に「藤井家代々之墓」と並び、静かに眠っている」としている。また、朝日新聞西部本社編『空のかなたに』（前掲）も、同様の紹介をしている。藤井の妻の無理心中は、当時も話題になったらしい。葬式への参列は堅く禁止され、また新聞各社にも厳しく報道管制が敷かれたと、佐藤早苗『特攻の町知覧』（前掲）は記す。

佐藤早苗は、通説とは違った見解をする。佐藤によると、藤井の妻の心中は、夫への激励ではなく抗議であったとする。妻の本音は、夫には特攻には行って欲しくないことであったらしい。夫の性格や責任感の強いことは妻も十分に知っている。部下ばかりを特攻にはやれない、自分も行くといった気質は、夫そのものの気質である。だから妻は、当時飛行教官をしていた夫が毎晩勤務から帰る度に、特攻志願を思い止まるよう説得し哀願したという。そのための言い争いも二度や三度ではなかったと、佐藤は記す。しかし、妻は完全に敗北した。夫の特攻志願を止めることが出来なかった。その結果が無理心中であると佐藤は記す。

藤井一が葬式の翌日に、長女である一子宛に手紙を書いている。妻宛ではない、長女宛である。佐藤早苗『特攻の町知覧』は、藤井一は妻の心中が許せなかった。だから長女宛に手紙を書いたのではないかと記している。

長女一子宛の手紙は、佐藤早苗『特攻の町知覧』と靖国神社編『散華の心と鎮魂の誠』（展転社　平成一一）に掲載されている。全文を引用させていただく。

冷え十二月の風の吹き荒ぶ日
荒川の河原の露と消し命。母と共に殉国の血に燃ゆる父の意志に添って、一足先に父に殉じた哀れにも悲しい、然も笑っている如く喜んで、母と共に消え去った幼い命がいとほしい。

父も近くお前たちの後を追って行けることだろう。

厭がらずに今度は父の暖かい懐で、だっこして寝んねしようね。

それまで泣かずに待っていて下さい。

千恵子ちゃんが泣いたら、よくお守りしなさい。

では暫く左様なら。

父ちゃんは戦地で立派な手柄を立ててお土産にして参ります。

では
一子ちゃんも、千恵子ちゃんも、それまで待ってて頂だい。


（佐藤早苗『特攻の町知覧』前掲）（靖国神社編『散華の心と鎮魂の誠』前掲）


沁み入るような手紙である。子どもへの思いと愛情に溢れている。

ところで、藤井一の絶筆は後方基地で世話になった人宛の手紙である。その手紙には、藤井一は家族のことには一行も触れていない。遺書は第二章で全文を引用しているので参照されたい。

陸軍では、空中勤務者のうち操縦者だけが特攻隊員となっていることはすでに述べた。ところで、藤井一は偵察である。操縦者ではない。だから特攻を志願する必要がない。妻の不満の理由はここにあったと考えられる。藤井一は小川彰（少尉　陸士　二〇歳）が操縦する二式複座戦闘機『屠龍』（一四八頁写真参照）の後部偵察席に座乗し出撃した。第四五振武隊残り八機は当然ながら、操縦者だけの出撃となっている。

藤井一の妻の無理心中も異例の出来事ではある。しかし、繰り返すが、このようなことが起こりうる要因は誰にでもあった。藤井一の妻が異例なのではない。航空特攻そのものが異例であったのだ。

妻のいた特攻隊員も居た。また、恋人のいた隊員も居た。その別れの表情は様々であった。しかし、女性との関係を持たないまま戦死していった特攻隊員も結構多かったと推定する。機会がなかったからもあるが、むしろ自分の意志で関係を持たなかった隊員もいたようである。

遺書に、女性との関係性のないことを「誇らしげ」に言い残しているのがある。以下、抜粋の引用をする。

◆渡部佐多雄（特別操縦見習士官出身　二三歳））は、両親あての遺書に「一、金銭、女性、佐多雄の後には、そうした事で御心配なさる事は一つもありません」と残している。

◆向島幸一（少年飛行兵出身出身　二三歳）は、両親宛の遺書に「一、女性、金銭関係はありません」と残している。

◆渡辺綱三（少年飛行兵出身　年齢不詳）は、遺書の最後に「一、金銭貸借無し　一、婦人関係無し　御両親様」としている。

◆佐々木平吉（航空局乗員養成所出身　二〇歳）も、「一、金銭貸借　無シ　一、婦人関係　無シ」としている。

この四名は所属部隊も出撃日も、また出撃基地も違う。お互いに見知らずである。しかし、文面は申し合わせたように、いずれも箇条書きでよく似た文面となっている。これも遺書を書くうえでの一つの形式美であったのであろうか。

知覧特攻平和会館（前掲）にひとりの義烈空挺隊員（少尉　出身不明　六月一五日　二三歳）の残した遺書が公開展示されている。全文を引用させていただく。

遺書

一、任務ハ重ク死ハ軽シ
二、不幸ノ罪ヲ許シテ下サイ
三、〇〇、〇（実名は略す—引用者注）坊ニハ呉々モ宜シク
四、祖父母上様ニモ宜シク
五、其他ノ方々ニモ宜シク

附
一、〇〇（本人実名は略す—引用者注）個人ノ金銭貸借ナシ
二、婦人関係全ク無シ

御安心迄

（知覧特攻平和会館展示資料）

「婦人関係全ク無シ」、そして「御安心迄」は、この人の律儀な気持ちとは裏腹に、何とも言えない寂しさが漂っている。

海軍神風特別攻撃隊第三御楯隊の福知貴（少尉　四月一一日戦死　二三歳）、伊熊二郎（少尉　同日二五歳）らの四名は、「川柳合作」と題した特異な遺書を残している。彼らはいずれも海軍飛行予備

学生出身である。陸軍の特別操縦見習士官と同様、もとは大学などの学生出身である。その中の二首を引用する。前後の関係から前二首も併せて引用する。

沈んでる友、母死せる便りあり
悩みある友の気まぐれ我だまり
女とは良いものだぞと友誘い

あの野郎、行きやがったと眼に涙
ト連送（突入のモールス信号―引用者注）途中で切れて大往生
童貞のままで行ったか損な奴（略）

（白鷗遺族会編『雲ながるる果てに』前掲）

「童貞のままで行ったか損な奴」、ユーモアのつもりであろう。と同時に、この一句には深い寂しさが漂っている。

海軍飛行予備学生出身の陰山慶一は、その著『海軍飛行予備学生よもやま物語』（光人社　一九九七）で「しかし、いろいろ隠語でエッチな話はするが、ほとんど想像の域を出ず、もちろん人にもよるが、女のやわ肌にふれもせず、大空に散っていった学鷲（学徒出身の搭乗員―引用者注）が多い」としている。

恋人にあてて透きとおるような遺書を残した人がいる。穴澤利夫（特別操縦見習士官出身　四月一二日　二三歳）である。出撃の間際、最愛の人への思いに溢れている。遺書は長文である。前半は省略する。


（略）然しそれとは別個に、婚約をしてあった男性として、散ってゆく男子として、女性である
あなたに少し言って征きたい。

「あなたの幸を希ふ以外に何物もない。

徒らに過去の小義に拘る勿れ。あなたは過去に生きるのではない。

勇気をもって過去を忘れ、将来に新活面をみいだすこと。

あなたは今後の一時々々の現実の中に生きるのだ。

穴澤は現実の世界にはもう存在しない」

極めて抽象的に流れたかも知れぬが、将来生起する具体的な場面々々に活かしてくれる様、自
分勝手な一方的な言葉ではないつもりである。

純客観的な立場に立って言ふのである。

当地は既に桜も散り果てた。大好きな嫩葉の候が此処へは直きに訪れることだらう。

今更何を言ふかと自分でも考えるが、ちょっぴり欲を言って見たい。
一、読みたい本
「万葉」「句集」「道程」「一点鐘」「故郷」
二、観たい画
ラファエル「聖母子像」芳崖「悲母観音」
三、千恵子。会ひたい、話したい、無性に。
今後は明るく朗らかに。

自分も負けずに朗らかに笑って征く。

昭二〇・四・一二
千恵子様

（知覧高女なでしこ会編『知覧特攻基地』前掲）

「徒らに過去の小義に拘る勿れ。あなたは過去に生きるのではない」「穴澤は現実の世界にはもう存在しない」。婚約者に自分を忘れて欲しい、新しく出発して欲しいとするこの一言は、最愛の人への最後の優しさであったのであろう。学識もあった、未来もあった、そして、いっぱいの愛があった。こんな人たちが一片の肉塊となって大空に消えていった。穴澤利夫の出撃の様子は本章の第二項ですでに紹介している。参照されたい。

この遺書を読まなければならなかった智恵子さんの心境はいかばかりであっただろうか。切なさ、愛《いと》おしさ、無念、そんな感情の坩堝《るつぼ》の中で、こころは張り裂けんばかりであっただろう。その心境は察するに余りある。

その智恵子さんであるが、この人は、東京の特攻平和観音堂（世田谷区下馬四－九－四）で毎年秋分の日に営まれる法要に参加されておられたようだ。森岡清美『若き特攻隊員と太平洋戦争』（前掲）は、一九九三年秋分の日のこととして、智恵子さんのことに触れている。森岡はこの日、特攻観音堂を訪れている。そして会場で入手した『遺族参拝者名簿』を自宅で繰っている。特攻戦死者の遺族には親の名はすでになく、弟妹などが多いとしている。妻と称する人が一名だけあり、それは第五一振武隊の荒木春雄の「しげ子」さん（第二章参照）であるとしている。そんな中で森岡は、ひとつの「空白」の遺族欄に感動している。以下引用させていただく。

名簿のなかに一人だけ、続柄の欄が空白の遺族があった。戦死者は穴沢利夫。さきに一人で二枚の肖像画があったその人である。彼の遺族として参列したのが〇〇《ママ》智恵子という婦人。「智恵子」という名には記憶があった。たしか、穴沢の数多くの手記のなかで彼の恋人、そして婚約者として登場する女性である。その人が当時の姓でなく、したがって、戦後に結婚した過去を背負って法要に参列していたとは！　太平洋戦争末期に書かれた手記は過ぎ去った日々の記録にとどまらず、なかには四八年後の現在でも切なく息づいているものがあることに気づいた時、私は異常な感動に包まれた。

この記事では、続柄は「空白」であったとしている。筆者（私）は二〇〇二年九月二三日の法要に参加させていただいた。その折にいただいた『第五一回特攻平和観音年次法要』（平成一四年九月二三日　世田谷観音寺　特攻平和観音奉賛会）には、この人と穴澤利夫の続柄は「婚約者」となっていた。穴澤の出撃からすでに五七年がたっていた。その時空を超えて、この人の穴澤への変わらぬ思慕が伝わってくる。

第四項　家族との別れ

写真集『報道写真の青春時代　名取洋之助と仲間たち』（前掲）に、「特攻出撃」「昭和二十年五月から六月、鹿児島知覧の航空隊基地にて。本稿全点・小柳次一撮影」と、キャプションの付された九駒の写真が紹介されている。その中に「右端で帽子を振るのは、前夜、偶然基地に面会に来て息子の出撃を送ることになった父親」とキャプションを付した一齣がある。あまり鮮明な写真ではないが、三式戦闘機『飛燕』が斜め後ろから写されている。手前には中年の男性が右手を挙げ帽子を振っている。軍装の兵士、敬礼をする飛行服の兵士、それぞれ後ろ向きで写っている。

筆者は、これらの情景から、この写真は第五五振武隊長黒木国男の出撃瞬間の写真である確立が高いと推測している。その証拠は高木俊朗『特攻基地知覧』（前掲）の中にある。

黒木国男（少尉　陸軍士官学校出身　二一歳）の出撃は、高木俊朗『特攻基地知覧』に詳しい。そこで、まず高木俊朗『特攻基地知覧』から黒木国雄の出撃を概括する。

一九四五年（昭和二〇）五月九日に、黒木国雄の父肇に手紙が届いた。息子からの遺書である。日付は五月七日となっていることから、手紙が届いたのは黒木国雄の出撃後（五月七日）ということになる。父肇はすでに息子は亡きものと思い、せめて息子が出撃した知覧を一目見ておこうと、手紙の着いた翌日の五月一〇日早朝に宮崎県延岡の家を出て、その日の夕刻に知覧に着いている。しかし、黒木国雄はエンジン不調で生還している。そんなことを知る由もない父肇は、死んだはずの息子が生還していることを知って驚く。奇しくも翌五月一一日が黒木国雄の再度の出撃となった。たった一日の違いが奇跡を生んだ。父はこの奇跡を喜び、軍国の父らしく、明日の息子の出撃を祝い、武運長久を祈っている。第五五振武隊員も体をあらため、隊長の父に挨拶をしている。「お前は、こんないい人たちといっしょに死ぬことができて、日本一しあわせだよ」。その日、父は三角兵舎で息子とその部下たちと一緒に一晩を明かしている。

翌五月一一日早朝。出発間際に、隊員たちは円陣を作り、手拍子で歌を歌っている。

男なら　男なら
離陸したなら　この世の別れ

どうせ一度は死ぬ身じゃないか
目ざす敵艦　体当り
男なら　やって散れ

合唱がおわると、黒木国雄は隊員の搭乗を命じた。そして、父肇は改まった態度で息子の前に立った。


（略）父と子は、しっかりと、目を見つめあった。よく似た、意志の強そうな顔であった。父は、

「どうかしっかりやってください。必ず航空母艦をやってください。たのみます」

と上長の人にするように、最敬礼をした。発動機の音が激しいので、黒木少尉は父の前に近よって、耳もとに口をよせて、

「とうちゃん、国雄の晴姿を見て、満足じゃろがね」

今度は父が子の耳もとの近くで、

「うん、満足だ。しっかりやんね。これで、かあちゃんやみんなに、いいみやげができたぞ」

黒木少尉は、急に形を改め、不動の姿勢をとり挙手の礼をした。

「行きます」

父はそれに答えて、深く頭をさげた。黒木少尉は、すぐに向きをかえたが、その目には涙が光っていた。


高木俊朗のこの記事のつぎの瞬間が、前述の小柳次一の写した写真となっていると筆者は推測する。写真集のキャプションは、五月から六月の知覧での情景であると解説している。さらにキャプション

毎日新聞社提供

は、父は「前夜」に「偶然に基地に面会」に来たとしている。

高木俊朗『特攻基地知覧』によると父は、出撃前日の五月一〇日の「夕方」に知覧に着いている。両者には時間のズレがない。写真に写っている人物は国民服姿である。頭もはっきりとはしないが丸坊主に近い。高木俊郎『特攻基地知覧』によると、父は国民服で頭は短く刈っていたという。ここにも両者の内容にはズレがない。

写真には三式戦闘機『飛燕』がはっきりと写し出されている。黒木国雄の兵装は『飛燕』である。この『飛燕』の操縦席には、筆者の推測が正しければ黒木国雄が座っていることになる。しかし、父が挙げる決別の右手が『飛燕』の操縦席を隠している。操縦者の姿は見えない。プロフェッショナルな写真家の撮影にしては、このアングルは明らかに「下手」である。プロカメラマンの小柳にとっても、この瞬間の心は平静ではなかったのであろう。

写真は鮮明でない。影も写っていない。空は白く飛んでいる。人物や飛行機はやや黒ずんで写っている。出撃は午前六時とされている。まだ辺りは薄暗く、陽は出ていなかったのであろうか。当日は午後から強い雨が降ったと、高木俊朗『特攻基地知覧』は記す。あるいは、この日は朝から曇っていたのかもしれない。

撮影者の小柳次一と高木俊朗が知覧でどのような取材をしたのか、すなわち協同取材であったのか、それとも全く別々の取材であったのかは両著からは判然としない。しかし、この両著の情景は同一のものであると筆者は推測する。

高木の記事と小柳の残した写真とを最後に、黒木国雄は帰らぬ人となった。敗戦後の父肇は、戦中の律儀で気丈夫な性格は消え失せて、息子を失った痛恨の日々を過ごしたと言う。一九五六年一〇月一五日、五九歳で亡くなったとあることから、息子の国雄を知覧で見送ったのは四八歳の時となる。

黒木国雄が第一回の出撃の際に書き送った遺書を、高木俊朗『特攻基地知覧』（前掲）より転載させていただく。

父上様、母上様、国雄は全く日本一の多幸者でした。二十二年のお教えどおり、明日お役に立つことができます。私が幼少のころから、あこがれていた皇国軍人となることができ、しかも死所を与えていただけたのは、ただ感激のほかございません。隊長として、部下とともに必殺必沈、大君の、み楯と散る覚悟です。また散り得るものと信じております。

神州の仇船よこす　えみしらの

生き肝とりて　玉と砕けん

二十二年のすぎしかたをかえりみますと、ただただ、皆様に対して、感謝の念でいっぱいです。実際、たのしいものでした。陸軍士官学校予科、本科と、ありがたき四年は、わが一家にも、日本の家庭として、感謝と誇りに満ちた日であったことと思います。

国雄は満足です。

祖母上様の亡くなられたこと、承知しております。沖縄に突っこむその時まで、祖母様がお守りくださることと信じ、早く、あの世でお目にかかりたいと思います。

父上様、母上様、国雄は永久に日本人として生かしていただくことができます。ご安心ください。

民雄、義雄、美智子、淳子、公子が、必ず私のたらなかったことを、父上様、母上様に孝養してくれることと信じます。国雄は常に、皆様のなかに生きております。

父上様、母上様、必ず喜ばれることと信じます。なにも、申し上げることもございません。延岡の戦場、天孫降臨の伝統のもと、ご奮闘されんことを、また、ご多幸ならんことを祈ります。

前夜　国雄拝

（高木俊朗『特攻基地知覧』前掲）

第七章――沖縄への特攻路

第一項　第一四四振武隊の生と死

知覧や万世から沖縄本島までの距離は直線で約六五〇キロメートルである。東京・大阪間より少し遠く、現在就航している国内線ジャンボジェット旅客機で約一時間の距離である。

一九四五年（昭和二〇）当時のAランク群の一式戦闘機『隼』の巡航速度（経済速度）は時速四四〇キロメートル程度であったことから、沖縄までは約一時間半、Bランク群の九七式戦闘機や九九式襲撃機で約二時間程度の飛行となる。当時の日本の飛行機にはレーダーは付いていない。特攻隊員は飛行機の羅針盤と航空地図、そして南西諸島の地形や時間計算などで沖縄まで飛んで行く。このように地図と地形を頼る航法を「地文航法」という。沖縄までは島が多いから地文航法が可能となる。天気が良く風も穏やかであれば、そんなに難しい航法ではなかったようだ。しかし、雲量や天候、さらに連合国軍の邀撃《ようげき》機を避けて飛んでいくとなると、なかなか厄介な飛行となる。

編隊の隊長機が全体の航法をしたようだ。だから、もし隊長機を見失うか、あるいは隊長機自身が航法を間違えば、目的地到着前に燃料切れで墜落となる。事実、そうなった部隊もあったようだ。

沖縄までのコースはふたつあった。知覧からの出撃では南西諸島の島つたいに南下するコース、そして、万世からの出撃では連合国軍の邀撃機を避けるために、いったん西に機首をとり、しばらくして南西諸島の西側を南下して沖縄に向かうコースである。

もちろん、この一時間半程の飛行時間が平穏であるはずがない。まず二五〇kg爆弾を抱いての離陸が大変である。さらに爆弾以外に「増槽」といわれる落下式の増加燃料タンクが付けられる。飛行機の機種によって違うが、陸軍のAランク群の戦闘機の場合では、片方の翼下に爆弾、もう一方の翼下に増槽タンクを付けて全体のバランスをとっていたようだ。とにかく、増槽タンクと爆弾で五〇〇kgになったという。一式戦闘機『隼』の自重は約二トンであるから、自重の四分の一の荷物を背負うことになる。相当に重い。練度の低い特攻隊員には大変なことである。しかも、この重量での離陸訓練はおこなわれておらず、多くの隊員にとって、出撃の時に初めて体験するぶっつけ本番の離陸であったらしい。離陸の失敗は、当然のことながら自爆となり死を意味する。事実、十分に離陸できずに力尽きて飛行場の端に墜落した特攻機もあった。

雲量と天候も厄介である。雲は視界を遮る。風に流されないよう気を付けねばならない。この時の米海軍の主力戦闘機はグラマンF六F『ヘルキャット』で、最大時速六〇〇キロメートルである。陸軍特攻機でこのスピードに対応できるのは、Aランク群の四式戦闘機『疾風』だけである。ボートF四U『コルセア』に至っては、最大時速六七〇キロメートルであり、スピードだけで言えばこれに勝る日本軍機はない。

とにかく、特攻機を待ち受ける連合国軍の邀撃戦闘機群の性能は、日本軍機に総合力で勝っていた。しかも連合国軍機は、爆弾などの余計な物を積んでいない。これがレーダー誘導により高層、中層、低層の各高度で待ちかまえている。この防御網の総体を、連合国軍は「スクリーン」と呼んでいた。多くの特攻機は、この「スクリーン」に捕まり、連合国軍機によって撃墜されている。この邀撃を振り切っても、今度は編隊がバラバラになっているので、これを立て直さなければならない。これも相当の苦労がかかる。編隊を組まれなければ、練度の低い隊員は航法がとれない。

つぎに、連合国艦船上空に到達し突入できたとしても、「下から突き上げてくるスコールのような対空射撃」が待っている。米軍はVT信管を使った射撃である。このVT信管というのは、金属に反応する真空管式の信管で、弾が機体に直接当たらなくても、信管が飛行機の金属に反応して飛行機付近で炸裂する高射砲弾である。すこぶる命中率が高い。この状態での艦船への体当たり成功、もしくは至近命中はすこぶる至難である。突入を報じながらも、撃墜され、海中に没した特攻機も結構に多い。

繰り返すが、特攻隊員にとって、沖縄までの飛行は大変である。まず「死に行く」こと自体が大変である。つぎに二五〇kg爆弾や増槽タンクを抱えての離陸が大変である。つぎに六五〇キロメートルの距離を間違いなく「点」の連合国艦船に到達することが大変である。

第一四四振武隊の松浦喜一は、その著『昭和は遠く―生き残った特攻隊員の遺書』（前掲）で、これらの行程の全ては隊員にとって「冒険」であったと言っている。「冒険」とは意外な表現である。そこで、この沖縄までの「冒険」を特攻から生還した松浦の証言から概括しておく。

松浦喜一は慶應義塾大学出身、陸軍特別操縦見習士官出身である。一九四五年六月一九日、第一四四振武隊として鹿児島県の万世基地より出撃している。兵装はAランク群の一式戦闘機『隼』であった。万世飛行場の滑走路は全長七〇〇メートル、その滑走路を一杯使って松浦の一式戦闘機『隼』は離陸した。「浮いた！　万歳を叫びたくなるような成功の感激である」と松浦は言っている。今から特攻に行く人間が、離陸に成功して「万歳」と感激している。この時の松浦機は片翼の下に二五〇kg爆弾、もう一方の翼下には二〇〇リットルの増槽タンクをつけている。飛行機の総重量は相当に重い。

離陸成功の感激のあまり松浦は、ここでひとつの失敗をしている。燃料コック切り替えの失敗である。機体胴体タンクから翼下の増槽タンクへの切り替えを忘れている。

飛行機は離陸時には胴体内タンクの燃料を使う。そして離陸後、ある程度の高度に達し、安全を見計らってから、燃料コックを切り替えて翼下の増槽タンクの燃料を使う。こうすることで、胴体内タンクの燃料を残して置く。まず翼下の増槽タンク使用を優先する。増槽タンクが空になると、胴体内タンクに切り替える。もし、途中で米軍の邀撃機に遭遇すれば、増槽タンクを捨てて機体を軽くして、あとは胴体内タンクの燃料で飛行をする。すなわち翼下の増槽タンクは、少しでも飛行距離と飛行時間を延ばすためのものであり、増槽タンクの使用を優先するのが通常のマニュアルである。

松浦喜一は、「浮いた!」の感激のために、この大事なマニュアルを一瞬、忘れて切り替えが遅れた。隊長の和泉庫三郎は、マニュアルどおりの操作をしていたのであろう。また、戦友の薄井義夫も、恐らくマニュアルどおりに燃料コックを切り替えていたに違いないと松浦喜一は言う。実はこの燃料コック切り替えの一瞬の操作違いが、その後の隊長和泉庫三郎と松浦喜一、そして薄井義夫の運命に大きな意味を持つことになる。

ところで、この日に出撃したのは陸海軍とも第一四四振武隊の一小隊四機だけであった。隊長の和泉庫三郎、薄井義夫、そして松浦喜一、残りの隊員を松浦喜一は〝K〟とのみ記している。松浦は〝K〟を特攻拒否と判断している。本文の中で戦列を離れていく〝K機〟に、「K少尉さようなら、自分の道を歩むがよい」と記している。

出撃の六月一九日は荒天であった。隊長の和泉、薄井、そして松浦は雲を避けて、海面すれすれの低空飛行をとった。視界が利かないことから先述の「地文航法」がとれない。そこで第一四四振部隊は、羅針盤による航法をとっている。羅針盤の指す方位での航法である。ところで松浦によると、この羅針盤航法そのものが初めての経験であったという。それまでに訓練を受けていない。しかも、隊長機の羅針盤の精度に欠陥があったようだ。そのことはともかく相当の時間が経った。そろそろ翼下の増槽タンクの燃料がなくなる頃となった。増槽タンクの燃料切れは、特別のメーターがあったのではなさそうだ。時間での計算であったようだ。

とにかく、増槽タンクから胴体内タンクへの切り替え時間が来た。この場合、隊長機が上昇をする。無線封鎖をしているので、この上昇が燃料コック切り替えの合図となる。さらに一定の高度をとることによって、切り替え時のトラブルにも対処できる。しかし、いつまでたっても隊長機からの切り替え合図、すなわち上昇の合図がない。ところで、松浦喜一は離陸時に燃料コックの切り替えを一瞬、忘れている。機体胴体内タンクへの切り替えが遅れている。その分、翼下の増槽タンクの燃料残量は他の二機より多いことになる。反対に他の二機は、増槽タンクの燃料に余裕がないことになる。今度は隊長の和泉が燃料切り替え「合図」の失敗をしたことになる。

自機の増槽タンクの空っぽに気がついた隊長の和泉庫一郎は、上昇の合図のないまま低空で燃料コックの切り替えをした。ところが、薄井義夫は隊長の「合図」がないので、切り替えをしないままの飛行となった。そして薄井機のエンジンが停止した。薄井機は「スーっと」海中に没していったと、松浦喜一は記す。しかし、波間に消えたかに見えた薄井機は、しばらくして立ち上がってきた。エンジンは元気よく回っていた。燃料コック切り替えに気がついたのであろう。しかし、薄井の『隼』胴体後部には大きな亀裂が走っていたという。波の圧力で機体が傷ついた。その胴体が「ボキッ」と折れて、薄井機はまた大波に吸い込まれていったという。

この時、薄井機に何が起こったかは松浦喜一には知る由もなかった。後日、隊長の和泉庫三郎から燃料コック切り替え「合図」の失敗を、和泉自身の口から聞かされている。敗戦後も和泉庫三郎は、このことの責任を感じていたという。

薄井義夫、神奈川県生まれ、少尉、特別操縦見習士官出身、二二歳。写真の薄井は丸顔で童顔を残している。出撃二日前に記した二通の手紙が絶筆となった。薄井の遺書は苗村七郎『陸軍最後の特攻基地』に紹介されているが、ここでは加世田市平和祈念館の原本より直に筆写したものを引用する。

拝啓
青葉若葉の候も早や過ぎ　梅雨の候とも相成り　毎日薄曇なる天候が続いて居ります
其の後皆様には御変わりなく御過ごしの事と拝察致します
小生御陰様にて到って元気に過ごし居ります故他事乍ら御休心下さい
思へばこちらにまいりまして早や一週間、その間諸般の事情により　未だこゝに居ります
何時出撃するかは存じませんが、私の事は御心配無く、御元気に御暮し下さい
私無き后年負し両親宜敷く御願致します　本来ならば小生の致すべき事なれど今となっては之もかなはず　この事熊谷の兄さんへお伝え下されたく
住所判らざるまゝ貴兄のみ一筆致します
　清く散らなむ　桜花
　　残れる桜　美しく咲け
　大君の御楯となりて　今ぞ征く
　　玉と砕けむ　大和武夫
昭和二十年六月十七日
　　　　　　　　○○○（宛名の実名は略す―引用者注）

もう一通は両親宛である。同じ文面である（ただし、前文七行から九行は削除されている）が、最後

はつぎのように締めくくられている。

静に顧みれば　過ぎし日の楽しかりし思い出　又苦しかりし事あの南　北アルプスの山の影等

然し今はそれらの事を一切忘れ　一特攻隊員として　一空軍士官として　行ってまいります

最后に皆様の御多幸を　心より御祈り致してをります

昭和二十年六月十七日

義夫拝

父上様

母上様

（加世田市平和祈念館）

薄井義夫を失った第一四四振武隊の残り二機、すなわち隊長の和泉と松浦は、沖縄の目標近くまで飛んでいるが、和泉隊長の咄嗟の判断で反転し万世に生還している。特攻精神の権化であった松浦は、この生還には瞬間は同意できなかった。隊長機に再三に戦場に戻る意志表示をしている。しかし、隊長はそれを無視するかのように基地に機首を向けている。やむなく隊長に従い、松浦も自機を反転させた。そこで生きていることの感激をしみじみと味わっている。

一式戦闘機『隼』の操縦桿を握りつつ、松浦喜一はつぎのように感じたと記している。

生還とは、生きて還ってふたたび出撃を待つということである。先ずは生きて還るという仕事から始めねばならない。

「生きたい！」

生への道を選んでしまった私は生還への願望がますます強くなって行くのを感じた。たった今先、私は薄井少尉という戦友を失った。そして和泉少尉の生還への方途をなじる気持ちさえもった。それが今や、生きたいという欲望に変わって行っているのである

沖縄までの「死」の決意、そして、生還による「生」の喜び、特攻隊員はこの矛盾の中で翻弄される。

飛行機の操縦はのんびりしたものではなかったようだ。前述したように隊長が航法をとる。この航法が結構に大変で忙しい。一方、列機は隊長機から一歩も離れてはならない。一瞬でも目を離すと編隊から離れる。単機行動は邀撃に会った時には実に危険である。とにかく、隊長機を先頭にがっしりと編隊を組まなければならない。これが一番安全なのである。しかし、長時間の編隊飛行自身が大変な仕事である。

また、飛行機の視野は以外に狭いという。自機の後ろと真下の相当に広い範囲は全く見えない。特に斜め後ろは視界ゼロの「死角」となる。最も奇襲されやすい角度である。この「死角」が飛行機には結構に多い。さらに、スピードがある。一瞬の油断が列機を見逃し、それが死に繋がっていく。

沖縄までの六五〇キロメートルの航路は松浦によれば、「大冒険」であったようだ。空の怖さと、空の素晴らしさ、すなわち死にいくことの決意と空を飛ぶ「冒険」の喜び、この矛盾する二つを存分に味わいつつ、しかもその二つのバランスのわずかな傾きにより、ある者は途中で斃《たお》れ、ある者は突入し、そしてある者は生還している。そして、それはその瞬間の運命の悪戯《いたずら》と思えてならない。いずれにせよ、沖縄までの行程は生易しい冒険ではない。

ところで、松浦喜一の生還について、陸軍飛行第六六戦隊員であった苗村七郎は違った見方をする。松浦喜一の第一四四振武隊と苗村七郎の飛行第六六戦隊は、共に万世基地（鹿児島県）に展開していた。特攻隊と通常攻撃部隊との違いはあるが同じ基地である。故に苗村七郎は、松浦喜一の生還をよく憶《おぼ》えているという。そして、苗村は情報将校として松浦生還の事後処理にあたったとする。苗村七郎によると、松浦喜一『昭和は遠く』の記述は全体として是としながら、終わりの二〇頁にわたって疑義を唱える。その理由はこうだ。

松浦喜一の記述によると、「特攻隊長の疑念」と題するそのくだりは、隊長である和泉庫三郎の咄嗟の判断により反転し生還したこと、そして、松浦喜一は隊長の反転に疑問を持ちつつ、隊長の行動にしたがったこと、すなわち、松浦喜一の生還は松浦自信の判断ではなく、隊長の和泉庫三郎の判断であり、松浦喜一はそれに従ったものであるとの主旨で記述されている。

当日は大雨で視界が悪く、隊長の和泉庫三郎にとっては、部下二名を指揮しながら海面すれすれの危険な飛行の連続であった。そして、この荒天と隊長の和泉庫三郎の燃料切り替えミスから薄井義夫を喪《うしな》った。痛恨の極みである。これらのことから、和泉庫三郎は今、この特攻に疑問を感じる。こんな無駄死にから松浦喜一を救わねばならないと考える。そして、反転帰投を決意したとしている。この間の和泉庫三郎の心理が克明に描かれている。

苗村七郎によると、そこが「違う」と言う。特攻隊員はいったん機上の人となり、操縦桿を握ったら、あとはその人の判断である、すなわち、行くも還るも隊長の判断ではなく、その人の判断である、特攻隊とはそういうものであったという。すなわち、松浦喜一が反転帰投したのは、隊長の和泉庫三郎の意志ではなく、あくまでも松浦自信の判断であったと記述すべきであると反駁《はんばく》する。

たしかに、松浦の「特攻隊長の疑念」のくだりは、それまでの記述とはガラリと変わる。それまでは、松浦喜一自身の経験と考えが記述されている。すなわち松浦喜一が主人公のノンフィクションである。しかし、「特攻隊長の疑念」からは松浦の「推測」で書かれている。隊長の和泉庫三郎はこのように考え、このように判断したという「推測」である。すなわち、そのくだりの主人公は松浦喜一ではなく、隊長の和泉庫三郎となっている。そしてこの場合の松浦喜一は、隊長の和泉庫三郎から見た架空の「松浦喜一」となっている。

要するに、ここでは松浦喜一は第三者化されている。全体がノンフィクションでありながら、この反転帰投という決定的瞬間は、フィクションで書かれている。さらに、松浦喜一はこの和泉庫三郎の心理描写は、和泉自身に取材したものではないことの断りを書いている。敗戦後の和泉との接触はなく、それで良かったとしている。要するに、このくだりはフィクションであることを、著者の松浦喜一自身が率直に認めている。

苗村はこの点を指摘しつつ、反転帰投は隊長の和泉庫三郎の命令や意志ではなく、あくまでも松浦喜一の意志によるものであり、そのようにすべきであると反駁する。以上の証言は筆者（私）が二〇〇二年一月に大阪市内において苗村七郎との直接の面談のうえで得たものである。

もちろん、この苗村の反駁に対して、松浦喜一の反論もあると聞く。筆者にはこの論争に立ち入る資格は一切ない。またこのことに断をくだす資格もない。航空特攻の終焉から六〇年近い歳月が流れようとしている。しかし、陸軍航空特攻には深い深い謎が今も横たわる。筆者ごときが決して立ち入ることのできない深淵である。筆者はその前でオロオロとたじろぐばかりである。松浦喜一の『昭和は遠く』は、筆者にとっては貴重な資料である。松浦は戦友の薄井を直前に喪ったにもかかわらず、「生」の道を選んだ喜びを素直に述べている。このことからも松浦の証言に嘘があるとは考えていない。本章以外にも氏の証言を引用させていただいている。一方、苗村七郎の提起も、陸軍航空特攻を考えるうえでの貴重な証言と考える。ゆえに無礼をかえりみず、あえてここに記す。

第二項　突入マニュアル

一九四五年五月に『と号空中勤務必携』（以下『と号必携』とする）が作成されている。陸軍航空特攻隊員の教本、すなわち体当たりマニュアルである。『陸軍特別攻撃隊』（モデルアート誌　前掲）に掲載されている。

現物資料がどういう形状であったのか、また、現物資料の所蔵が誰で、どのように発掘されたのかの詳細は、出典の『陸軍特別攻撃隊』（モデルアート誌　前掲）には記されていない。資料の実物写真も掲載されていない。記事は「今回、初めて公開されたわけだが、これまで漠然としてしか捉えられていなかった、陸軍特別攻撃隊の内容を具体的に知る手掛かりとして、きわめて貴重なものである」としていることから、この『陸軍特別攻撃隊』（モデルアート誌　前掲）による紹介（一九九五年）が敗戦後の初見と判断する。

恐らくはポケットサイズの小冊子状のものと想像される。一体そこには何が記載されているのか、特攻を知るうえで貴重なものであることから、『陸軍特別攻撃隊』（モデルアート誌　前掲）の記事から概略を引用させていただく。

〔特攻の目的〕

『と号必携』の一頁から七頁は「と号」の意義と目的を述べている。頁ごとに全文を引用する（ルビ引用者）。

吾レハ天皇陛下ノ股肱《ここう》ナリ國體ノ護持ニ徹シ悠久《ゆうきゅう》ノ大義ニ生キム

と号部隊トハ　敵艦船攻撃ノ為高級指揮官ヨリ必中必殺ノ攻撃ヲ命ゼラレタル部隊ヲ謂ウ

と号部隊ノ本領　生死ヲ超越シ眞ニ捨身必殺ノ精神ト卓抜ナル戦技トヲ以テ獨特ノ戦闘威力ヲ遺憾ナク潑揮シ　航行又ハ泊地ニ於ケル敵艦船艇ニ邁進衝突ヲナシ此レヲ必沈シテ敵ノ企図ヲ覆滅シ全軍戦捷《せんしょう》ノ途ヲ拓クニ在リ

先ヅ　肝ヲ決メヨ　而ル後

任務完遂ノ為ニハ　精神的要素ト目標ニ必達スル機眼ト技能トガ必要デアル之レカタメ

他ナシ　唯　訓練アルノミ　訓練（聴ク　練ル　鍛エル）必勝ノ信念ハ千磨必死ノ訓練ニ生ス
飛躍セネバナラヌ　敵ハ時ヲ籍サヌ吾々ハ最モ速ニ五倫書ノ境地ニ迄

> 必沈ノ為ニハ（気輿　操縦　體當）ノ一致
> 顧ミルニ何カアラン　唯　操縦一本　愛機ト　共ニ寝ネ共ニ飛ビ共ニシヌ

以下からは要点を引用する。

〔隊長の心得〕
「と号部隊長（指揮官）ニナッタラ」「先ズ技量ノ範ヲ示セ」「肚ヲ割ッテ団結ヲ図レ」「公私ノ別ヲ明ラカニセヨ」とし、それぞれに解説を付している。「訓練デハ鬼トナレ」「部下ニ任セキリニスルナ」「部下ヲ使ヘ」とし、簡単な解説を付している。
「隊長（指揮官）トシテ突撃要領ヲドウシテ決メル」としたうえで、一一項目にわたり突撃の要領を簡単に記している。例えば、艦船の識別方法等を述べている。

〔特攻機の操縦〕
「盛装（重武装）シタ愛機ヲ操縦スルニハ」「目標ヲ定メテ正シク愛機を静置スル」「深呼吸一度二度三度合調音〈ヤ〉〈キュウ〉〈ジョウ〉ノ調子デ」とし、離陸時は「飽クマデ直進」し、離陸後は「H二〇〇米後（高度二〇〇メートル—引用者注）ヤンワリト」旋回せよとある。飛行機安定のためには「足」を使え（方向舵フットバー）「コレガ盛装機操縦ノ特徴ダ」としている。とにかく、爆弾と増槽タンクで「盛装」した飛行機の離陸は、結構に難しいことを注意している。そして、このような技術的な注意のあとで、「と号部隊員ノ心得」として「健康ニ注意セヨ」「純情明朗ナレ　忠誠ノ武人ハ必ラズ純情ナル孝子デアル」「精神要素ノ修練ヲナセ」とし、精神と技量の一致を説いている。

さらに出撃命令を待つ身は辛いものであるから、「堅実ナル意志ヲ保持セヨ」、また「愛機ニ人格ヲ見イダセ」として「愛機ヲ悲シマセルナ」、そして「時来タラバ」「自分」も「愛機」も「現世ニ残ス未練ナクアッサリト飛ビ立テ」「立ツ鳥跡ヲ濁サズト謂ウ」とある。

興味深いことであるが、「レバー」（アクセルのこと）とか「ペラピッチ」（プロペラピッチのこと）、「エネルギー」とか、専門用語として英語を多用している。

〔攻撃〕

離陸した後の注意をしている。発進、編隊、高度などの注意をしたうえで、「航進間敵機ト遭遇シタラ」「目的ハ決ッテ居ル相手ニスルナ」。もし直掩（援護誘導機）と離れ編隊が崩れても、「と号部隊指揮官ハ歯ヲ喰ヒシバッテ断然征ケ」としている。

〔生還〕

筆者はつぎの項目に注目したい。生還について二頁にわたって明確に記している。全文を引用する。

> 途中カラ還ラネバナラヌ時ハ
> 天候ガ悪ルクテ自信ガナイカ目標ガ発見出来ナイ時等
> 落胆スルナ　犬死シテハナラヌ小サナ感情ハ捨テロ　國体ノ護持《ごじ》ヲドウスル
> 部隊長ノ訓辞ヲ思ヒ出セソシテ
> 明朗ニ潔ヨク還ッテ来イ

途中カラ還ッテ着陸スル時ハ
爆弾ヲ捨テロ　予メ指揮官カラ示サレタ場所ト方法デ
飛行場ヲ一周セヨ
　状況ヲ確メ乍ラ
ツマッテイタラ小便ヲシロ（垂レ流シテヨシ）
風向ハ風途ハ
滑走路カ、路外カ、穴ハ
深呼吸　三度

としている。特攻機は片道燃料で生還を許されなかったとするのが、今日の一般的な解釈である。そして、生還した隊員には、言語に絶する仕打ちがあったとされている。そういう事実もあったのかもしれない。後で詳述する毛利恒之『月光の夏』（前掲）も、生還隊員に対する陸軍統帥の理不尽な仕打ちがテーマとなっている。

しかしながら、この『必携』では生還を明らかに認めている。しかも、「爆弾ヲ捨テロ」、そして「飛行場ヲ一周セヨ」。さらに「ツマッテイタラ小便ヲシロ　垂レ流シテヨシ」と具体的だ。滑走路の穴に注意して「深呼吸三度」としている。特攻機の爆弾は固定されていたという意見も多いが、これも事実に反する。この『必携』からも、生還時の着陸の前には爆弾を捨てるように指示している。しかも捨てる場所は、あらかじめ決められていたようだ。だから、爆弾は固定していなかった。また、燃料も片道分だけの搭載ではない。往復分を搭載していたようだ。前述の松浦氏は、往復を飛行し生還している。もし、片道の燃料であれば生還は不可能である。

ところで、この項で筆者が不思議に感ずるのだが、体当たり出来なくても悲しむな、落胆しないで朗らかに還って来いとしていることである。体当たりがごく当たり前のことであり、この当然のことが出来なかったからと言って悲しむな、落胆するなとしている。このマニュアルの作者にとっては「死」は喜びであり、「生」は悲しみなのである。生と死の価値観が逆転している。

〔攻撃そして突入〕

この項も一頁分を全文引用する。

攻撃
単機攻撃
目標ヲ発見シタラ
先ッ信管安全風車ヲトリ（爆弾の安全装置解除―引用者注）
全速デ降下接敵
機先ヲ制シ
疾風迅雷敵ガアレヨアレヨト云ウ間ニ撲リ込メ
此ノ際敵モ又回頭隊形変換等ヲヤルダロウガ
常ニ主動ノ地位ヲ占メ
奴等ニ致サレテナラヌ
適切ナ機動ヲヤッテ出来ル限リ敵ヤ
防空火網ニ依ル損害ヲ避ケナケレバナラヌ

次頁は「機動トハ」としたうえで、臨機応変の対応を縷々《るる》述べている。この項の記述は抽象的である。機動とは、「機ニ臨ミ咄嗟ノ変ニ応ジ得ル飛行機ノ動キデアル故ニ最良ノ機動ヲナサント欲セバ操縦一本ニ徹シ唯訓練アルノミ」としている。

つぎに「突進」としたうえで、「急降下　超低空」いずれであっても、突入角度や突入速度を調整し、「敵ヲ必ラス沈メル様ニシナケレバナラヌ　タダ當ッタダケデハ敵ハ沈マヌ」としている。「各種攻撃法ノ特長」としたうえで、「水平衝突ハ一番容易ダ　五〇％　少シ念ヲ入レレバ九十九％ノ命中」「降下衝突ハ　水平衝突ヨリ一枚上手ト云ヘル」「急降下衝突ハ」その効果を記していないが、その場合の詳細な注意がなされている。

そして「衝突点（致命部）」として急降下衝突の場合は、「煙突ト艦橋ノ中間付近　煙突ノ中ニ這入ルモヨシ　艦橋　砲塔ハ避ケヨ」「空母ハ昇降機位置」、水平衝突の場合は、「吃水ヨリ稍々上部　空母　格納甲板入口　煙突根本　艦船後部推進機関部位」等とある。

〔衝突直前〕

この項も最初の一頁分の全文を引用する。

◎速度ハ最大ダ　飛行機ハ浮ク　ダガ浮カレテハ駄目ダ
◎力一パイ　押ヘロ　押ヘロ　人生二十五年　最後ノ力ダ
神力ヲ出セ衝突ノ瞬間
◎頑張レ神モ照覧シ給ウゾ　目ナド「ツム」ッテ目標ニ逃
ゲラレテハナラヌ
◎眼ハ開ケタママダ　眼ヲ開ケタママ「ブッ」カッタ男モ

アル彼レハ其ノ楽シサヲ語ル

突入時の飛行機は最大の速度となっている。浮力が付き、飛行機全体が不安定になり、フワフワと浮き気味になる。「押へロ」とはこのことを言っているのである。連合国軍の記録フィルムにも、突入したものの、機体を押さえ切れずに甲板すれすれを飛び越して海中に没する日本軍特攻機の映像が幾つかある。突入経験はもちろん初めてである。しかも多くの隊員にとって、その初めての突入が初めての戦場であり、初めての戦闘である。すなわち初陣である。「衝突」がそんなに簡単なものでないことは、特攻現場が一番よく知っている。だから『と号必携』の作者は、「人生最後ノ力」を振り絞れと言っている。

眼をつむってはならないとしている。体当たりの直前まで眼を見開いていろとしている。体当たり命中の必須条件であろう。眼をつむっていては、最後の瞬間で目標を逃すことになる。ところで、このひとことは体当たりの酷《むご》さをあますところなく言い表わしている。

次頁からは体験談的な記事が二頁にわたって記されている。

「目標ハ三十米」としたうえで、「丁度映画テ遠望カラ急ニ大写シニナル時被写体カ目ニ飛ビ込ンデ来ルアノ感ジト同ジダッタ」

また、「衝突」としたうえで連合国艦船の「銃口ノ大キサモ鋲ノ大キサモ」はっきり見えたとある。

「母ノ顔」としたうえで、「泣イテモ笑ッテモ居ナイ何時モノ平凡ナ顔ダッタ」としている。

さらに「母デナイ女ノ人ノ顔」としたうえで、「母ノ顔ノ後カラ半分見エタヨウデモアリ二重ニナッテイルヨウデモアリ兎ニ角母ノ顔ニ比ベテ影カ淡カッタノデ誰レカ〈ハッキリ〉シナイ」としている。

隊員には結婚している人たちもいたが、ほとんどは独身である。むしろ「女性関係」や「金銭関係」のないことを両親に残した遺書があるくらいである。『と号必携』のこの頁は、一体何が言いたいのか。

「楽シカッタ思出」として、「ハッキリシナイガ　夢ノヨウナ幻ノヨウナ　少年ノ日ノ思出」としている。さらに、人生二五年の思い出が次々に浮かんで来たが、「明瞭デハナイ」としている。「何レニシテモ　其ノ時ノ俺ノ顔ハ自分デハ見ヨウモナイシ意識モシナイガ人生二十五年ノ思出中ノ楽シカッタコトダケヲマトメタ楽シサダ〈ニッコリ〉笑ッタヨウニ思ワレテナラナイ」としている。また、「ソレカラ〈サアー〉トモ思フシ〈サアッ〉トモ思フガヤッパリ〈サアー〉カナ　澄ンダ音ガ聞エタイヤ聞エナカッタカモ知レナイ」としている。少し意味不明である。最後に「ソレカラ　モウナイヨ」でこの頁は終わっている。

『と号必携』の記述は全体に生真面目で、記載方法もマニュアルらしく簡潔明瞭であるが、この「体験談」の項は少し雰囲気が違っている。

〔突撃時ノ注意〕

ほぼ最後の項目となっている。この頁の全文を紹介する。

◎体当タリハ容易ナラン事ダ　敵トシテハコンナ割ノ悪ルイコトハナイカラ敵トシテ出来ル最大限ノ逃手ヲ打ツニ決ッテイル
◎混乱モアルダロウ錯誤モ起キルダロウダガ各機ハ
◎「必ラズ沈メル」信念ヲ絶対ニ動カサズ
◎「必殺」ノ喚声《かんせい》ヲ挙ゲテ撲リ込メ

『と号必携』の全体的な印象は、気負いもなく淡々とした記述となっている。どこかゲーム感覚でもある。特攻とは決して特別なことではなく。ごく当たり前のことであるかの如き記述である。

それでは「衝突」の瞬間の実際はどうであったか、ここで幾つかの証言を引用したい。

福山琢磨編『孫たちへの証言―戦争・それからの私たち』（新風書房　平成四）の中に、「死神に見放された特攻機」と題する記事がある。引用させていただく。

心臓が高鳴り、手がガタガタと震えて止まらない。さあ、いよいよ死神のおで迎えだ。（略）愛機の降下角度を六十度にとって、機首を下げた。急降下の時はものすごい重力が体にかかり、時々目が見えなくなるものだ。降下速度、秒速二百メートル。そら来たぞ、敵艦から撃ち上げてくる対空防衛弾幕の砲火、曳光弾が赤紫色の花火のように見える。愛機に命中した。トタン板で叩くような大きな音を立てる。大口径の高射砲の弾が愛機の上下左右、正面に炸裂し、その度にガタガタと揺れる。

突然エンジンが火を噴き始めた。炎はみるみる大きくなり長い尾を引く。黒い煙が操縦席を包む。急ぎ首に巻いている白絹のマフラーで口と鼻を包む。燃料コックを止める。火災は小さくなり、今度は雲状の白煙が長く尾を引き、愛機全体を包んでしまう。バッシという音がして風防に弾が当たった。風防が吹っ飛ぶ。風圧で頭をあげていられない。息が出来ない。また、バッシと音がしたと思った途端、目の前が真っ赤になった。敵弾が右眼上の肉を削り取ったのである。血がシャワーのように座席の後ろへ吹きつける。痛みは感じない。マフラーで頭部をグルグル巻きにする。その時、前を支えていた右手が爆弾投下レバーに触れた。途端に愛機の降下速度が落ちた。レバーを引いても外れないよう固定されているはずの爆弾が、不思議にも外れおちたのだ。

今度は、左右股横に焼け火箸を突き刺すような痛さを感じた。手でさわると骨にふれた。堪え難い激痛がくる。だんだん敵艦の形が大きく見えてきた。激しい風圧と熱風で息が出来ない。……お母さん助けてエー！　早く殺して楽にしてくれ。……ボキッと音がして肋骨が折れた。意識がもうろうとして、空中に漂うているような気がしてきた。ガクン、ガクン、ガクン。大きな音がして体が上下に揺れた。

それからどれくらい経ったかわからない。気がつくと日本漁船の上だった。


体当たりの瞬間が詳細に描かれている。突入の苦悶が見事に活写されている。ところで、この記事の著者は出撃基地名や所属部隊名、また兵装や攻撃地点などの詳細を記していない。陸海軍の別も記していない。本文では「陸軍少年飛行兵から陸軍航空士官学校を経て」としていることから、陸軍航空特攻として出撃したのであろうと推測する。また「昭和二十年八月十五日の明け方、知覧の近くの島から飛びたった」としていることから、出撃日は八月一五日の敗戦の日であり、攻撃地点は沖縄か南西諸島と推測できる。しかし、現在の記録には陸軍航空特攻の八月一五日の沖縄や南西諸島での戦死記録（出撃記録）はない。また、この海域以外での陸軍航空特攻の戦死記録（出撃記録）はない。もしこの日に出撃があったのなら、この記事の著者を含めて陸軍航空特攻の、この日の出撃部隊全員は生還したことになる。もしくは、命令外の出撃であったのかもしれない。

さらに年齢であるが、平成四年（一九九二）第二版の著書には現年齢を「六二歳」としていることから推測して、一九二九年（昭和四）もしくは一九三〇年（昭和五）生まれということになる。と言うことは、出撃時の一九四五年（昭和二〇）は一五歳か一六歳となる。ちなみに、筆者の把握する限りでは、少年飛行兵出身では一九二八年生まれの一七歳が沖縄戦での戦死者の最年少となっている。さらに、著者の証言から氏は航空士官学校に進んでいる。幹部候補生あるいは少尉候補生に進んでいると推測されるが、それなら出撃時の年齢はもっと高くなるはずである。

証言の内容は貴重である。一方、管見のかぎりでは、証言周辺の状況は現在に残る公式記録との間に若干の落差があるように思う。

海軍神風特別攻撃隊第八銀河隊、鈴木勘次の突入の経験を、森本忠夫『特攻』(前掲)より引用させていただく。これは、突入をしながらも奇跡的に生還した鈴木勘次の証言に基づく森本忠夫による再現である。

鈴木勘次、吉川功、田中茂幸の三名は、長い出撃待機の果てに一九四五年四月一七日、出撃命令が下った。当初は陸上爆撃機『銀河』四機の出撃であったが、結局は一機での出撃となった。『銀河』は陸上基地から発進する双発の爆撃機である。海軍の最精鋭の高速爆撃機である。戦闘機と同等のスピードを持っている。飛行機は申し分がない。Aランク群の機種である。三名が登場する。操縦員、電信員、偵察員である。鈴木勘次は偵察員であったと推測する。吉川功は操縦員、田中茂幸は電信員であったようだ。三名とも予科練出身である。鈴木勘次は当時一八歳である。吉川、田中の年齢は、他の資料からも判然としないが同年齢と推測する。

鹿児島県の出水基地を離陸する。「空恐ろしくなるような静寂が訪れ、孤独、不安が身を覆いはじめた。感覚が麻痺して、下界の美しい風景は次第に単純な色の層に過ぎないように見えてくる」。また「ひしひしと死の実感が胸を締めつけ、不安が生理的に動悸、発汗、尿意となって、身体的変化を伴う不快感を生じてくる。こめかみの鳴るのが聞こえ、途絶えがちの声がうわずってくる」と鈴木勘次自身の証言を紹介する。そして、ついにグラマンの大群に襲撃される。邀撃があるということは、この空の下に必ず目標があるということである。未だ見えていない目標めがけて飛行機を降下させていく。以下、少し長くなるが大変に重要な記述なので引用させていただく。

「敵艦はまだか?」と田中（電信員―引用者注）は何度も聞いていた。

敵機がばらばらになって編隊も組まずに前方から「銀河」を阻止しようとしていた。と言うことは、空母は近い、と鈴木は思った。と、その時、機体に衝撃が走った。右エンジンがやられたのだ（『銀河』は双発―引用者注）。白煙を吹いている。機体の速度が鈍ってきた。これで敵艦に近付けるのか、と鈴木は思う。高度がどんどん下がって行く。その時、敵機の発射していた機銃弾が鈴木の顔面に命中した。

「鞭でたたかれたような痛み」。鈴木の意識が朦朧としてきた。生暖かい血が吹き出し、首筋を伝ってマフラーに染み込んでいた。鈴木は、一瞬気を失ったが、敵弾が貫通して敗れた風防硝子の割れ目から入ってくる風のお陰で正気を戻していた。全身に悪寒が走っていた。飛行帽の眼鏡レンズの破片が飛行手袋の毛の部分に入り込んでいた。鈴木は吐き気を催し、意識が薄れて行く自分を感じていた。「万策つきた」と彼は思った。無感覚となった意識の中で迫って来る敵機の攻撃さえ他人事のように鈴木には思われた。

その時、グラマンの編隊はふと鈴木の視界から掻き消されていたが、今度は「色のついた雨のような光が一斉にこちらを向いて流れてきた」。敵の艦艇から発射する激しい火箭であった。「いたぞ!」と鈴木は捜し求めていた目標を視界に捕らえながら、田中と吉川に向かって言ったが、二人の返事はなかった。高度計の針は零メートルを指していた。鈴木は朦朧とした瞳孔の中に目標を捕らえていた。「右三度」。鈴木は吉川に指示した。出血が激しくなっていたが、痛みはなかった。意識が薄らぎひどい睡魔が襲ってきた。「気を失いかけているのか、それとも命の火が消えようとしているのか」と鈴木は思った。目標への体当たりに意識が集中していたが、同時に恐るべき恐怖が鈴木の五体を包んでいた。後部座席から言葉にならない呻きとも叫びともつかない声が伝わってきた。その声が田中の声なのか、吉川の声なのかは判然としない。鈴木の目に大きな目標が写っていたが、その肝腎の姿は茫漠としていた。「目標、右空母」と鈴木は叫んだつもりだったが、その言葉が声になったかどうかは自分でも判らなかった。吉川は生きていた。「銀河」はゆっくりと旋回していた。機を目がけて発射される弾幕の中に大きな影が見えた。「幻覚なのか?」と鈴木は思った

森本忠夫は、さらに鈴木勘次自身の証言を交えながら突入の瞬間を再現する。引き続き引用させていただく。

「『ヨーソロ』やっと目標をとらえた。苦しい行程であった。ほんとうに長い行程であった」。興奮も敵意もない。「海に浮かんだ物体」。それが鈴木の感じた「うつろ」な敵〝空母〟の姿であった。この時、鈴木に「考えていたほどの恐怖」はなかった。「やっと肩の荷がおりた、と思った。もうこれ以上厭だ。でも間に合った。これでいいのだ。もう死んでもいいのだ。絶好の角度、厳かな儀式の始まりだ。上下四方、ことごとく冷え冷えとして、青白がかった膜でおおわれている。使命は果たした。自分の戦争は終わったのだ。疲れた。安堵の気持ちの奥に、焦点のぼやけた茫漠とした表現のない死が、いつか見たことのあるような空間でまっている。『そのままつっこめ!　勝ったぞ』」。その最期の瞬間に「安堵の心があった」と。

これは鈴木勘次の三〇年後の証言を基にした再現である。森本も言うように、そこには、その後の

「なんらかのモデフィケーション（modification〈修正、修飾〉引用者注）」があると考えられる。時代の流れによる変色変形は否定できない。しかし、ここには紅蓮の炎に包まれる特攻隊員の最期の刹那が語られている。

この『銀河』は、体当たりに成功していない。降下中にグラマンに撃墜されている。吉川と田中は戦死した。鈴木勘次は漂流中を米海軍に救助されている。今日に残る記録にも、神風特別攻撃隊第八銀河隊の吉川功と田中茂幸の戦死は記録されており、鈴木勘次が入ったかもしれない「戦死」蘭は空白となっている

この人たちにとって、突入から体当たりまでの数分、数十秒は、人間の味わう最も過酷な地獄絵を経験している。体当たりは生易しいものではない。対空砲火で身体中が穴だらけになり、引き千切られ、乗機は紅蓮の炎に包まれ、苦悶のうちに絶命していく刹那を、このふたつの証言は物語っている。

死力を尽くして生き抜くのなら分かる。そうでなく、死力を尽くして死に突入していくのである。死の間際まで健康で溌剌とした少年であり青年たちであった。それだけに死の刹那の苦悩は想像を絶する。この人たちは、このようにして、祖国と家族に愛を捧げたのである。

第三項　連合国軍の見た突入

それでは連合国軍から見た特攻攻撃はどのようなものであったのであろうか。J・ハーシー他著／西村健二訳『米軍兵士の太平洋戦争―最前線の戦闘』（中央公論社　一九九四）第五章「『神風特別攻撃隊と戦って』サミュエル・E・モリソン」から引用する。

この記録は、一九四五年四月六日の特攻攻撃の様子である。陸軍は第一次総攻撃、海軍は菊水一号

作戦で陸海軍総計二二五（筆者推計）機が出撃している。沖縄特攻作戦の中でも、最も規模の大きな作戦であった。

米海軍の駆逐艦『ブッシュ』と『コルホーン』に、日本軍の特攻機が攻撃を仕掛けている。この二艦を襲ったのは陸軍航空特攻ではなく、主として海軍神風特別攻撃隊であったようだ。以下、概略を引用させていただく（ただし、括弧内は引用者注である）。

午後三時ごろ、四十ないし五十の敵機が北方から飛来し、百五十から六千メートルの高度でいったん空中待機したあと、旋回を始めブッシュを攻撃してきた。（略）ブッシュは二機のバル（九九式艦上爆撃機―海軍機）を撃墜、さらに二機を追い払った。十三分後、ジル（『天山』艦上攻撃機―海軍機）が一機、艦に向かって低空で飛来するのが認められた。（略）敵機は、艦上の総ての砲の張る弾幕を縫って水面から三ないし十メートルの高度で、身を翻しつつ突っ込み、二本の煙突の間に激突した。爆弾が前部機関室のなかで破裂、そこにいた全員と、二つの気缶室にいた者のほとんど全員が戦死した。（略）四時三十五分、コルホーンはもの凄い煙をあげて沈没寸前の、まったく行動不能に陥ったブッシュに寄り添った。（略）コルホーンは搭載しているあらゆる砲を、接近してくるジーク（『零式』艦上戦闘機―海軍機）に向けて発射していた。敵機は艦をそれ、ブッシュとの間の海中に突入した。（略）五インチ砲弾が、三千六百メートルの距離で別の一機に命中、左の翼が燃えだした。コルホーンの一番、二番、それに三番砲も、艦首部右舷に急降下してきたジーク（零戦）三番機に向けられ、最初の斉射が真っ向からその機首に命中、敵機は艦の真横四十五メートルの海中に墜落した。

ちょうどその時、ウイルソンは、ジーク四番機が艦首左舷に突っ込もうとしているとの報告を受けた。「取り舵一ぱい」を命じたが時すでに遅く、炎に包まれた敵機は、コルホーンの主甲板に激突、二基の機関砲座の射手を殺した。その爆弾は後部汽缶室で爆発、そこにいた全員をころした。(略)

午後五時十七分に、二機のバル(九九艦爆)と一機のジーク(零戦)による第五波の攻撃が始まった。バル(九九艦爆)一機が左舷百八十メートルの海中に撃墜、一機はコルホーンに当たらず、(略)砲火により撃墜された。四番機が前部汽缶室に激突した。(略)

午後五時二十五分(略)三機が各々艦首に、一機が艦尾に突っ込んできた。(略)ジーク(零戦)一機、百三十メートル離れた海中に突っ込んだ。他の二機には四十ミリ砲弾が当たったが、損傷は軽微だった。バル(九九艦爆)だったが、翼を後部煙突にひっかけ、三番砲にぶつかってはね返り、火だるまになった燃料タンクをほうり出し主甲板で一回バウンドして、海中に転げ落ちた。爆弾が破裂して吃水線下に一メートル四方の穴をあけ、艦の後部を海水で溢れさせた。(略)三番機はコルホーンに当たらず、いったん引き上げたあと、ブッシュに突っ込んだ。敵機は艦橋をそれて、煙突の間の主甲板に激突、その衝撃でブッシュは危うく真っ二つ、わずかに竜骨だけでつながっていた。(略)四番機のジーク(零戦)が縫うように突っ込んできた。(略)コルホーンの四番砲が火を噴いたが当たらなかった。(略)ジーク(零戦)はブッシュの上方一・五メートルのところを掠め、高度を上げると、急上昇反転して再び突入、五時四十五分、左舷に激突、猛烈な火災が起こって、上級士官室に収容されていた負傷者たちは、戦死するか致命的な火傷を負った。(略)午後六時すこし前、(略)突然、敵一機が何処からともなく現れ、コルホーンに突っ込んできた。至近距離で直撃弾が浴びせられ、炎に包まれた敵機は操舵室に引っかかったあと、左舷に激突した。

記事からの推測では、この日、駆逐艦『ブッシュ』には、三機の日本軍特攻機が命中したことになる。記録からも三機が命中している。『ブッシュ』は沈没した。戦死者は八七名、戦傷者は四二名となっている。

駆逐艦『コルホーン』にも、三機の特攻機が命中したことになる（森本忠夫『特攻』では四機となっている）。駆逐艦『コルホーン』は、その後に僚艦の砲撃で処分されている。戦死者と行方不明は三五名、戦傷者は二一名とモリソンは記している。引き続き引用する。

午後五時五十三分、駆逐艦『ロイツェ』は、接近してくる神風一機を十二キロ沖に認め、六時砲撃を開始、晴れ渡った夕空一面に、炸裂する五インチ砲弾の黒い煙痕が散った。（略）十二機のケイト（九七式艦上攻撃機―海軍機）とオスカー（一式戦闘機『隼』―陸軍機）が海面すれすれの超低空で飛来するのを見張員が発見、駆逐艦『ニューコム』が攻撃の矢面にたたされた。間髪をいれず敵一機が『ニューコム』の後部煙突に激突、続く二番機は海中に突っ込み、六時六分、大型爆弾を抱いた三番機は艦の中央部に命中、轟然と爆発、（略）「われわれを一掃しようと四番機が左舷真横から『ニューコム』に接近、前部砲塔の砲火を浴びつつ煙突に激突、艦は敵機のガソリンで火だるまとなった」（艦長談）

六時十五分、駆逐艦『ニューコム』の五インチ砲の一門が火を噴き、命中弾を浴びせた。敵機は翼を傾け、艦を横切ると、駆逐艦『ロイツェ』の扇状船尾に激突、爆発した。

以上はモリソンの目撃である。

駆逐艦『ロイツェ』の艦橋にいたスムース（大佐）も、日本軍特攻隊員の表情を目撃している。以下、デニス・ウォーナー／ペギー・ウォーナー『神風』（前掲）より引用させていただく。恐らくモリソンの目撃したのと同一の特攻機と推測する。

「(略)その特攻機はまっすぐに私のほうに向かって突進してきているようにみえた。私が眼鏡を上にずらすと、特攻機のパイロットは首のまわりに大きな白いスカーフを巻いていた。最後の瞬間、そのパイロットがどれくらい私に接近していたか私は知らないが、彼が両手を操縦桿から離してあげ、それから操縦桿を前に倒すのを見た。そのあと、彼は両手を頭上にあげて、歯ぎしりした。彼は非常に接近していたので、私は彼のそうして仕草を見ることができた。彼は艦橋めがけてまっすぐに突っこんできていた(略)あのパイロットの顔は今日まで私の脳裏を去らない(略)」

日本軍特攻隊員のこれら一連の仕草が、突入の際の合理的なものなのか、それとも恐怖による咄嗟のものなのか、あるいは、その両方なのかはわからない。この特攻機は駆逐艦『ロイツェ』の中央部に命中し、甲板をすべりながら艦尾に達し、そこで爆発したと、デニス・ウォーナー『神風』(前掲)は記している。

この日、駆逐艦『ロイツェ』に体当たりした特攻機は一機である。このことからモリソンの目撃した特攻機とデニス・ウォーナー/ペギー・ウォーナーの描く特攻機とは同一機であると推測する。記事からの推測では、この日、駆逐艦『ロイツェ』には一機、駆逐艦『ニューコム』には三機が命中したことになる。今日に残る記録とも一致する。駆逐艦『ニューコム』は戦死者三〇名、戦傷者三六名を出している。しかし、この二艦は沈没を免《まぬが》れている。

これらの記事からも、特攻攻撃の壮絶さが推測できる。前述したように、この日の総出撃機数は二二二機(陸軍六一機、海軍一六一機)である。そのうち体当たりの命中は二五機、至近命中は五機となり合計三〇機が体当たりに成功している。これ以外に連合軍艦船の六隻が特攻機の破片で損傷している。とにかく、この日の特攻攻撃は、日本軍にとっては沖縄戦での特攻攻撃の平均値を遥かに上回った奏功となっている。

沖縄戦での特攻攻撃が常にこうであった訳ではない。むしろ、この日の奏功は希なケースであった。沖縄戦での特攻攻撃が始まってまだ一〇回目の時期であった。いわば初期の段階であり、連合国軍の日本軍特攻機に対する対応が十分でなかったと思われる。そのことが日本軍に有利に働いたのであろう。特攻攻撃も五月中旬以降は、命中率が極端に低くなっていく。連合国軍に特攻攻撃への対応が出来たことと、日本軍特攻隊員の練度が低くなっていったこととの結果である。

ところで、前項で述べた『と号空中勤務必携』の記載内容とモリソンの目撃内容を比べてみると、符合する箇所が結構に多いことに気がつく。つぎにこのことに触れておく。

まず、『と号必携』では、「目標ヲ発見シタラ」「疾風迅雷敵ガアレヨアレヨト云ウ間ニ撲リ込メ」とあるが、実際の攻撃も一気呵成の突入であったことを彷彿とさせている。モリソンの記事には、「何処からともなく」あるいは「間髪を入れず」日本軍特攻機が突入してきたとあるが、このことを物語っている。

また、『と号必携』では、衝突場所は「煙突と艦橋ノ中間付近　煙突ノ中ニ這入ルモヨシ　艦橋砲塔ハ避ケヨ」「空母ハ昇降機位置」、水平衝突の場合は「吃水ヨリ稍々上部　空母格納甲板入口　煙突根本　艦船後部推進機関部位」としているが、モリソンの目撃もこのことと符合している。多くの日本軍特攻機は、明らかに煙突を狙っている。煙突は艦の機関部につながっていることから、体当たりの効果が高くなる。また、低空攻撃も見られるが、これは艦の吃水線を狙ったもので、ここへの命中は沈没の確率が高くなる。モリソンの記事からも、吃水を狙っての突入もあったことが分かる。

また、『と号必携』では、「速度ハ最大ダ　飛行機ハ浮ク　ダガ浮カレテハ駄目ダ　力一パイ　押ヘロ押ヘロ　人生二十五年　最後ノ力ダ　神力ヲ出セ」と注意を促《うなが》している。モリソンの記事からも、機体を押さえ切れずに、艦を飛び越え、海中に没した特攻機も多かったことが推測される。

さらに『と号必携』では、「突込ンダモノノウマク行キサウニナカッタラ潔ヨクヤリ換ヘルダケノ肝ヲ持テ〈アガッ〉テハ駄目ダ」としているが、モリソンの記事にも、「急上昇反転して再び突入」した日本軍特攻機が描かれている。攻撃をやり直していったん急上昇し、再度突入するなどは、相当の技量と胆力が要求される。はたして、その当時、錬度が低かったと言われている日本軍特攻隊員で、こんなことが出来るのかは『と号必携』から少々疑問であるが、現実はやってのける隊員もいたようだ。もともと錬度が高かったのか、それとも、戦場での最後の力がそうさせたのであろうか。

モリソンの記事は、一九四五年四月六日のことである。『と号必携』はその年の五月の作成である。一ヶ月の時間差があるが、モリソンの記事は、図らずも『と号必携』の内容が決して荒唐無稽なものでないことを証明している。

ところで、この日、四月六日の戦場は日本軍特攻隊員だけが悲壮であった訳ではない。連合国軍兵士も壮絶な地獄絵のなかで必死に戦い、そして何よりも勇敢であった。駆逐艦『ニューコム』乗組員の場合をモリソンの記事から引用する。

軍医のJ・J・マクネール海軍予備大尉は、戦闘の真っ最中に外科手術をおこない。（略）機関兵フランシス・J・ネメスは、拡がりゆく火災のなかで蒸気管を守って戦死し、機械修理係リチャード・C・テーシー兵曹は、炎につつまれた数名の機関兵を助けようとして死んだ。また、射撃のできる砲手はすべて、海中に吹き飛ばされるか、戦死するまで撃ち続けた。

沈没した駆逐艦『ブッシュ』の乗組員は悲惨であった。

> ブッシュの生存者たちは、悲惨のきわみだった。海上に浮かんでいようにも、艦長用の小型ボート一隻と、終始破れたり裏返しになったりする幾つかの浮き綱、それに炭酸ガスでふくらましたゴム製の救命筏しかなかった。海面には、三メートルから四メートルの高波がたち、波頭が白く見えた。空気も冷たかった。艦上で敵機の波状攻撃にさんざん悩まされた乗組員たちは、ひどい火傷に呻《うめ》いていた。多くの者が、苦しみのあまり救命胴衣を脱ぎ捨てては、やがて沈んでいった。小型ボートはようやく、LCS-六四（救命船—引用者注）に発見され、九時三十分、救助作業が始められた。慶良間から派遣された艦隊付曳船と、哨戒艇が一隻、まもなく到着した。敵機が、まだあたりを飛びまわっていたので、真っ暗闇のなかで作業をせねばならなかった。救命船が近づくと、生存者のなかには、嬉しさのあまり泳ぎつこうとして、途中で力つきて溺死する者や、艇のそばまで来て、船腹に叩きつけられたり、スクリューに巻き込まれたりする者もいた。海中から引きあげられたのち、息をひきとる者もいた。第九八駆逐隊司令J・S・ウィリス艦長はじめ二十六名の士官のうち七名が、そして三百七名の兵のうち八十七名が、死んだ。

阿鼻叫喚とはまさにこのような光景を言うのであろうか。

このような中にあっても、被害が軽微であったことの余裕からなのか、それとも、もともと米国人はこうであったのか。モリソンは、日本軍特攻機の三機の攻撃を受けながらも、掃海艇『デフェンス』艦長ゴードン・アボットの「自惚れたメッセージ」を紹介している。この時、掃海艇『デフェンス』は傷ついた駆逐艦『ロイツェ』を曳航していた、

「われ神風一機を引っかけ、二機を甲板上に捕捉せり。目下駆逐艦曳航中」

日本軍の必死の攻撃とは裏腹に、連合国軍、わけても米軍はまるでゲームでもしているような余裕がある。

第四項　特攻とテロリズム

話が突然に現代に戻って恐縮であるが、二〇〇一年九月一一日にニューヨークのワールドトレードセンタービルに、イスラム急進派による旅客機突入というテロが起こった。当時米国では、この突入テロと日本軍の特攻が同一視され、特攻がテロに比喩されるマスコミ論調が巻き起こったと聞く。テロという極限状態での一過性の感情と思いたいが、しかしそうでもなさそうである。日本においてさえ、特攻とテロを峻別しない意見を散見する場合がある。特に、若い人たちの間でそのように考えている人が案外多いのではないかと筆者（私）は危惧している。そこで、少し唐突ではあるが、ここで、特攻とテロリズムの違いを整理しておきたい。その前に、まず特攻「体当たり」戦法の日本軍的な背景を述べて置きたい。筆者はつぎの三点を挙げたい。

1.「肉弾三勇士」に代表されるように日本の軍隊には、爆弾を抱えて人もろともの肉弾戦法の伝統は確かにあった。しかし、これは、切羽詰まった咄嗟の判断であり、組織的な戦法とは言い難い。むしろ、断片的な局地的なものであった。デニス・ウォーナーの言うとおり、あらかじめ計画された大量の組織的「体当たり」攻撃は、それまでの日本の軍隊の中にはなかった。しかし、少数者による局地的な場面での咄嗟の判断による「体当たり」特別攻撃の事例は、日本軍の中に多くあった。そして、その攻撃は人間誘導による攻撃であるだけに成功率が高く、多くの戦果を挙げてきたことは事実としてある。要するに「体当たり」による特別攻撃は確度の高い攻撃であるという事例がすでにあった。

2．つぎに、日本軍の空中勤務者や搭乗員に「自爆」という独特の作法があった。これは、自機が被弾して生還不可能と判断した場合の自決作法である。この場合、近くに攻撃目標があれば、それへの「体当たり」攻撃が選択される。しかし、近くに攻撃目標がない場合は、自機の機首を真下にして垂直に最大速度で降下し、海や大地に激突して自決する方法である。垂直の降下で最大速度をとる理由は、そうすることによって確実に死ぬことが出来るからである。緩降下では生還の可能性が出てくる。「自爆」は日本独特の作法であった。米軍の場合は、たとえどんな惨めな敗北を期しても、生還さえすれば生還そのものが勇気として称えられている。日本にはそれがない。「生きて虜囚の辱《はずかし》めを受けない」精神風土が、この「自爆」の背景となっている。

3．歴戦のベテラン空中勤務者や搭乗員による通常攻撃は、沖縄戦でも陸海軍航空隊によって実施されている。本稿にたびたび登場する苗村七郎の陸軍飛行第六六戦隊も、九九式襲撃機を主体とした通常の攻撃部隊であり、陸軍は振武隊や誠隊などの特攻攻撃と平行して通常攻撃を実施している。ところで、この通常攻撃は、相当な技術と経験を要する。正規の訓練教育課程を経て、しかも歴戦の空中勤務者や搭乗員の指導による実戦経験があって出来得るものである。錬成未修の初陣空中勤務者や搭乗員には、通常攻撃は出来る道理がない。仮に出撃しても、それは撃墜されに行くようなものである。そこで、錬成未修の空中勤務者や搭乗員で、しかも初陣でも確かな結果を望める攻撃方法はないのか。その回答が「体当たり」特別攻撃である。少しでも国の役に立ちたい、しかし、自分の錬成では米軍と対等に戦いはできない。ましてや戦果など挙げられるはずがない。それでは何があるのか。その答えが人間ミサイルの体当たり特攻となる。体当たりによる特別攻撃だけが唯一の確実な方法として残った。

このように、特攻とは、経験則による体当たり効果の実例、日本軍の「自爆」作法、錬成未修の空中勤務者や搭乗員にも可能な切羽詰まった攻撃、と言う三位一体の中で編み出された、唯一効果の期待できる、最後に残された攻撃方法として採用されたと筆者は考える。特攻はその時点での不可避的なひとつの結論ではあった。若い隊員の国や国民を思う心情や国民の特攻隊員への期待などが重なり合って醸《かも》し出され創出された、その時点での戦《いくさ》の仕切りであったと考える。

生命と引き換えの体当たり戦法、すなわち特攻は日本固有の戦法であったのであろうか。ついでながら、このことに言及して置きたい。フランス人ジャーナリストのベルナール・ミロ『神風』（前掲）は、日本軍が特攻効果を検討する際の原典としたのはフランスにあるとして、

それでも高級の将星の一部の者たちは自殺攻撃（欧米では特攻をこう呼んでいる─引用者注）の効果に確信をもつようになり、会合をひらいて討論しあった。まことに以外なことには、そのうちの一人が引用したのは、一フランス人がかつて提唱した理論なのである。

そのフランス人とは第一次世界大戦中の「空軍万能論者」であった「ジュール・ベドリーヌ」であ

るして、彼の主張を引用している。

「私は空軍が海上兵力を完全に圧倒できると信ずる。もし私が四〇キロ爆弾を胴下にだいて、全速で装甲艦の甲板に突込んでゆくならば、何ものといえどもこれを阻止することはできない。もちろん私はかならず死ぬ。しかし勝利は絶対確実だ。そして勝つことが肝心なのだ……」

さらに、これに続けて、

このように自殺攻撃の理論は、実は日本が実行する三十年も前に、しかも一九四四年夏の日本の軍事情勢と奇しくも似かよった状況下で、すでに提唱されていたのであった。

ジュール・ベドリーヌが、このとおり実践したかどうかの記述はない。もし、この主張が真実だとすれば、特攻は日本のオリジナルではない。世界共通のある程度の普遍性をもった戦法と考えていいだろう。しかし、このような自殺攻撃には一つの前提条件がある。ベルナール・ミロはつぎのように言う。

自殺攻撃の理論は、要するに人命と機材の最小の消費において、最大の効果が得られる可能性があるという点にある。

一九四二年六月のミッドウェイ海戦では、米軍パイロットによる囮《おとり》攻撃も含めた決死の攻撃が実施されている。すべての選択肢が絶たれた時には、米軍においても兵士のボランティアによる特攻があった。米軍だけではない。詳細は省くが連合国軍においても同じである。

今日においても、例えばイスラム急進派による捨て身の爆破テロリズムが挙げられる。爆薬を身に付けた、敵対政府要人への爆破殺人であったり、また、自動車に爆弾を仕掛けての敵対政府建物への突入であったり、その形は様々である。もちろん日本軍特攻とは目的、方法、そして精神的背景はまったく違う。ただし、わが身もろともの自爆という外観は確かに共通する。

ところで、この自爆にも、ひとつの重要な前提条件がある。それはベルナール・ミロが言うように、「要するに人命と機材の最小の消費において、最大の効果が得られる可能性」という「効果」が担保されていなければならないことである。確かに、先述の無差別テロリズムも、その多くは成功しており、敵対政府に与えた損害と恐怖ははかりしれない。

日本軍による特攻も、当初は「効果」は確かに担保されていた。しかし、連合国軍が特攻対策を整備し、その「効果」が怪しくなってからも是正することなく、特攻そのものが自己目的化していく。特攻は制度上の作戦と権威づけられ、そして形式化していく。

このことの根っ子には日本陸海軍に共通する「精神主義」とその裏腹の「非科学性」、そして組織内に充満する「無責任」、さらにそれを醸し出した「官僚主義」がある。アジア太平洋戦争の通史を紐解くたびに、日本軍のこれら「精神主義」「無責任」「無反省」、そして「官僚主義」がウンザリと鼻につく。戦闘とは勝つための合理的な思考と努力の集積である。日本陸海軍にはこれがない。そのうち何とかなるだろうという「楽観主義」が常に支配している。これらの弱点を覆い隠すかのように、「悠久の大義」に殉じる「死の美学」の実践を兵士に説く。その延長線上に特攻がある。

日本軍による特攻の時代背景と推移をのべた。そこで、あらためて断わって置きたいことがある。

イスラム急進派の無差別テロリズムを引用したが、これは必ずしも適切な引用ではない。日本軍航空特攻とは精神も目的もまったく違うことを断わっておく。海外メディアの中にはイスラム急進派の自爆テロと日本軍航空特攻（彼らの言う「カミカゼ」）を同一視するものがある。

しかしながら、両者はまったく違う。前者は平時における無差別攻撃である。すなわちテロリズムである。一方、後者の日本軍航空特攻は戦時における軍事目標に限定された攻撃である。すなわち軍事行動である。ここが違う。

このことについて平義克己『我敵艦ニ突入ス』（扶桑社　二〇〇二年）を引用させていただく。この著は一九四五年（昭和二〇年）四月一一日の沖縄戦で、米海軍駆逐艦『キッド』に体当たりした神風特攻隊員が誰であったかを探るのがテーマとなっている。この体当たりで駆逐艦『キッド』乗組員の多数が戦死した。引用個所は、このテーマとはずれるが、日本軍航空特攻とイスラムの自爆テロとの比較が興味深い。

平義は二〇〇一年九月末に、駆逐艦『キッド』元乗組員の戦友会総会に招かれ、それまでの調査を報告する予定であった。しかし、平義にはひとつの懸念があった。と言うのは、その数週間前の九月一一日に、ニューヨークのワールドトレードセンタービルへのイスラム急進派による自爆テロが起きていたからである。米国のマスコミは、この自爆テロを第二次大戦中の日本軍による「カミカゼ」に例えて報道をしたという。このことによる反日感情の高まりや「カミカゼ」への反発を恐れたのである。しかし、平義の危惧は、すでに高齢となった駆逐艦『キッド』元乗組員によって見事に払拭される。以下『我敵艦ニ突入ス』より引用させていただく。

「ワールドトレードセンターへのテロ攻撃と我々が経験した体当たり攻撃とを一緒にしてもらってはこまる」一人が強く反発した。

「あれは（二〇〇一年九月一一日のテロ-引用者注）、カミカゼ攻撃なんかではない」別の声が聞こえた。

「我々は当時戦争をしていたのだ。戦争とは、殺すのと、殺されるのが仕事なんだよ。もちろん、相手より自分が先に殺すほうがいい。ワールドトレードセンターへの体当たりは、単なるテロリストの仕業だよ。我々、軍人の戦闘とはまったく質が違う」ラムが言った。

「我々を殺すのがこのパイロット（神風特攻隊員-引用者注）の仕事だったんだ。彼の、任務であり、命令だったんだよ。我々は彼を撃ち落とすのが任務だった。我々も機関銃を撃ち命中させたが、撃墜させられなかっただけなんだ。二〇〇ノット（時速約三七〇km／H　引用者注）以上のスピードで体当たりしようとする飛行機を撃ち落とすのが、どれだけ難しいかわかるかい？　三五ノット（時速約六五km／H　引用者注）で動きまわり、機関銃を撃ち続ける駆逐艦に体当たりするのも大変なことだろうと思う。動きもしない、それも何も反撃してこない建物に、旅客機を突っ込ませるのとはわけが違う」

私は彼らのプライドを痛切に感じた。敵味方と側は違うが、同じ戦争を戦ったというプライドが、一般市民を巻き込んだテロ事件と同じように見られたくないと言っているようだった。私は、戦争とはお互いに殺し合うことなのだという、彼らの定義を否定することはできなかった。

「この日はたまたま、パイロットが我々より一枚上手だったけど、その前には我々だって何機も撃ち落としているのだから、いい勝負かな」

痛快である。「カミカゼ」を経験し、さらにテロをも経験したアメリカ人たちの証言である。この引用に多くの解説は要らないであろう。

第八章――阿修羅の意志（特攻の奏功）

第一項　一九・九％から七・五％の間に

この辺りで航空特攻の最後の場面である体当たりの命中率、およびその結果としての連合国軍の被害を数字で検証しておきたい。

特攻隊員のある人たちは、烈々たる特攻精神をもち、まるで遠足にでも出掛けるように嬉々として出撃していった。そして、ある人たちは、妻への思いを一杯に抱き機上の人となった。また、ある人たちは、家族への限りない優しさを地上に残し大空へと飛び立っていった。さらに、多くの人たちは、無言で何も言い残すこともなく、従容《しょうよう》として死地に赴いた。

そこに至るまでには、激しい訓練があった。そして、激しい苦悶があったはずだ。爆弾を抱いて体当たりするだけの単調な、それでいて過酷な訓練の毎日、そして、それにも増して「死」と直面した苦悶との戦いの中を、ただただ体当たりの成功だけを願い、その苦痛と苦悶の日々を耐えてきた。

それでは、その結果がどうであったか、まず体当たりの命中率を数字で検証しておきたい。

特攻の命中率は、文献資料によって数字は様々である。豊田穣『海軍軍令部』（講談社文庫　一九九三）は一六・五％としている。三野正洋『日本軍の小失敗の研究』（光人社　一九九五）は六％としている。村永薫『知覧特別攻撃隊』（前掲）は一三・二％としている。また、日本戦没学生記念会編『新版きけわだつみのこえ』（前掲）では、脚注で「敵艦への命中率は一―三％」としている。研究者によって数字は様々であり開きがある。しかも、その数字の出典がいずれも明らかにされていない。

そんな中にあって、小沢郁郎『つらい真実―虚構の特攻隊神話』（前掲）は、出典と著者自身の計算方法を明示しつつ、特攻の奏功率を最大で一三・一％、また最小で五・〇％としている（同著一〇一頁、第一一表「特攻の効果率表」より）。この人の数値は後に触れる。

そこで、筆者は森本忠夫『特攻』（前掲）の記述をもとに、特攻の命中率の集計を試みたい。森本忠夫は、その著では特攻の命中率そのものを数字では表記していない。全三〇〇頁のうち約半分の頁にわたってレイテ戦と沖縄戦の特攻出撃部隊名とその機数、そして隊員名を出撃日ごとに克明に記している。さらに、連合国軍艦船の被害を詳細に記している。森本忠夫『特攻』は、これまでの特攻研究の集大成であり、その記述は現状で最も信頼できると筆者は判断する。森本忠夫『特攻』は、壮大なデータ記録集となっている。森本自身が「以下、煩雑を顧みず、出撃していた特攻隊の名称、機種、それに散華していった特攻隊員の名を記録するのは、そのこと自体が、一つひとつ重い意味合いを持つからに他ならない」と記している。そこで筆者は森本忠夫『特攻』を底本として、そこに記載されている数字を積み上げ集計を試みた。

ここで陸海軍航空特攻の出撃数について、改めて断わっておきたいことがある。本稿第四章では、筆者作成のデータベースを基礎として、陸軍特攻出撃数は九〇二機（筆者推計）とした。

ところで、本章では、陸軍航空特攻の沖縄戦での出撃数を、森本忠夫『特攻』を典拠として集計した「八七三機」としておく。筆者集計の「九〇二機」とは「二九機」の誤差が出ることをあらかじめ断わっておく。

一方、海軍神風特攻については、同じく筆者のデータベースを基礎とした場合は九九五機となるが、本章では、森本忠夫『特攻』を典拠として集計した「八八五機」とした。「一一〇機」の誤差がでることを断わっておく。

このことの理由は、本章での全ての数字（出撃数、体当数、沈没数など）は、前述したように、森本忠夫『特攻』に拠っているからである。ここで一部にでも筆者推計値をはさむと、データの整合性と統一性が保てなくなる。このことを承知いただきたい。そこで、森本忠夫『特攻』を基礎とした集計を「森本集計」と附記する。

森本忠夫『特攻』を基にした「森本集計」の結果、レイテ戦から沖縄戦にわたる日本陸海軍による全航空特攻の全出撃機数は二・四九三機（陸軍一・〇八二機、海軍一・四一一機）となった。そして、そのうち二三八機が体当たりに成功している。このことから特攻の命中率は九・五％となった。その内訳は命中が二〇五機で八・二％、至近命中が三三機、一・三％で合計九・五％となった。そのうち沖縄戦では出撃機数が一・七五八機（陸軍八七三機、海軍八八五機）となった。そして、そのうち一三一機が体当たりに成功している。このことから沖縄戦での命中率は七・五％となった。その内訳は命中が一一六機で六・六％、至近命中は一五機、〇・九％で合計七・五％となった。

ここで言う「命中」とは連合国艦船への直接の体当たりを言う。また「至近命中」とは艦船への直接の体当たりではないものの、艦船付近に突入し、相当の被害を起こした場合を言う。この至近命中を、多くの著書や論文は「至近弾」と表記しているが、特攻隊員の肉体を「弾」と呼ぶのは筆者には相当の抵抗がある、本稿では「至近命中」と表記することを断わっておく。

この至近命中は、時には命中よりも多くの被害を与える場合がある。特に艦船の吃水線付近への至近命中は、直接の体当たりよりも効果が高くなる場合があり、小型の艦船では沈没を招くこともある。

ところで、森本忠夫はこの命中や至近命中のほかに「損傷」を挙げている。これは日本軍特攻機が突入する際、連合国軍側では相当な混乱が生起する。この混乱の結果として味方艦船同士の衝突、味方艦船への誤射（味方討ち）、さらには操艦ミスによる座礁などが生じる。また、墜落する特攻機の破片や、特攻機による機銃掃射で艦船が傷む場合もある。森本忠夫はこれらを総称して「損傷」としている。直接の体当たりではないが、この「損傷」による連合国軍艦船の被害は相当なものになっている。

森本忠夫はこの「損傷」を、被害を受けた艦船の隻数で表記している。レイテ戦から沖縄戦での連合国艦船の「損傷」は三一八隻（ただし延数）となった。そのうち沖縄戦では二一八隻（ただし延数）が「損傷」の被害を受けている。これは相当に大きな数字である。筆者はこの「損傷」をも命中の範囲に入れたいと考える。その理由は、「損傷」はたまたまの偶然では生起しないということからである。連合国艦船の上空まで飛行機を何とか操縦し、そして、突入体制に入った状況で起こり得るものである。少なくとも突入体制にまで飛行機を操縦しないことには「損傷」は起こり得ない。突入の意志なり、体当たりの態勢が連合国軍艦船に混乱を生じさせ、「損傷」が生起するものと筆者は考える。

要するに「損傷」は「まぐれ当たり」ではない。体当たりへの意志と努力の結果である。これが筆者が「損傷」をも命中とする理由である。そして、命中と至近命中に「損傷」を加算したものを、本稿では特攻の「奏功」と表記する。

ところで、前述したように森本忠夫は命中と至近命中は特攻機数で表記しているが、この「損傷」

特攻奏功率　　（森本忠夫『特攻』からの集計）

項　目	全　体	沖　縄（ただし内数）
命中数　（率）	205機　（8.2%）	116機　（6.6%）
至近命中数（率）	33機　（1.3%）	15機　（0.9%）
損傷数　（率）	318(機)隻（12.8%）	218(機)隻（12.4%）
奏功　（合計）	22.3%	19.9%
全出撃数	2,493機※ （内　訳） 陸軍1,082機 海軍1,411機	1,758機※ （内　訳） 陸軍873機 海軍885機

は被害を受けた連合国艦船の隻数で表記している。「損傷」を命中の範囲に入れて「奏功」として計算したいが、この場合、母数の基準が違うことになる。そこで、少々無理を承知の上で、連合国軍艦船一隻の「損傷」を日本陸海軍特攻機一機により生起したものとして計算することにする。

一機の特攻機の突入が、複数の連合国軍艦船に「損傷」を与える場合も想定される。反対に複数の特攻機の突入が、一隻の連合国軍艦船に「損傷」を与える場合も想定される。色々のケースが想定されるが、無理を承知のうえで、被害艦船一隻を特攻機一機によるものと読み換えて計算をしたい。「損傷」を受けた艦船は全部で三一八隻であることから、本稿ではこれを「三一八機(隻)」と表記する。

この結果、「森本集計」では、レイテ戦から沖縄戦での命中と至近命中、そして「損傷」も加算した全奏功率は二二・三%となった。内訳は日本陸海軍の総航空特攻出撃数二・四九三機に対して命中が二〇五機で八・二%、至近命中が三三機で一・三%、「損傷」が三一八機(隻)で一二・八%となった。合計二二・三%となる。

そのうち沖縄戦での奏功率は一九・九%となった。内訳は特攻出撃数が一・七五八機に対して命中が一一六機で六・六％、至近命中が一五機で〇・九％、そして「損傷」は二一八機（隻）で一二・四％となった。合計一九・九％となる。

このことから、前述の豊田穣の特攻命中率一六・五％は、「損傷」を加算した沖縄戦での奏功率と考えられる。三野正洋の六％は、至近命中や「損傷」を除いた、沖縄戦での直接の体当たりによる命中率と近似値となった。一方、村永薫の一三・二％は、森本忠夫『特攻』を基にした「森本集計」とは別の基準（根拠）によるものと考えられる。さらに、日本戦没学生記念会編『きけわだつみのこえ』の「一―三％」は、以上の数値からも余りにもかけ離れている。筆者の独断ではあるが、この数値はほとんど根拠がないと判断せざるをえない。

ここで、小沢郁郎『つらい真実―虚構の特攻隊神話』（前掲）の「一三・一％から五％」の数値に触れておきたい。小沢は様々な資料を駆使して、数字の出典と算出方法を明示しながら、あらゆるケースを想定した緻密な作業をおこなっている。そのうえで整合性のある特攻出撃総数を導き出し、それを母数としたうえで奏功率を計算している。まず、一三・一％の場合であるが、小沢はこの母数を「出撃特攻機延」数としている。すなわち途中で引き返して生還した機数も含めて母数としている。また、五％の場合は、この「出撃特攻機延」数に、さらに直掩機すなわち護衛の戦闘機をも含めて母数としている。その理由は直掩機も特攻を敢行している事実によるもので、考え方としては正当である。この小沢の労作を是としたい。

ところで、筆者は生還機を含まない「実出撃」数、すなわち未帰還機数を母数としている。要するに母数の考え方が違う。もうひとつ、そもそも命中数と至近命中数の合計数に小沢と「森本集計」にはかなりの誤差がある（小沢―合計最大四七三機、最小四〇八機。うち沖縄戦　最大二九四機、最小二五六機）。要するに、小沢の命中機数が「森本集計」よりもかなり高い数字となっている。小沢の労作を評価するが、しかし、集計の方法と基礎となる数値の典拠に違いがある。このことから、「森本集計」と小沢との計算は比較が不可能であることを断わっておく。ところで、以上の数字は陸海軍の総数による計算である。本稿は陸軍航空特攻をテーマとしているが、陸軍だけの抽出は不可能であることを断わっておく。

（※）特攻出撃機数の総数については、森本『特攻』は一覧数字として二・四九二機、そのうち沖縄戦は一・八二七機としている。ところで、森本は同著で出撃日付順に克明に出撃数を記しているが、その数字を筆者なりに積み上げた合計の結果の出撃総数は二・四九三機、沖縄戦は一・七五八機となった。同じ著書の中でも、数値に一機から六九機の誤差が出ている。どこまでを「特攻機」として見なすのかの基準の違いにもよるものと思われる。本稿では、後者の積み上げ数字を採用していることを断わっておく。

筆者は、沖縄戦での日本軍特攻隊の奏功率一九・九％という数値の中に、日本軍特攻隊員一人ひとりの必死の「努力と意志」を読み取りたいと考える。筆者はここで特攻隊員の「精神力」を称えているのではない。また特攻隊を顕彰しているのでもない。特攻や特攻隊員を誉め称えるのが本稿の目的ではない。筆者なりの事実を記したいと考えている。本稿の目的は、出来る限り妥当性のあるデータを基にして、特攻の実像に近づきたいと考えている。とにかく、沖縄戦での圧倒的に不利な戦況下での「一九・九％」という奏功率の数字（筆者推測）をここに記録しておきたい。

繰り返す。森本忠夫『特攻』（前掲）からの集計の結果、沖縄戦での特攻奏功率は一九・九％となった。出てきた結果の数字に従いたい。しかし、集計をしながら筆者自身は、この数値は余りにも高すぎるという印象が拭い切れないでいる。この「高すぎる」原因は「損傷」の考え方にある。筆者は一隻の「損傷」を、特攻機一機により生起するものして集計をしている。そして、その表記として「一機（隻）」としている。ここに無理がある。と言うのは、例えば連合国軍艦船の衝突による「損傷」は当然のことながら二隻以上によって生起する。一機の突入による混乱から引き起こされる衝突の場合であっても、二隻以上の「損傷」が生起することから、このような場合であっても、筆者はこれをあえて「二機（隻）」と集計している。

要するに、奏功数が現実よりも高くなる怖れがある。誤射による味方討ちも一隻にだけに起こるとは限らない。座礁にしても同じである。もともと筆者集計には、欠陥があることを改めて断わっておく。したがって、一九・九％は奏功の最高値であり、これ以上ではないであろうことを断わっておく。現実の沖縄戦における特攻奏功率は、最高値の一九・九％から体当たり命中（至近命中を含む）の七・五％の間ではないかと考えられる。

第二項　連合国艦船の被害状況

それでは、これら日本軍特攻の奏功の結果、連合国艦船は、どれほどの被害を受けたのであろうか。つぎにこのことに言及しておきたい。

連合国艦船の被害状況も、研究者や文献によって数値は様々である。そこで本稿では、前述の奏功率と同じように森本忠夫『特攻』を基に集計を試みた。

前述のとおり森本忠夫『特攻』は連合国の被害についても、日付順に被害を受けた艦種と艦名の一つひとつを克明に記述しており、貴重なデータを提供してくれている。次頁の表は、その集計の結果である。

航空特攻全体では、連合国艦船は一八七隻が命中・至近命中を受けている。また、「損傷」は前述の

特攻による連合国艦船被害状況（沖縄戦は内数）

艦　種	命中・至近命中		損　傷		沈没（ただし内数）	
	全　体	沖縄戦	全　体	沖縄戦	全　体	沖縄戦
戦　艦	12	7	11	8	0	0
正規空母	22	7	10	7	0	0
護衛空母	23	1	8	7	3	0
巡洋艦	9	1	8	6	0	0
駆逐艦	90	63	113	87	17	12
揚陸艦	5	4	45	22	13	6
輸送船	14	4	68	39	8	1
その他	12	7	55	42	12	5
合　計	187隻	94隻	318隻	218隻	53隻	24隻

（注　水上機母艦は護衛空母に分類した。また、「その他」は曳航艦、給弾艦、救助艇などの小型雑用艦とした）

とおり全体で三一八隻が被害を受けている。そして、これら命中と至近命中、そして「損傷」の結果として五三隻が沈没をしている。

そのうち沖縄戦では、命中と至近命中は九四隻、「損傷」は二一八隻の被害となっている。これらの結果、二四隻が沈没している。

なお、この連合国艦船の被害は延数であることを断わっておく。戦艦や航空母艦などの大型艦は、体当たりを受けても直ちに戦列を離れることはない。ゆえに日を違えて二度三度の体当たりを受けているケースがある。

駆逐艦のような小型艦は、一機の体当たりは相当な被害となる。故に戦列を離れる場合が多いが、中にはそのまま戦列は離れずに、日を違えて複数の体当たりを受けている艦もある。故に、沈没を除く被害の実数は、上記の数値よりは若干少なくなることを断わっておく。

ところで、この表からも分かるように、レイテ沖海戦では、特攻の本来の目標である空母への命中と至近命中が結構多いのに対して、沖縄戦では空母（とくに護衛空母）への命中は極端に低くなっているのが分かる。沖縄戦では本来の目標である空母に到達していない。反面、駆逐艦への命中と至近命中、そして「損傷」が高くなっている。実はこれは、沖縄戦では連合国軍の特攻への対応が整って来たことを意味している。

機動部隊は通常、航空母艦や戦艦などの大型攻撃艦はその中心に配置され、駆逐艦などの高速小型艦は外側に配置され、偵察、掃海、索敵、防空など多目的に運用される。沖縄戦での連合国軍、わけても米海軍の駆逐艦群は、日本軍特攻機に対して「ピケットライン」の役割を担っている。いわば防波堤の役割である。各艦に装備されているレーダ網で、日本軍特攻機のコース、高度、機数を演算し、それを機動部隊司令部に報告するのである。そのためには、当然のことながら、駆逐艦群は機動部隊の一番外側に配置されることになる。

この「ピケットライン」からの情報を基にして、戦闘機による邀撃態勢が組まれる。戦闘機を高層、中層、低層に配置し、これらが「ピケットライン」の情報により、有効に誘導されていく。これらの邀撃態勢を、連合国軍は「スクリーン」と呼んだ。すなわち、「スクリーン」とは大空に張りめぐらされたレーダ照射と戦闘機群の邀撃態勢網の総称である。

日本軍特攻機は、その「スクリーン」をめざして飛んで行き、そして「スクリーン」で一網打尽となる。「スクリーン」のわずかな網の目を抜けた者が連合国軍機動部隊にたどりつけることになる。

ところで、沖縄戦で駆逐艦の被害が多いのは、この「ピケットライン」と「スクリーン」の最先端

を駆逐艦群が担っていたからに他ならない。すなわち、日本軍特攻機が最初に目に触れる「敵」が、この「ピケットライン」の駆逐艦群となる。だから「い」の一番の恰好《かっこう》の標的となる。この事情をベルナール・ミロ『神風』（前掲）は、つぎのように描く。

日本機の第一波のパイロットの何人かは、海上に散開しているアメリカ軽艦艇の存在意義をさとったようであった。早期に警報を発して自分たちの奇襲をほとんど無効にしてしまうこれら小艦の任務を、彼等はまちがいなく知っていたのである。そして彼らは敵の機動部隊の本隊をおそう意志をひるがえし、これら憎っくき駆逐艦群をやっつける決心をつけた。日本機の編隊から多数がはなれると、ターナー（米海軍司令官―引用者注）の設けたピケット艦の陣にまっしぐらに襲いかかってきたのである。

一方、デニス・ウォーナー／ペギー・ウォーナー『神風下』（前掲）は違った見方をしている。

特攻機の攻撃は（どちらかといえば）午後より夕方のほうがより激しかった。特攻機のパイロットたちは、目標の大きさや重要度に頓着なく、目前に現れた、どんな目標にたいしても、彼ら自身を叩きつける決心を固めていたように見受けられた。

とにかく、日本軍特攻隊員には初陣者が結構に多い。特攻が初めての戦場である。混乱した戦場での判断には経験がいる。この経験が日本軍特攻隊員にはない。さらに相当に実戦を経験していないことには、艦種の識別は難しかったと言われている。事実、島を航空母艦と錯誤して突入したケースもあったと言われている。とにかく最初に目に入った駆逐艦群に向かって遮二無二突入していったというのが現実であろうと推測する。目標としてはあまりにも不適当と思われる小型の魚雷艇にまで突入している。とにかく、目標としての価値とは関係なしに、一番最初に目に入った目標に、何が何でも突入していったようだ。

米海軍のこれら駆逐艦は、「ブリキ缶」と呼ばれていたようだ。筆者にはその意味が詳《つまび》らかではないが、統一仕様の大量生産艦の意であろうか。ところで、この「ブリキ缶」の奮戦は驚嘆に価する。日本軍特攻機の大群を、その小さな身体に一手に引き受けている。

明らかに自艦を狙って突入してくる特攻機に、この「ブリキ缶」の乗組員は最後まで持ち場を離れることなく、そして、ある者は特攻機もろともにバラバラになり、ある者は深く傷ついた。デニス・ウォーナー／ペギー・ウォーナー『神風下』（前掲）は、この「ブリキ缶」の奮戦をつぎのように賞賛する。

これらの艦艇は、最後まで日本軍特攻機のものすごい攻撃の目標とされ、日本軍の特攻作戦を失敗させるうえで、恐らく何よりも役だったことだろう。

日本軍特攻隊員を「勇士」とする著書が多い。それならば、この「ブリキ缶」の乗組員も「勇士」と称えられてよい。

沖縄戦での駆逐艦の被害は命中と至近命中が六三隻、損傷が八七隻、合計一五〇隻が傷つき、そのうち一二隻が沈没している。これらの数字は「ブリキ缶」の壮絶な戦いの記録でもある。

日本軍特攻機の奏功の割には、連合国艦船の沈没が案外と少ない。そこで、体当たりと艦船の沈没の関係について述べておく。

飛行機が艦船を攻撃する場合、二つの攻撃方法がある。一つは爆弾による爆撃である。これには二つあり、高々度からの水平爆撃と急降下による爆撃である。この爆撃は艦船を沈めるのが目的ではなく、甲板上の各種火器を破壊し、対空砲火の威力を鎮めるのが目的となる。二つ目は魚雷による雷撃である。これは海面すれすれに艦船に接近し、魚雷を発射するものであり、艦船の船腹を破壊することにより沈没を目的とするものである。

ところで、日本軍による航空特攻は小型機による二五〇キロ爆弾による爆撃である。爆撃であることから、もともと特攻は艦船を沈めることを目的として創案されたものではない。一九四四年一〇月のレイテ沖海戦の関行男による神風特攻も、米海軍空母の飛行甲板を攻撃し、一時的に飛行機の発艦、着艦を不可能にしようとするものであり、沈没を目的とはしていなかった。艦の沈没を目的として吃水付近への体当たりも志向されてはいた。確かにこれは、船腹を破壊することによる沈没の可能性は出てくる。しかし、二五〇キロ爆弾での沈没は、特に大型艦の場合は不可能である。日本軍特攻による体当たりで、連合国艦船の沈没が案外と少ないのはこのような理由による。

それと、もうひとつ米海軍の艦船が沈まなかった大きな理由がある。それは米海軍艦船には火災に対する消火対策が完備していたことによる。この消火に対しては乗組員全員への徹底したマニュアルが施されていた。二五〇キロ爆弾では、駆逐艦でさえ簡単には沈まない。しかし、わずか一機の命中で沈没している艦もある。これは爆撃の威力というよりは、艦内の燃料や炸薬への引火による誘爆によって引き起こされている。消火の失敗は沈没につながる。故に消火マニュアルは徹底していた。消火に失敗したケースもある。わずか二発の二五〇キロ爆弾で空母『フランクリン』は使用不能となり、二機の特攻機の体当たりで空母『バンカーヒル』は浮かぶ墓場と化している。これなどは消火作業が間に合わなかった例である。特に航空母艦の場合は、飛行機用ガソリンや魚雷、爆弾への引火誘爆の危険性が高い。日本軍特攻の寡弱な攻撃でも、航空母艦は結構に痛んでいる。

ミッドウェイ海戦（一九四二年六月）でも、これと同じ理由で九発の二五〇キロ爆弾で空母『加賀』『赤城』『蒼龍』が大火災を起こしている。しかし、火災の結果は日本海軍と米海軍とでは大きな違いがある。日本海軍の三隻の大型航空母艦は、火災の後あっけなく沈没したが、米海軍の航空母艦は沈まなかった。艦が沈めば、多くの兵士の命が艦とともに海の藻屑となる。しかし、浮かんでさえいれば、それだけ多くの生命が救われる。ここが違う。とにかく、米海軍の艦船群の頑強さと、乗組員の消火作業の勇気は驚嘆に価する。

第三項　連合国軍の人的被害

つぎに連合国軍兵士の被害について述べておく。この人的被害についてては資料が少ない。村永薫『知覧特別攻撃隊』（前掲）は、フランス人軍事評論家のクロンステル『空戦』からの引用として、日本軍特攻攻撃による連合国軍被害は、「死者一二・二六〇人、負傷者三三・七六九人」としている。

また、ニミッツ提督は、その著『太平洋海戦史』（実松譲／冨永謙吾〔共訳〕恒文社　一九九二）でつぎのように記す。

沖縄作戦は攻撃側にとってもまことに高価なものであった。約一三・〇〇〇名の米兵が戦死したが、そのうち、三・四〇〇名は海兵隊で、四・〇〇〇名が海軍であった。艦隊における死傷の大部分は日本機、主として特攻機の攻撃によって生じたものである。

この記述からは特攻攻撃による戦死者数は判然としないが、戦死者のうち「四〇〇〇名が海軍であった」と「艦隊の死傷は特攻機の攻撃」の記述から、沖縄戦での特攻による戦死者は約四・〇〇〇名と読める。

ベルナール・ミロ『特攻』(前掲)は、航空特攻によるものと特定はしていないが、沖縄戦での連合国軍の「艦艇部隊と船舶部隊」の戦死者は七・八〇〇名、戦傷者は一八・四〇〇名としている。このほとんどは、日本軍特攻によるものと観ていいだろう。

いずれにせよ、資料は少ない。しかも、資料間にはかなりの誤差がある。そこで、本稿では前述に従い、森本忠夫『特攻』から戦死者の推測集計を試みた。

森本忠夫『特攻』は、被害を受けた連合国艦船のうち六六隻の人的被害状況を「戦死」と「戦傷」に区分して記載している。恐らく、現状ではこの六六隻の調査が精一杯であろうと考える。ところで、連合国艦船への日本軍特攻機の命中と至近命中は一八七隻、そして「損傷」が三一八隻の合計は五〇五隻(延)であることはすでに述べた。六六隻はサンプルとしては少ない。これを基にした推計は危険ではあるが、その危険を承知のうえで、この六六隻をサンプルとして、あえて連合国軍の全人的被害を推計してみたい。

ここであらかじめ断わっておきたいことがある。森本忠夫は、前述したように六六隻の人的被害を記載しているが、そのうち一九四五年四月二日に被害を受けている戦車揚陸艦『五九九号』は、サン

区　分	艦船数	合　　計	1隻当りの人的被害
戦死者	65隻	2,857名	44.0名
戦傷者		2,976名	45.8名

プルから外すことにする。

　この艦の戦死は「一九六名」、戦傷は「不詳」と記されている。ところで、一九六名の戦死は他の艦船との比較からも戦車揚陸艦としては数字が大き過ぎるように感じている。これをサンプルにすると全体の数字に相当の偏《かたよ》りが出ることになる。揚陸艦のサンプルは、この『五九九号』の一艦だけの記載であり、他の比較できるケースがない。故に一九六名という戦死数は、他の多くの戦車揚陸艦の被害状況を代表していると考えるには無理がある。この『五九九号』は、戦車揚陸艦としては相当の大型艦であったか、もしくは、この艦だけの特別の状況があったものと筆者は考え、サンプルとしては不適と判断し除外した。故にサンプルは六五隻とする。

　その六五隻の人的被害の集計はつぎのとおりとなった。一覧にする。

　そこで、この数字を基にして、まずもっとも簡単な計算で連合国兵士の特攻による全人的被害を推計してみたい。すなわち、一艦当たりの平均値を全ての被害艦船数に掛けた数値である。つぎのとおりとなる、

　戦死者　平均四四・〇名×五〇五隻＝二二・二二〇名

　戦傷者　平均四五・八名×五〇五隻＝二三・一二九名

となった。そのうち沖縄戦を抽出すると、

　戦死者　平均四四・〇名×三一二隻＝一三・七二八名

　戦傷者　平均四五・八名×三一二隻＝一四・二八九名

以上の計算はラフに過ぎるきらいがある。そこで、今少し細かく区分して推計してみたい。

　計算方法は、被害の状況を細区分し、その区分ごとに集計する方法である。具体

連合国軍の人的被害総計（推計）

艦種	内訳	全体	沖縄（内数）
戦艦	戦死	828名	540名
	戦傷	1,725名	1,125名
空母	戦死	5,746名	1,227名
	戦傷	5,136名	1,110名
巡洋艦	戦死	663名	273名
	戦傷	1,360名	560名
駆逐艦	戦死	6,519名	5,404名
	戦傷	9,167名	7,076名
その他	戦死	398名	236名
	戦傷	3,068名	1,829名
合計	戦死	14,154名	7,680名
	戦傷	20,456名	11,700名

的には、まず艦種ごとの計算をした。艦種ごとに一隻当たりの平均戦死者ならびに戦傷者を算出し、それぞれの艦種ごとの合計を出したうえで集計をした。実は艦種により人的な被害状況が異なっている。戦艦や航空母艦のような大型艦になるほど人的被害が大きくなっており、駆逐艦のような小型艦は被害が少ない。これは乗組員の絶対数の違いによるものと推測する。

つぎに沈没かそうでないかで区分した。同一の艦種であっても、沈没を免れた艦よりも沈没艦の方が被害が大きくなっている。この沈没かどうかの区分は重要である。艦が沈めば戦死者も多くなる。

さらに体当たり命中艦と「損傷」艦にも人的被害に差違があ

る。そこで命中と「損傷」を区分したうえで集計した。

レイテ沖海戦と沖縄戦とでは、若干ではあるが人的被害に違いがある。そこで、可能な限りレイテ沖海戦と沖縄戦とを区分した。

とくに、駆逐艦（サンプル一〇隻）や航空母艦（サンプル四一隻）はサンプル数が多いので、沈没及びレイテ沖海戦と沖縄戦等の細区分による計算が可能となった。このように細区分が可能な艦種は出来るかぎり細区分計算をした。ただし、戦艦などサンプル（二隻）が少ない場合は、細区分が不可能なので一括による計算となっていることを断わっておく。

以上の方法で、艦種ごとの細区分による連合国軍の人的被害を集計すると、前頁の一覧のとおりとなった。

煩《わずら》わしくなるが、これらの数字を導き出した計算式を記しておく。

〔戦艦〕

戦艦はサンプル数二隻からの推測である。この二隻の戦死者合計は七二名となったことから、一隻当たりの戦死者平均は三六名となる。つぎに二隻の戦傷者合計は一五〇名となったことから、一隻当たりの戦傷者平均は七五名となる。このそれぞれの平均値に命中と至近命中（以下「命中」と一括表記する）の被害隻数一一隻と、「損傷」の被害隻数六隻を積算すると、つぎのとおりとなる。なお、括弧内は沖縄戦での数値である。内数で表記する。

命中と損傷による戦死　平均三六・〇名×〔命中一一隻（七）＋損傷一一隻（八）〕＝八二八名（五四〇名）

命中と損傷による戦傷　平均七五・〇名×〔命中一一隻（七）＋損傷一一隻（八）〕＝一・七二五名（一・一二五名）

〔航空母艦〕

計算方法は上記と同じである。航空母艦はサンプル数一〇隻からの推測である。うち沈没艦のサンプル数三隻があるので、「沈没」を細区分した。また、航空母艦の場合は「損傷」のサンプルもあるのでこれを細区分した（括弧内は沖縄戦）。

命中による戦死　平均一一〇・五名×四二隻（八）＝四・六四一名（八八四名）沈没三隻を除く
命中による戦傷　平均一一〇・八名×四二隻（八）＝四・六五三名（八八六名）〃
沈没による戦死　平均二二一・五名×　三隻（〇）＝　六六四名（〇名）
沈没による戦傷　平均　六五・〇名×　三隻（〇）＝　一九五名（〇名）
損傷による戦死　平均　二四・五名×一八隻（一四）＝　四四一名（三四三名）
損傷による戦傷　平均　一六・〇名×一八隻（一四）＝　二八八名（二二四名）

〔巡洋艦〕

巡洋艦はサンプル数六隻からの推計である。区分は前述の「戦艦」と同様である。

命中と損傷による戦死　平均三九・〇名×〔命中九隻（一）＋損傷八隻（六）〕＝六六三名（二七三名）
命中と損傷による戦傷　平均八〇・〇名×〔命中九隻（一）＋損傷八隻（六）〕＝一・三六〇名（五六〇名）

〔駆逐艦〕

駆逐艦はサンプル四一隻からの推計である。サンプル数が多いので、レイテ沖海戦と沖縄戦を細区分した。また、沈没艦のサンプル数八隻が含まれているのでこれも細区分した。また、駆逐艦の場合も、「損傷」のサンプルがあるのでこれを細区分した。

○レイテ沖海戦
命中による戦死　平均　八・八名×二二隻＝一九三名　沈没五隻を除く
命中による戦傷　平均二七・七名×二二隻＝六〇九名　〃
沈没による戦死　平均一一・五名×五隻＝　五七名
沈没による戦傷　平均三五・〇名×五隻＝　一七五名

○沖縄戦
命中による戦死　平均　二一・四名×五一隻＝一・〇九一名　沈没一二隻を除く
命中による戦傷　平均　三五・六名×五一隻＝一・八一五名　〃
沈没による戦死　平均一一八・〇名×一二隻＝一・四一六名
沈没による戦傷　平均　七三・八名×一二隻＝　八八五名

○両海戦の損傷（括弧内は沖縄戦）
損傷による戦死　平均　三三・三名×一一三隻（八七隻）＝三・七六二名（二・八九七名）
損傷による戦傷　平均　五〇・三名×一一三隻（八七隻）＝五・六八三（四・三七六名）

ところで、この駆逐艦では体当たり命中による戦死者・戦傷者よりも、「損傷」による戦死者・戦傷者の方の平均数値が高くなっている。これは逆のように思う。すなわち、体当たり命中による被害の方が高くなるのが普通と考える。しかし、出てきた結果の数字に従いたい。

		全　　体	沖　縄（ただし内数）
被害艦艇数（延）		（命中）187艦（損傷）318艦	（命中）94艦（損傷）218艦
連合国軍	戦死	14,154名	7,680名
	戦傷	20,472名	11,700名

〔その他〕

その他の艦種は、戦車揚陸艦、輸送船、その他小型艦とした。サンプル数二隻からの推計である。ところで、サンプル二隻はいずれも輸送船である。反面、その他の被害艦種は輸送船をはじめ多岐にわたっており、また被害隻数も相当な数となっている。故に、この輸送船二隻によるサンプルからの推計は、実態とはかなりの誤差があると考えられるので、念のために断わっておく。

命中と損傷による戦死　平均　二・〇名×〔命中三一隻（一五）＋損傷一六八隻（一〇三）〕＝　三九八名（二三六名）

命中と損傷による戦傷　平均一五・五名×〔命中三一隻（一五）＋損傷一六八隻（一〇三）〕＝三・〇八四名（一・八二九名）

もとより、正確で緻密な数値を出すのは現在では不可能に近い。筆者の試みはあくまでも概数であり、特攻の実像に近づくためのひとつの推計であり推論である。本稿での数値は、あくまでも参考値であることを断わっておく。

フランス人評論家クロンステルによる日本軍特攻による連合国軍戦死者は一二・二六〇名。また、ニミッツ提督による沖縄戦での海軍戦死者は四・〇〇〇名。さらに、ベルナール・ミロによる沖縄戦での連合国軍の艦艇および船舶の戦死者七・八〇〇名と戦傷者一八・四〇〇名。たしかに数字には相当の誤差が出ている。しかし、これらの数字の比較から、本稿が推計した数字はひとつの推論として決して荒唐無稽ではないものと確信する。

特攻は日本軍特攻隊員にとっても、また、連合国兵士にとっても壮絶な戦いであった。以上の数字はその戦いの記録である。筆者の割り出した数字は、もとより正確は期し難い。あくまでも参考数値であることを重ねて断わっておく。

日本陸海軍による航空特攻の奏功率を、「低かった」とするのが今日では一般的である。特攻の悲劇性を語るあまり、ことさらに「低さ」を強調する向きもある。もちろん、これは数字をどのように解釈するのかにもよる。だから「低い」とする意見は是としておく。

ところで、問題なのは、その「低い」奏功率の結果である。日本軍航空特攻による連合国兵士の戦死者は、以上に試みたように推計ではあるが全体で一四・一五四名、そのうち沖縄戦では七・六八〇名となった。一方、戦傷者は全体で二〇・四七二名、そのうち沖縄では一一・七〇〇名となった。日本軍特攻隊の奏功を「低い」とするならば、この連合国軍兵士の戦死者数と戦傷者数も「低い」としなければならないであろう。

戦いの跡に残るのは累々とした屍《しかばね》の重なりと、癒《いや》されることのない深い傷痕である。この屍の数と傷痕の深さにこそ、戦の哀しみがある。このことを改めて記しておきたい。

第四項　米軍の見た特攻

ところで、米軍は日本軍による航空特攻をどのように観ていたのであろうか。このことについては米国戦略爆撃調査団報告『ジャパニーズ・エアー・パワー』（一九四六）の記述が興味深い。本稿では大谷内一夫訳編『JAPANESE AIR POWER　米国戦略爆撃調査団報告／日本空軍の興亡』（前掲）（以下『米報告書』と言う）から引用させていただく。

まず『米報告書』は、「琉球作戦で自殺戦術（米軍は日本軍特攻をこう言っている―引用者注）に重点をおく決定をしたのは、冷静でロジカルな軍事的選択の結果であった」としたうえで、四つの主な理由を記している。

一　オーソドックスな方法では、航空戦での勝利がない。
二　自殺攻撃は効果が大きい。
三　日本人全体に精神的鼓舞をあたえうる。
四　未修パイロットでおこなう攻撃としては確実で信頼できるもの。

としている。『米報告書』は航空特攻の報告ではなく、アジア太平洋戦争における日本陸海軍の航空兵力と航空作戦の全般的報告書であるが、特攻にも相当の頁を割いている。そして、次のように記している。

終戦時、侵攻軍（連合国軍―引用者注）にたいする自殺攻撃用に使用可能な飛行機は一万機以上あった。そして、そのなかの五千機以上が、実際に自殺攻撃用に準備された。
それにしても、連合国軍が、計画どおりに一九四五年（昭和二〇年）一一月一日に九州に侵攻したとしたら、日本空軍は侵攻軍にたいして、述べ五〇〇〇機にもたっする自殺攻撃をかけることができたのである。彼らの命中率は、フィリピンや琉球での作戦時と同等のものになったかもしれない。その場合、九州侵攻軍の損害は沈没九〇隻、損傷九〇〇隻に上ったであろう。

「五・〇〇〇機」を出撃総数と想定した場合、この「沈没九〇隻、損傷九〇〇隻」という予想数字は、本章での森本忠夫『特攻』を基にした筆者集計数値とも整合性をもつ。『米報告書』は日本軍による航空特攻（自殺攻撃）を決して侮ってはいない。むしろ高い警告を発している。まず特攻可能機の保有数を分析している。つぎに命中率であるが、『米報告書』は「低い」とは言っていない。むしろ、戦争が九州侵攻まで進んでいたら、連合国軍にとっては深刻な結果を起こしていたかもしれないことを暗示している。さらに次のように記す。

連合国の空軍がカミカゼ機を空中から一掃し、すくなくとも、連合軍の橋頭堡や、沖合いの艦船にかれらが近づかないようにできたかどうかについての質問には、回答は永遠にないだろう。

終戦時の日本空軍力をみれば、連合軍の仕事はナマやさしいものではなかったと思われる。

『米報告書』の最期は、「高くついた自殺攻撃」と題して、航空特攻の結論を次のように述べている。

a　この攻撃（「自殺攻撃」）が開始された理由は、簡単にいえば冷静で合理的な軍事決定であった。

b　日本が考案したもっとも効果的な兵器が、自殺機であった。四四ヶ月つづいた戦争のわずか一〇ヶ月間に、アメリカ軍艦船損傷総数の四八・一パーセントが、そして沈没艦総数の二一・三パーセントが、自殺機による戦果であった。しかし、自殺攻撃は高くついた。陸海軍空軍は二五五〇機を犠牲にして、連合軍艦船の各種タイプに四七四機を命中させた。有効率は一八・六パーセントだった。

c　これらの自殺機の使用により、上陸作戦時の連合軍艦船が、連合国空軍が計画した多様な効果的対策にもかかわらず、大きな損傷をうけたであろうことに疑問の余地はない。

『米報告書』は、航空特攻は日本側にとって「高くついた」と結論している。反面、連合国軍にも高くついた結果をもたらした、あるいはこれ以上戦争が続いていたら、連合国軍はさらに大きな被害を受けたであろうと『報告書』は暗示している。

ここで『米報告書』の数字に触れておく。『米報告書』では、日本軍によるレイテ沖海戦と沖縄戦での航空特攻の総出撃機数は二・五五〇機としている。先述の森本忠夫『特攻』からの「森本集計」では、二・四九三機となった。五七機の誤差が出た（ただし、筆者推計は二・五七七機　陸軍一・一七〇機、海軍一・四〇七機）。

つぎに『米報告書』は命中機総数を四七四機としている。森本忠夫『特攻』による筆者集計は命中二〇五機、至近命中三三機、損傷三一八機（隻）で合計五五六機（隻）となった。八二機（隻）の誤差が出た。

さらに『米報告書』は有効率（奏功率）として一八・六％としているが、森本忠夫『特攻』による筆者集計のレイテ沖海戦と沖縄戦の全奏功率は二二・三％となった。三・七％の誤差がでた。ただし、筆者集計の二二・三％は計算の結果であり、現実よりも相当に高い数値であることを断わっておく。

一方、沖縄戦に限って言えば、『米報告書』では出撃機数は一・八九五機としているが、森本忠夫『特攻』による「森本集計」は陸軍八七三機、海軍八八五機の合計一・七五八機となった（ただし、筆者推計は一・八九七機　陸軍九〇二機、海軍九九五機）。一三七機の誤差が出た。『米報告書』では、命中一八二機、至近命中九七機としており、合計は二七九機となる。森本忠夫『特攻』による筆者集計では、命中一一六機、至近命中一五機、損傷二一八機（艦船）となり、合計三四九機『隻』となった。七〇機（隻）の誤差がでた。命中率は、『米報告書』では有効率を一四・七％としている。森本忠夫『特攻』による筆者集計は、一九・九％となった。五・七％の誤差が出た。

とにかく、本稿では文献資料により数値にズレがあることを認識しておきたい。それぞれの文献資料には基となるデータも異なるであろう。また、何をもって命中・至近命中、さらに「損傷」とするのかの基準も当然に異なるであろう。

しかしながら、どの数字も、特攻による連合国艦船の被害が相当に甚大であったことを伝えている。わけても、「敵」であった連合国の『米報告書』は、日本陸海軍の航空特攻を「無駄死」とも「犬死」とも言っていない。むしろ侮《あなど》りがたい効果を読み取っている。戦争が長引いた場合の危惧を率直に訴えている。

航空特攻を敗戦後に侮ったのは、むしろ日本人であるという皮肉を『米報告書』は、いみじくも我々に教えてくれているようである。

沖縄戦での特攻の奏功率は一九・九％から七・五％の間であると述べた。この数字を「高い」と見るか「低い」とするかは意見の分かれるところであろう。当時は陸海軍ともに飛行訓練は極度に制限されていた。当然に特攻隊員の飛行練度は低かったといわれている。だから、特攻の奏効は低くて当然である。しかしながら、上記のふたつの数値と米軍の『報告書』から、筆者には日本軍特攻隊員の突入への、そして体当たり命中への最後の喚声が聞こえてくるような気がしてならない。筆者はこれを、あえて、ある種の感嘆を込めて「阿修羅の意志」と呼びたい。

第九章——特攻隊員とその周縁

第一項　記念写真

本稿を終えるにあたり、筆者（私）がとくに気になるいくつかの事がらを思いつくままに記しておきたい。まず、特攻隊員の記念写真について記す。陸軍航空特攻には、多くの人々や機関の努力により、出撃間際の写真や隊員の記念写真がかなり豊富に保存されている。その一つひとつは航空特攻の貴重な映像資料となっている。ところで、写真に写る隊員の表情は様々だ。かならずしも一様でない。そこで、陸軍航空特攻隊員の幾つかの表情を記しておきたい。出典資料はモデルアート誌『陸軍特別攻撃隊』（前掲）とした。

第六四振武隊の集合写真（次頁写真）が残っている。「出陣記念」とあることから、後方基地出発の際に撮られたのであろう。隊長は渋谷健一（大尉　少尉候補生　三一歳　前列左から三人目）である。この人の遺書は、第三章三項で引用紹介しているので参照されたい。この隊の兵装はBランク群の九九式襲撃機である。

渋谷健一は、腕組みをして真っ直ぐにレンズを見ている。巽精三（少尉　幹部候補生　二四歳　前列左から二人目）は、少し顔を傾《かし》げている。「オカアチャン　サヨウナラ」の遺書を残している。稲垣忠夫（少尉　特別操縦見習士官　二四歳　前列左から四人目）は、両手を両膝にしっかりと乗せている。いかにも落ち着いた雰囲気だ。井上清（軍曹　航養　二三歳　前列右端）は、「我等星みる、みる」の難解な哲学的な遺書を遺している。加藤俊二（軍曹　航養　二一歳　後列左端）、斉藤正敏（軍曹　航養　二一歳　後列左より二人目）、森高夫（伍長　少飛　二一歳　後列右より二人目）、そして「思い出すのは幼い頃の、母の背中よ水色星よ、蛍飛ぶ飛ぶあぜ道の、遠い祭の笛タイコ」の詩を残した岸田盛夫（伍長　少年飛行兵　二一歳　後列右端）も写っている。

今挙げた人たちとこの写真には写っていない稲島竹三（軍曹　航養　二三歳）の計九名は、六月一一日に万世より出撃戦死している。みんな口を真一文字に精悍だ。これから特攻出撃する人たちにしては、何とも言えない落ち着きがある。

この隊は錬成された部隊であったと聞く。相当の腕前の空中勤務者たちであったようだ。その若い優しい顔がしっかりとレンズを見つめている。

一九四五年（昭和二〇）六月一三日付『毎日新聞』は、「古強者揃ひ」「国華隊（第六四振部隊の別称―引用者注）逞しき出陣」と見出しを付けて、この人たちの出撃を報じている（加世田市平和祈念館展示資料）。この見出しからも、この部隊は相当に錬成された部隊であることが偲ばれる。隊員全体の表情は恰好付けもない、取って付けたポーズもない。しっかり落ち着いた緊張感が漂っている。全体が大人の感じを受ける。そしてこの数日後には、この人たちは虚しく大空に散り、そして、その肉片は大海原に沈んでいった。

いま少し引用する。

第八〇振武隊一二名全員の集合写真がある。「出陣記念写真」とあることから後方の錬成基地から知覧への出発の際に撮られたのであろう。全員がカメラにしっかりと視線を向けている。隊長杉戸勝平（少尉　少尉候補生出身　四月二二日　三〇歳）は、左手で日本刀を地面に立てており、しっかりとその鞘を握りしめている。その表情には「よしやるぞ！」といった意気が感ぜられる。カメラを睨みつけている。精悍そのものである。が、どこか気負った様子がある。この隊の兵装は九八式直接協同偵察機である。Cランク群の機種である。特攻機として最も劣悪なこの飛行機で出撃するには、他の部隊とは違った特別の気構えが必要であったのかもしれない。

第五六振武隊の上原良司（少尉　特別操縦見習士官出身　五月一一日　二三歳）の写真が残っている。この人のことはすでに述べた。四月末の調布飛行場で撮影されたとされている。実用機錬成の一齣であろう。大柄な体格でキリッとした表情だ。死を間近に控えた写真である。しかし、ごく普通の優しい表情だ。三式戦闘機『飛燕』の翼の上でしゃがんで映っている写真は、何か遠くを眺めているようでもある。

第六〇振武隊一二名全員の集合写真が残っている。四式戦闘機『疾風』を背景にしている。この中に第六章三項で紹介した倉元利雄（少尉　特別操縦見習士官出身　五月一一日　三一歳）が写っている。優しい顔つきである。生まれてくる子どもの名を遺書にしたためている。倉元は三一歳、妻がいた。その妻との別れが哀しい。倉元機と接触し事故死した手塚進（五月四日墜落死）の若い顔も写っている。写真はあまり鮮明ではない。しかし、倉元らの落ち着いた表情がよく分かる。表情はみんな穏やかだ。

第五一振武隊一二名全員の出撃間際の写真がある。この中に「アリラン」を歌った光山文博（少尉 卓庚鉉 特別操縦見習士官出身 五月一一日 二五歳）が写っている。大柄の人である。がっしりした体格をしている。口もとは真一文字でキリッとしている。地面にドッカと胡座《あぐら》を組んで座っている。光山だけではない。みんながそうだ。隊長の荒木春雄（少尉 陸軍士官学校出身 同日 二一歳）は端正な顔つきである。キッとカメラを見据えている。この人の遺書も第一章を参考されたい。

工藤雪枝『特攻へのレクイエム』（中央公論新社 二〇〇一）は、このような特攻隊員たちの記念写真をつぎのように記す。

一枚一枚のどの写真にも、私の心にどこかで響いてくるものがあった。出撃までの間に「死の任務」を与えられて皆一人一人苦しんだに違いない。でも写真の表情は邪念のない笑顔や真剣な凛々しい表情に満ちあふれている。

人の表情や感情は、写真では決してごまかせない。どんなに笑顔をつくっていても、また真剣な表情をしていても、心に偽りがあるときは、ごまかせないものである。あまりにも卑近な例で比較することもはばかられるが、私がテレビ番組に出演したり、取材を受けたりして、自分自身の表情などを後で見るとき、疲れたときあるいは番組の最中に時間が押していて多少、いらいらしているとき、どんなに繕おうとしても、それが全てカメラを通して映っていると感じる。

いわゆる、テレビでもスチールでも名カメラマンといわれる人々と話をすると皆一様に人の感情はレンズを通してごまかせないものだと話す。

そのようなことを充分に知った上で、特攻隊員達を写した写真を見るとき、写真に表されている彼らの雰囲気や感情のあまりの素直さと清々しさに、圧倒される思いを禁じ得ない。

工藤雪枝は一九六五年の生まれである。敗戦二〇年後の世代である。キャスターとして写される側の人の感嘆である。

それぞれの記念写真に写る人たちは、キッとカメラを見据えている。一体にこの人たちは何を見ているのであろうか。母のこと父のこと、兄弟姉妹のこと、婚約者のこと、妻のこと、子どものこと、日本の勝利と未来のこと、そして、やがてやってくる自らの確実な死のこと。様々の表情の中に、様々な思いが秘められているかのようだ。

第二項　特攻隊員の絆《きずな》

軍隊と聞けば鉄拳を連想する。さらに陸軍と聞けば、理不尽な制裁があったのではないかと身震いを憶える。それでは、陸軍航空特攻隊内では鉄拳制裁はあったのであろうか。筆者は鉄拳制裁はなかったと推測している。このことについて、知覧なでしこ会『知覧特攻基地』（前掲）の前田笙子『日記』は、つぎのように記す。


私（前田笙子―引用者注）がお世話をいたしました三十振武隊の隊長大櫃中尉は陸士（陸軍士官学校―引用者注）出身の方でした。その隊長さんのもとに、羽をやすめる雛鳥のようにより添う少飛（少年飛行兵―引用者注）出身の隊員。また、六十九振武隊は池田隊長（陸軍士官学校出身―引用者注）を兄貴や友人のようにふるまう学徒出身の皆さんでした。

およそ軍隊という、厳しい規律からはみ出したような、和やかで、暖かい家族的な雰囲気の人間集団だ、と私には思えました。

この証言からも、陸軍航空特攻の各部隊には鉄拳制裁はなく、それとは反対の階級を超えた絆があったことを彷彿とさせる。

森岡清美『決死の世代と遺書』（前掲）は、この絆を「死のコンボイ」と表現している。「死の道づれ」である「コンボイ」（戦友）は、死を自明としているこの人たちの精神をしっかりと支えていた、と森岡は言う。このことを傍証する更に象徴的な記事がある。草柳大蔵『特攻の思想』（前掲）から引用したい。

草柳は、第三期陸軍特別操縦見習士官出身の空中勤務者であった。「第三期」であることから、特攻要員であった可能性は高い。時期は明らかではないが、敗戦後もそんなに年月の経っていない頃と思われる。草柳は講演で富山に行っている。その地の教育委員会に勤める元戦友であった萩本某が草柳を宿に訪ねている。そして、一枚の写真を見ながら、

「こいつ、死んだよ、沖縄で」

「特攻か？」

「こいつ。ホラ同志社大学から来た。歌のうまいやつ、やっぱり沖縄だ」

「みんな沖縄だな」

「そう、みんな特攻だ。数えてみると半分は、もってゆかれたな」

萩本と私は、一枚の写真に頭をくっつけるようにして、視線をおとし、黙って見つめていた。若い見習士官の並ぶ背景は、鬱蒼として夏木立である。朝は霧が流れ、起床ラッパよりも先にカ

ッコウが鳴き出すのだった。

「こいつもいったのか、この国士舘大の柔道のつよいやつ」

「そうらしい。なあ、草柳。この写真を眺めていると、いま、おれはどうしたらいいんだ、という気持ちになってくるんだよ」

薄暗い電灯の下で、萩本の眼は光っていた。彼は剣士であるだけに、眼に光茫があったが、「いまおれはどうしたらいいんだ」という時の眼は、また一段と異様であった。こいつ、明日にでも出撃するのではないかという、妖しい錯覚にひきずられて、私はあわてて現実に戻った。

「こいつ、明日にでも出撃するのではないか」と草柳が妖しく錯覚したほどに、萩本某の形相に異様が光ったのであろう。敗戦後のことである。戦争はすでに「過去のこと」となりつつある頃のことである。これを書く草柳自身が「明日にでも出撃」したい気持ちであったのかもしれない。当時の陸軍空中勤務者たちの実相が見事に浮き上がっているように感じる。この人たちの絆は敗戦の後も生き続けている。


この絆に関わって、ついでながら、長谷部良平（伍長　少年飛行兵　一九四五年四月二二日戦死　一八歳）の所属部隊について触れておきたい。この人の所属部隊は文献によって様々である。『とこしえに』（前掲）、苗村七郎『陸軍最後の特攻基地』（前掲）、島原落穂『白い雲のかなたに』（前掲）では、長谷部の所属を「第三一振武隊」と記している。

一方、『陸軍特別攻撃隊』（モデルアート誌　前掲）、『写真集カミカゼ陸・海軍特別攻撃隊』（前掲）末尾の名簿、および特攻隊慰霊顕彰会編『特別攻撃隊』（前掲）名簿は、「誠第一七飛行隊」としている。

さらに、森本忠夫『特攻』（前掲）では、「誠第三一飛行隊」としている。

このように、文献資料には長谷部の所属部隊に違いがある。振武隊は陸軍第六航空軍の特攻隊で福岡に司令部があった。誠飛行隊は陸軍第八飛行師団の特攻隊で、台湾に司令部があった。同じ特攻部隊ではあるが、指揮命令系統が違う。

まず、「第三一振武隊」説だが、この説に従った場合、「第三一振武隊」の特攻出撃戦死は長谷部良平ひとりとなる。他の振武隊の比較からも、一人だけの特攻戦死には不自然を感じる。さらに多くの資料からも、「第三一振武隊」に特攻出撃命令が出された形跡がない。さらに管見の限りではあるが、「第三一振武隊」そのものが編成され存在したかどうかの確証がない。

「誠第一七飛行隊」説をとる文献に従った場合は、この部隊の戦死者は九名であり、その最後の戦死欄に「長谷部良平」の名が記されている。隊長をはじめとして隊員はつぎつぎと出撃戦死し、長谷部はこの部隊の最後の一人となっている。筆者はこれに自然を感じている。

なお、森本忠夫『特攻』（前掲）の「誠第三一飛行隊」説については、筆者は寡聞にして知らない。

四月二二日は、誠第一七飛行隊としては長谷部ひとりの出撃となった。出撃の際は他の部隊（後述）に編入され編隊を組んでいる。しかし、苦楽をともにし気心の知った人たち（コンボイ）との編隊ではない。訓練を共にし、気心が十分に知り合った者が編隊を組むことによって、その部隊の力が発揮できると言われている。また、目標までの航行も安全であったと言われている。

長谷部には、隊長も同僚の少年飛行兵出身者も全員がすでに戦死している。他部隊に編入されたとはいえ、長谷部は所詮ひとりぼっちであった。沖縄までの二時間はどれ程に寂しかったであろうか。想像を絶する。まだ童顔の残す一七歳である。

長谷部は、両親と兄弟姉妹の一人ひとりに遺書を残している。律儀な性格であったようだ。絶筆は出撃前日の夜に書かれたと推測される姉宛の葉書である。島原落穂『白い雲のかなたに』（前掲）から引用させていただく。

全く何と云っていいやらわかりません。姉さんの御厚情、あつくあつく御礼申上げます。必ず期待に副ふ様、頑張ります。

では、お先に逝かせて戴きます。

長は同県人、戦友は満州の友、元気百倍大いにやります。明後日は必ず敵艦の影をなくして見せます。ヤンキーザマミロと突撃する愉快さ。轟沈と共に大笑いしてやりますよ。

明晩からは、空に自分が星となって、明日の平和な世界を眺めてるでせう。夜空を見て下さい。星が一つ必ず増えますすよ。

これが本当のさようなら。

（島原落穂『白い雲のかなたに』前掲）

所属部隊の詮索など、今さらどうでもいいことかもしれない。しかし、一七歳の若者にとっては、所属部隊はその人の人生と生活そのものである。長谷部良平にとっては、家族以外の唯一の社会である。所属部隊はその人の存在のすべてでもある。長谷部の出撃は知覧であるが、この基地からは振武隊が出撃している。誠飛行隊で知覧から出撃した人は長谷部を入れて五名、さらにたった一人での出撃は長谷部良平だけである。

先述したように森岡清美『決死の世代と遺書』（前掲）は、特攻隊員が生と死の葛藤に耐え得えたのは「死のコンボイ」の絆であるとしている。すなわち、死ぬのは一緒であることを誓い合った「コンボイ」（戦友）の絆が熾烈《しれつ》な生死の葛藤を乗り越えさせたとしている。しかし、長谷部良平にはこの「コンボイ」がすでにいない。この人の所属が振武隊であったのか、あるいは誠飛行隊であったのかによって、知覧での待機、そして出撃の瞬間の心境は違ったものとなる。この人を紹介する文献には、なぜか孤独感がつきまとっている。筆者がこの人の所属部隊にこだわる理由である。

第三項 「特攻花」伝説

敗戦後の、特攻隊にまつわる一つの伝説を記しておきたい。九州鹿児島県の南端にある開聞岳の麓に、五月か六月頃になればコスモスに似た黄色の花が一面に咲きはじめたという。その花は誰言うともなしに、またいつともなく「特攻花」と言われ出したという。その理由は、特攻出撃する特攻隊員が、死後に自分の分身となってほしいとの願いから、飛行機の操縦席からその黄色い菊科の花を蒔《ま》いたのが敗戦後に新たな花をつけたということだ。

ところで、苗村七郎（元陸軍飛行第六六戦隊情報将校、『陸軍最後の特攻基地』の著者）は、この「特攻花」伝説は敗戦後の作り話とする。この話は事実無根であり、特攻隊員への冒瀆《ぼうとく》であるとして、この作り話に関わる関係者に満身の怒りを言い放つ。苗村七郎は陸軍特別操縦見習士官出身、沖縄戦での特攻出撃当時は、万世基地の飛行第六六戦隊の空中勤務者として任務についていた。特攻隊員ではなく情報将校である。その苗村は、幾度か特攻隊志願をしたが聞き入れられなかったという。このことはすでに本稿の「謝辞」で述べた。苗村は敗戦後に作られた多くの特攻神話や特攻フィクションを嫌う。その一つに「特攻花」伝説がある。

この伝説にも、それなりの根拠はあるらしい。この花は一九四五年の特攻出撃当時に、海軍鹿屋基地の滑走路周辺に咲き乱れていたとのことだ。鹿屋は海軍神風特攻の基地である。特攻出撃する隊員が、この花を摘《つ》み取り機上に持ち込んだという話が元海軍関係者によって伝えられていたという。出所が旧海軍関係者であることから、もっともらしく聞こえる。

ところで、苗村七郎は、当時陸軍飛行第六六戦隊の情報将校として、何度か鹿屋に離着陸しているという。その苗村自身、鹿屋の滑走路周辺には、黄色の花は咲いていなかったと証言する。また、上空からも黄色い花を目撃していないという。苗村の居た鹿児島県万世と同県の鹿屋とは、鹿児島湾を挟《はさ》んで直線距離にして東西約四五キロメートルである（『最新日本地図』人文社、平成九より推計）。飛行機ではひと飛びの距離である。

海軍神風特攻隊員が、死んでいく自分の分身として機上から開聞岳めがけて一片の花を蒔《ま》き、そして願わくば今一度花となって地上に生き続けたいと「特攻花」伝説は伝えている。たしかに、目の前に現物の花が今も咲いているだけに、話として美しいし、また特攻の悲劇性を醸《かも》しだすには格好の材料である。これだけで十分にドラマになる。

事実、「特攻花」はドラマになっている。一九九八年八月一七日にテレビ放映された『二十六夜参り』である。前半の映像では、開聞岳山麓に咲く「特攻花」とされる黄色の菊科の花畑、人里離れた旅館、その旅館の女将《おかみ》と小学生低学年ぐらいの娘、そしてそこに宿泊する陸軍航空特攻隊員などが描き出されていたように憶《おぼ》えている。このドラマを書いたのは、マスコミなどで活躍している有名なタレントである。ドラマのいきさつを書いている。

〝特攻花〟という一風変わった名前の花があるのをご存じでしょうか。（略）今から七、八年前。コンサートツアーで鹿児島県加世田市の万世という地区の旅館に泊まった時のことでした。（略）女将の旅館には、翌日出撃しなければならない特攻隊員がよく泊まりに来たそうです。この世の最後の一日、仲間と一緒に旅館でゆっくり過ごしなさいということなんでしょうが、当時二五歳、二六歳の若者が翌日の間違いない死を思ったら、眠れるものじゃありません。一晩中壁に向かっていたという隊員もいたそうです。悲しんでも同情してもどうすることもできない現実に、女将のお姉さんは旅館の裏山から花を摘んできて彼らにさしあげたといいます。そうすると特攻隊員たちはにっこり笑って「みんなが殺されないようお兄さんたちが頑張るから」と言い残して去って行ったという話を女将が身悶えするように泣きながらするんです。それが特攻花でした。全員で正座してその話を聞かせてもらいました。(略)

旅先で偶然聞いた心揺さぶられる話。そんな話がドラマになるのはうれしい限りです。(資料提供―苗村七郎)

海軍の鹿屋ではなく、ここでは陸軍の万世が舞台となっている。善意であることは分かる。だから、特攻に対する思いやドラマへの志は是とする。問題は事実関係である。

苗村七郎は「特攻花」にたいして、概《おおむ》ねつぎの四点の疑問を呈している。

その一つは、前述したように、その当時、万世にも鹿屋にもこの花は咲いていなかったし、また、見たこともないとのことだ。現場にいた人が「花」はなかったとしている。

二つめは、「特攻花」とされるこの花は、実は敗戦後の外来種であるらしいとする苗村自身による検証である。苗村は、その地の役所などへの照会で、この花は敗戦後に米軍の進駐軍がもたらした南米に原生する春車菊あるいは大金鶏菊であるとしている。

三つめは、特攻隊員の「花」は桜であり、桜以外に「特攻花」はないとの主張である。事実、特攻隊員の残した多くの遺書には桜しか記されていない。沖縄戦での特攻作戦の開始がちょうど桜の時期であった。だから特攻と桜は、たまさかのタイミングの所作ともいえなくはないが、しかし、桜の時期とは相当に離れた時期(六月)の遺書にも、「桜花」とか「若桜」とか「稚児桜」とかが記されている。陸軍航空特攻隊員の遺書も桜を多く記している。原田栞（特別操縦見習士官　二二六歳　六月二二日戦死）は、墨痕あざやかに「野畔の草召し出されて桜哉」と残している。雑草である自分も、特攻となって桜となる、と誇らしげに記している。桜以外の花を記している遺書は、筆者の把握している限りではない。菊の花は遺書には登場していない。

四つめは、特攻隊員は国家と家族のために死を選んだのであり、自分の「分身」など露とも残そうとはしなかったとの主張である。花で「分身」を託すなどとは、当時の特攻隊員の心境とはいちじるしくかけ離れていると苗村は怒る。苗村の言うとおり、特攻隊員は妻や恋人との縁を自ら断とうと苦悶していることが遺書からも窺《うかが》える。たとえば第二〇振武隊穴澤利夫（第六章三項）は、婚約者の智恵子さんに、断ちがたい一杯の愛情を胸にいだきながら、そうであるがゆえに、穴澤を忘れるように、自分はもうこの世にはいない、だから新たな自分自身の人生を歩むように切々と智恵子さんを諭《さと》している。この遺書からは、たしかに自分の「分身」を残したいという感情を窺い知ることはできない。

実は筆者自身も「特攻花」には違和感を持つ。苗村の言う理由は、全てに説得力と妥当性があると筆者は考える。さらに、筆者なりの理由もある。筆者は飛行機の操縦経験はない。しかし、素人が考えても「特攻花」の生まれる機会は極めて少ないことが分かる。その理由はこうだ。特攻隊員は特攻機上から開聞岳や島をめがけて黄色い花を投げたという。ここに疑問がある。知覧から開聞岳までは直線距離にして約二三キロメートル、万世からは四〇キロメートル、鹿屋からは三五キロメートルの距離である（『最新日本地図』人文社、平成九より推計）。このことからも特攻機は開聞岳を過ぎる頃には、恐らく巡航時速（経済スピード）近くに達していただろうと推測する。Aランク機種である一式戦闘機『隼』戦闘機の巡航時速は四四〇km／Hである。Cランク機種の九九式高等練習機でさえ二二〇km／Hの高速である。さらに開聞岳の標高は九二二メートル、特攻機はこの前後の高度で開聞岳を通過したと推測する。

すなわち、時速数百km／H、高度数百メートルの状況で、一握りの花を開聞岳や島めがけて投げるとしても、その花が山麓や島に狙いどおりには到達しないであろうと考える。飛行機のスピードと高度、またプロペラの後流風圧で、花は目標の相当の後方に流れ去るであろう。仮に開聞岳や島をやり過ごしてから投げたとしても、目標に到達する確率は限りなくゼロに近い。たとえ「錘《おもり》」をつけたとしても状況は変わらないであろう。このことを、操縦経験のある苗村七郎に確かめたところ、花は機体の外には流れないで、プロペラの後流風圧の関係で操縦席に逆流するであろうとのことであった。とにかく、筆者も「特攻花」伝説には疑問を持つ。

航空特攻を「花」に託して美しく仕立てるのは作家の自由である。もともとドラマというフィクションの世界であることから、ことさら目くじらを立てることもないであろう。しかし、たとえドラマのフィクションであったとしても、そこにはしっかりとした事実検証と時代考証は必要であろう。特攻という確かに存在した歴史を扱う以上は、不確実な伝聞や風聞での創造は戒めなければならないと考える。航空特攻を美しくも悲しく仕立てるのはそれでよい。しかし、事実の検証のない美しさと悲しさは罪となる。「特攻花」伝説は、作家や製作者たちの思いとは裏腹に、戦死した特攻隊員への冒《ぼう》瀆《とく》となる。苗村七郎の怒りの根拠はここにある。


あるいは、ひとりの特攻隊員が飛行場の片隅に咲く黄色の小さな花を手折り、それを機上から地上にむけて投げた事実はあったのかもしれない。しかし、それは、その特攻隊員の固有の行為であろう。本稿で述べているように、特攻隊員の出撃時の表情は様々である。また、遺書の内容や書き方も様々である。一律には語れない。一つひとつの行為は、一つひとつのその人固有の事実として記録される必要がある。その人の固有の行為を、あたかも特攻隊員全体の行為であったかのように語るのは、その人への、また特攻隊員全体への冒瀆となる危険がある。

特攻は、今日的に見れば特異で異常なおぞましい行為である。しかし、その当時の視点に立って見れば、特攻とはその時代の当然にして起こりうる事態であり、また、受け入れるべき行為であったということができる。むしろ特攻を拒否することのほうが異常であったという時代背景と、そして、特攻を必要とした時代の要請があった。特攻を今日的な価値観と基準だけで判断することは、歴史の事実を歪《ゆが》めることになる。だから、特攻を悲しみだけの、それゆえの美しいドラマとして描くのにはかなり偏《かたよ》りがあるように思う。当時に振り返って特攻を見れば、それは、その当時の国を思う一途な少年や青年たちの、当然にして起こりうる、ごく普通の行為であったとも言えるのではないだろうか。これらのことからも、まるで「絵」に描いたような「特攻花」という菊の花が、五〇数年もの永きにわたって咲き続けていたというのは、かえって不自然である。

第四項 「特攻忌避」

本項の第四章六項で、九七式戦闘機（Bランク）の稼働率について述べた。たとえば第六六振武隊の九七式戦闘機は、通常の移動時での稼働率は六二・五％、しかし、完全整備された出撃時の稼働率は三七・五％から二二・二％となっており、通常移動時よりも稼働率が低くなっていることを述べた。さらに、同じ九七式戦闘機兵装の第六九振武隊は、通常の移動時での稼働率は不明であるが、出撃時の稼働率は三六・六％から二八・五％となっており、第六六振武隊と同様に低いことを述べた。

これらの数字から、九七式戦闘機はいざ出撃の時には全く役に立たない飛行機ということになる。しかし、これはどう考えても矛盾である。出撃の前夜には、機付整備兵は徹夜で飛行機を整備したという。これを「盛装」と言った。この「盛装」での稼働率（最高三七・五％）が、通常の移動時の稼働率（六二・五％）より低いというのはどうしても不思議である。

出撃の際にエンジン不調で出撃できなかった部隊も多かったと聞く。また、いったん離陸したものの、途中でエンジン不調で引き返してきた部隊も多くあったと聞く。ところで飛行第六六戦隊員であった苗村七郎は、エンジン不調はスロットルレバー（アクセル）の操作で簡単に引き起こすことが出来たと言う。エンジン不調のほとんどはプラグ不調によることが多かったようだ。ところで、このプラグ不調はスロットルレバー操作により簡単に起こすことが出来る。しかもそのように操作したことは、当事者である空中勤務者以外には分からなかったと苗村は言う。要するに、その気になればいつでも「エンジン不調」が引き起こせたということだ。その当時の日本のプラグは粗悪であった。苗村七郎は、だからこそ「飛行機は騙《だま》し騙《だま》し使うもの」であったという。その理由はこうだ。

途中でおかしくなればエンジンを全開にする。そうすれば、プラグに付着したカーボンを焼きつくすことができる。これを「とばす」といったそうだ。カーボンを「とばす」ことによってプラグがもとに戻るということだ。地上でも同じことをしたという。エンジンの調子が悪ければ、皆で飛行機を押さえつけて、エンジンを全開にし、カーボンを「とばし」たという。こうして飛行機の調子を整えたらしい。こうすれば飛行機はもとに戻るという。苗村のいう「飛行機は騙し騙し使うもの」とはこういうことだ。

エンジン不調の原因は、文字どおりのエンジントラブルもあるが、それ以外の「エンジン不調」もあったのではないかと苗村は暗示する。「エンジン不調」で引き返してきた特攻隊員の中には、その原因を整備不良にして整備兵を厳しく叱責し、殴った人もいたという。苗村は、この行為を万世基地で目の当たりにして疑問を感じたという。そこで陸軍の特攻機がいざ出撃時に本当に、飛べない飛行機ばかりであったのかどうかを、つぎに検証しておきたい。

陸軍航空特攻沖縄戦での出撃部隊のうち、「振武隊」を冠する部隊は七七部隊、また、「誠」を冠する部隊は二〇部隊となっている。そこで、この九七部隊をサンプルとして出撃時の稼働率を調べてみることにする。それぞれの部隊は中隊編成であったことから、一部隊あたり一二機（名）前後の編成となる。そこで、第一回目の出撃と推定される日（すなわち一二機全機が揃っている状態）に、その部隊の何機が出撃したかを調べれば、その日のその部隊の稼働率が割り出される。データの出典は、モデルアート誌『陸軍航空特攻』（前掲）の末尾「陸軍特別攻撃隊隊員名簿」とした。

この一覧は、出撃部隊ごとに出撃日と出撃機数が記載されている。故に集計がしやすい。そんなに難しい集計ではない。その場合、当時の日本軍機の平均稼働率を六二・五％としておきたい。これは、前述の第六六振武隊の移動時稼働率である（第四章六項参照）。この「六二・五％」は本稿での便宜上の目安であって、その当時の日本軍機がこうであったというのではない。他に参考とする数字がないので、とりあえず第六六振武隊の移動時稼働率（六二・五％）を平均稼働率の一応の目安としておく。

すなわち、出撃時の稼働率が六二・五％以上であれば、たとえ出撃できない飛行機が出ても、それはエンジントラブルなどの機械的な原因によるものと考えておく。反対に六二・五％以下、わけても三七・五％から二二・二％の低い稼働率であった場合は、別の要素も介在して稼働率を低くしている可能性があるという仮説である。

「六二・五％」を平均稼働率とした場合、これを機数に直すと七・五機となる。すなわち中隊全機一二機のうち七・五機（ここでは八機とする）が出撃できれば平均的な稼動率による出撃となる。そこで、第一回目の出撃と推定される日に八機以上が出撃できた部隊を拾いだしてみると、サンプル九七部隊のうち二四部隊が平均稼動率での出撃となっている。全体の二四・七％となる。ちなみに、この二四部隊のうちで九七式戦闘機を含むBランク機種兵装の部隊は、一二部隊となった。Cランク機種の九八式直協機、九九式高等練習機などを入れると一七部隊となった。これらのBランクやCランクの旧式機兵装部隊の稼働率が結構に高い。

一方、出撃時稼働率を三七・五%から二二・五%（第六六振武隊を基準）とした場合の出撃機数は平均四・五〜二・七機となる（ここではとりあえず三機とする）。そこで、第一回目の出撃と推定される日に三機以下で出撃した部隊を拾いだしてみると、サンプル九七部隊のうち三〇部隊（三〇・九%）となった。案外と多い。このうち、九七式戦闘機などのBランクやCランク機種の部隊は一一部隊、四式戦闘機など高性能のAランク機種の部隊が一九部隊と多くなっている。すなわち、高性能機の兵装部隊ほど出撃時稼働率が低くなっているのである。

一九四三年（昭和一八）以降、日本陸海軍は空中勤務者（陸軍）や搭乗員（海軍）の大量育成を実施している。陸軍では特別操縦見習士官や少年飛行兵の大量採用、海軍では飛行予備学生や飛行予科練習生（予科練）の大量採用である。苗村七郎によると、この時期の、特に陸軍特別操縦見習士官の場合は、どうせ軍隊に行くのなら「飛行機乗りに」の風潮もあったと言う。同じ軍隊であっても航空に志願し採用されれば、他の兵隊とは待遇も給与も格段の差があった。苗村によると、「航空は楽」であったと言う。この「楽」のために航空を志願した人も居たという。苗村は「飛行機は墜ちるもの」と言い切る。空中勤務者には高い危険がつきまとう。「航空は楽」の結果として、この危険に対する自覚と覚悟が不十分なままに空中勤務者になり、特攻隊員になった人も居たと苗村は言う。

これらのことから、筆者は三七・五%から二二・二%という出撃時の低い稼働率は、エンジントラブルという止むを得ない理由もさることながら、人間的な要素も原因しているのではないと推測している。すなわち、その瞬間での「特攻忌避」という可能性の推測である。特攻は捨て身の最高度の攻撃である。当然に極度な緊張が伴う。そのための極度な精神の集中と達観、もしくは悟りが必要とされる。

誰もが瞬時にこのことが出来たわけではない。十分な心の整理のないままに命令が下ったり、その時に何かの未練があったり、遣《や》り残したものがあったり、自信への不安、さらには天候への不安などの微妙な要素がない交ぜになり、その瞬間での逡巡が起こる。気後《おく》れも起こる。当然であろう。一抹の心の乱れが突入への決心を揺るがしたであろう。当然である。このことが出撃の逡巡となり、いったん離陸したものの、あるいは途中からの生還になったとしても不思議ではない。ここに、その時々の「特攻忌避」が生起したのではないかと推測する。しかし、「特攻忌避」は特攻隊員にとっては「卑劣」であり、「裏切り」行為である。そこで「特攻忌避」を合理化する必要がある。これが「エンジン不調」であったと考えられる。

筆者は、「特攻忌避」はあったと推測している。あってもおかしくはない。むしろ人間として当然であると考える。しかし、この人たちの「特攻忌避」もその瞬間での出来事であった。日を違えて、結局はつぎつぎと出撃していったのが陸軍航空特攻の現実であった。そこで、九七部隊をサンプルとして、最終的に八機以上（平均稼働率六二・五％）出撃した部隊を拾い出してみたい。結果は五九部隊となった。六〇・八％である。つぎに一〇機以上を拾い出してみる。「一〇機以上」とした理由は、一二機のうちの「一〇機以上」は部隊の全滅に近いと考えるからである。その結果は三一部隊が「全滅」している。三一・九％である。さらに一二機以上の全機が全滅した部隊を拾い出してみる。一三部隊となった。一三・四％である。多くの部隊では、それぞれにその瞬間での「特攻忌避」を抱えながらも、日を違えてつぎつぎと出撃し、ついには全滅していった様子が窺える。

この集計をしながら、ひとつのことが気になった。第八〇振武隊と第八一振武隊である。この部隊の兵装は九九式高等練習機である。筆者のいうCランク機種である。オリジナルは小型低速の偵察機である。ゆえに戦闘能力は端《はな》から必要とされていない。二枚ブレードのプロペラ、剝《む》き出しの固定脚。むしろ低速であることにこの飛行機の特徴がある。この兵装での特攻成功は限りなくゼロに近い。このことについては煩《わずら》わしくはあるが、第四章四項と七項をご参照いただきたい。沖縄戦では合計二四機の九九式高等練習機が出撃している。この兵装のふたつの部隊の出撃に注目したい。一九四五年（昭和二〇）四月二二日に、両部隊のそれぞれ一二機のうち一一機が出撃している。合計二四機のうち二二機の一斉出撃である。第八一振武隊の様子をつぎに記す

第八一振武隊

四／二二	片岡喜作	（大尉	少尉候補生出身	二九歳）
四／二二	牛渡俊治	（少尉	特別操縦見習士官出身	二二歳）
四／二二	牟田芳雄	（少尉	昭和九年召集出身	二四歳）
四／二二	大場健治	（准尉	昭和一〇年召集出身	二九歳）
四／二二	松田富雄	（曹長	昭和一一年召集出身	二八歳）
四／二二	仲本正好	（曹長	昭和一三年召集出身	二五歳）
四／二二	難波隼人	（曹長	少年飛行兵出身	二三歳）
四／二二	桐生　猛	（曹長	昭和一四年召集出身	二二歳）
四／二二	岡山勝巳	（軍曹	昭和一四年召集出身	二四歳）
四／二二	白石哲夫	（軍曹	昭和一六年召集出身	二五歳）
四／二二	鍋田茂夫	（伍長	航空局乗員養成所出身	二四歳）
四／二六	橋本榮亮	（軍曹	少年飛行兵出身	二一歳）

一名を除いて、ほぼ全機（一一名）が出撃している。残りの一人も日を違えて出撃している。第八〇振武隊も同様である。練習機の兵装である。それまでに相当に使い古されていたと考える。かなりの老朽であったかもしれない。当然に稼働率は低くなるはずである。しかしながら、このふたつの部隊では、ほぼ全機が一気に出撃している。四月二二日の両部隊の稼働率は、九一・六％であったということになる。非常に高い稼働率である。

このように、出撃時の稼働率が九一・六％という部隊もあった。また、三七・五％から二二・二％という低い部隊もあった。要するに、稼働率にバラつきが認められる。同じ兵装の部隊間においても稼働率にバラつきが認められる。また同じ部隊の中であっても、通常移動時の稼働率と出撃時の稼働率に大きな差がある部隊もあった。ということは、低い稼働率の理由は、その飛行機固有のエンジントラブルとは別に、それ以外の理由、すなわち人間的要素が介在しているように考えられる。すなわち、その瞬時での「特攻忌避」という可能性である。

「特攻忌避」は、あらかじめ計画された行為とは考えにくい。その瞬間での咄嗟の気後《きおく》れと考える。出撃直前に遺書の書き忘れに気が付いたり、遺品の整理が何とはなしに気になったり、また、飛行機の調子がいつもとは違っていたり、天候に不安があったり、突然に突入の自信がなくなったり、これらの様々な原因で特攻出撃に気後れが起こったのかもしれない。その瞬間での特攻出撃への逡巡があっても決して不思議ではない。「特攻忌避」は、その時々での言うに言われぬ不安によるものと考える。こんな不安は現代に生きる我々にも、ごく日常的に起こるものである。ちょっとした心配や気になる事柄があれば、仕事に集中できない場合もある。ましてや特攻という極限状態での不安が、どれほどに人をして逡巡させるかは想像に難くない。その刹那のひとりひとりの心境は想像を絶する。

繰り返すが、「特攻忌避」は前もって予定されていた行為ではない。「いざ出撃！」と押っ取り刀で機上の人となったその刹那に、両親の顔が浮かんだかもしれない。弟や妹たちの幼い姿が突然に瞼に映ったかもしれない。片思いの娘の笑顔が眼前に現われたかもしれない。それらを振り払おうとエンジンを全開し離陸したものの、どうしても払い落とせずに心が乱れたかもしれない。その瞬間に忌避が起きても不思議ではない。むしろ自然であろう。しかし、特攻隊員の多くは、それでもこれらの麗《うるわ》しき人々への思いを力任せに払い落とし、次々と出撃していったと考える。

特攻を著わす多くの著作は、特攻隊員を「勇者」と記す。しかし、筆者は「勇者」という表記を本稿では拒否している。その理由は、本稿の目的は特攻隊員を顕彰することではないからである。しかしながら、両親や姉妹、そして妻や恋人、それらの人々への思いを一杯に抱きながら、そうであるからこそ、その思いを決然と断ち切り、日本の勝利を信じて、日本の平和を信じて、日本の未来を信じて、私的な感情を棄て、全体に奉仕し、全体の犠牲とならんとしたこの人たちを「勇者」と称えることにやぶさかでない。

「特攻忌避」については、それを明確に伝える資料も文献も筆者の手許にはない。だから、以上のことはひとつの可能性としての推測である。さらに本項での試みは、「特攻忌避」の一つの傍証でしかないことを断わっておく。

第五章　謎の振武寮

福岡市内に「振武寮」といわれる施設があったらしい。この振武寮は、陸軍航空特攻隊の「生き残り隊員」の収容施設であったという。いったん出撃したものの、何らかの理由で生還した隊員をこの施設に収容し、国民からも他の特攻隊員からも隔離したようだ。出撃したもののエンジントラブルなどで途中から生還した人たちも、「特攻拒否」者として隔離収容し、あらん限りの罵詈雑言と侮辱を与えたと言う。そして、これに耐えきれなくなって自殺した隊員も出たと言う。

場所は福岡市内にあった。陸軍航空特攻を統帥していた第六航空軍の司令部内に振武寮はあったという。この振武寮の正式記録は、現存していないと言われている。謎の施設である。しかしながら、多くの研究者や作家の努力により朧気《おぼろげ》ながら、今日ではその輪郭を窺い知ることができる。

そこで、いくつかの文献資料から振武寮について触れておきたい。

高木俊朗『特攻基地知覧』(前掲)は、第六五振武隊の生還者をとおして振武寮を紹介している。第六五振武隊の隊長は桂正(陸軍士官学校出身)である。桂正はオンボロの九七式戦闘機を知覧に回送してきたにもかかわらず、そのオンボロ兵装を見た知覧の上級将校に、「飛べもしない飛行機に、平気で乗って来るお前らは(略)不忠者」と支離滅裂な罵倒を受けている。五月一一日にこの部隊の八名のうち五名は、飛行機が老朽で結局は飛べなかった。

「生き残った」五名の少尉は、福岡に飛行機の受領に出張した。そこで意外な仕打ちに会った。対応した倉沢参謀の第一声は、「貴様たち、なんで帰ってきた」であった。「帰ってきた」のではない。飛行機が老朽で飛べなかったのである、だから、命令で代わりの飛行機を受領に来たのである。飛行機の受領のないままに五名は振武寮に収容された。そして出撃待機のまま終戦を迎えている。高木俊朗によると、振武寮は「特攻隊員の隔離」「重謹慎の処罰をうけ、終日正座して軍人勅諭を筆写」「しのびがたい侮辱か苦痛」の場所としている。

振武寮についてのまとまった紹介は、毛利恒之『月光の夏』(前掲)に詳しい。この著はドキュメンタリーではなく小説仕立てとなっている。しかし、著者は実話と事実に基づいたドキュメンタリーノベルであるとしている。故にここでの振武寮の記載は、小説ではあるが事実として受けとめたい。

小説は二人の陸軍航空特攻隊員が主人公となっている。二人は音楽大学出身の特別操縦見習士官出身である。出撃間際に小学校を訪れピアノを貸して欲しいと校長に頼む。近々に特攻出撃があるので、ベートーヴェン『月光』を弾《ひ》かして欲しいということだ。この時に対応したのが、小説ではもう一方の主人公となる女性の音楽教諭である。特攻隊員の二人のうちの一人は「海野光彦」でピアノを弾き、その後に特攻戦死する。もう一人は「風間森助」で、戦友のためにピアノ探しに奔走する。ともに出撃するが、「風間森助」は特攻から生還する。ピアノも敗戦後を生き残るが、そのピアノが廃棄されると知った元音楽教諭がピアノの保存に奔走し、そのことがきっかけとなり、二人の特攻隊員と『月光』の語り部となる。しかし、探し当てた「風間森助」の証言拒否から元音楽教諭の苦悩が始まる。

この小説では振武寮が重要な要素として登場する。小説のストーリーは後に重要となるので、少し長くなるが引用したい。

毛利恒之『月光の夏』では振武寮は二ヶ所で語られる。まず「石倉金吾」の証言である。特別操縦見習士官出身の「石倉金吾」は九七式戦闘機で出撃するが、エンジントラブルで徳之島の海岸に不時着する。飛行機を喪《うしな》ったので船で喜界島に渡り、そこで基地に帰る飛行機を待った。迎えの九七式重爆撃機は定員オーバーとなり、「石倉金吾」らは取り残されてしまう。しかし、残された者がそこで見たものは、グラマンにつかまり火の玉となって墜落していく九七式重爆撃機の断末魔であった。「石倉金吾」は飛行機に乗れなかったことで命拾いをした。数日後に、これが最後という九七式重爆撃機が迎えに来た。「石倉金吾」はどうせ命はないものと「泡盛」をしたたかに飲み、機上の人となった。飛行機は無事に福岡の板付基地についた。

「石倉金吾」は生還した。そして振武寮への出頭となった。この振武寮で「石倉金吾」は、「杉原中将」からあらん限りの罵詈雑言を浴びせかけられる。「杉原中将」は、「貴様たちは、なんで帰ってきたっ！　帝国軍人の恥さらしだ！」「なぜ、おめおめと帰ってきた！　精神がなっとらんからだ。貴様たちは、死んだ仲間に恥ずかしくないのかっ！」。なんとしても死ななければならなかったと、「石倉金吾」は述懐する。そして「毎日が、地獄だった」としている。

もうひとつは「風間森介」の体験である。特攻戦死する「海野光彦」は、もともと特攻出撃には懐疑的であった。一方、「風間森介」は特攻出撃の覚悟は決まっていた。烈々たる特攻思想の持ち主であった。その「風間森介」が生還した。

「海野光彦」と「風間森介」は共に出撃する。全部で六機の出撃である。しかし、離陸したものの「風間森介」の一式戦闘機『隼』のエンジンの調子が良くない。トラブルである。出力がでない。隊長である「久野啓之」が手信号で「基地へ帰レ」と送信する。「海野光彦」も大きく口を開けて、「帰レ帰レ」と言っている。少年飛行兵出身の三名の隊員たちも決別の挙手の礼を送ってくる。「風間森助」は意に反して一人で基地に還る。生還は「風間森介」の意志ではない。意志はあくまでも突入であった。

生還した「風間森介」は、「生き残り」として振武寮への出頭命令を受ける。そして、「矢ヶ島参謀」の罵詈雑言を受ける。「おまえは、いのちが惜しくなったのではないか」「貴様ようなやつがいると特攻隊全体の士気にかかわる」「やましいところはないか」。「矢ヶ島参謀」には何をいっても無駄であった。説明してもそれが言い訳とされる。言葉に窮した「風間森介」は、意を決して「お願いがあります。再出撃させてください」「死にに行かせてください」と懇願する。

そんなある日、ひとつの出来事があった。振武寮に収容されている伍長に出撃命令が下った。それを聞きつけたひとりの少尉が、その伍長に懇願する。「軍司令部の矢ヶ島参謀の部屋めがけて突っ込んでくれ」「頼む」。しかし、頼まれた伍長も辛かった。涙ながらにこの頼みを断わる。無理な注文である。

「風間森介」は、出撃のないままに終戦を迎える。特攻から生還した。復員後は音楽教諭を勤める。それも退職後は九州阿蘇山の麓でひっそりと寡黙な生活を過ごす。この「風間森介」の寡黙が小説に奥行きを与えている。

佐藤早苗『特攻の町知覧』(前掲)に、「幻の振武寮」と題する章がある。佐藤早苗は第二二振武隊の大貫健一郎をとおして振武寮を紹介する。この著は『月光の夏』とは違いドキュメンタリーである。大貫健一郎は特攻から生還した実在の人である。佐藤早苗はここでは実名で紹介している。この人の名は飯尾憲士『開聞岳』(前掲)にも登場する。敗戦後は「特操一期生会」の事務局を勤め、特攻隊員慰霊のための様々な活動に奔走している。故に本稿でも実名とさせていただく。この大貫健一郎の体験を記す佐藤早苗の記事は、先述の毛利恒之『月光の夏』の内容と一致する箇所が多い。以下、概要を記す。

大貫健一郎は知覧からいったん喜界島に進出し、四月七日に沖縄に向けて特攻出撃するが、グラマンに襲われ徳之島に不時着する。さらに兵装の一式戦闘機『隼』は、翌日の空襲で喪ってしまう。そこで船で喜界島に戻り、迎えの飛行機を待った。大貫健一郎は定員オーバーで積み残しとなったが、大貫健一郎の見たものは、目の前で火だるまとなって撃墜される友軍機の断末魔であった。一週間後、これが最後という迎えの飛行機に乗った。「泡盛」を飲んだ。泥酔したままで死のうと思った。ところが、一番危険なはずの最後の飛行機が無事に筵田飛行場に着陸した。なお、ここでの「筵田飛行場」は板付飛行場の別称である。若干の違いはあるが、『月光の夏』の「石倉金吾」の経験と大貫健一郎の経験は類似する。

つぎに生還した大貫健一郎を待っていたのは、振武寮行きであった。そして参謀の罵詈雑言であった。「貴様たちはなぜ、おめおめ帰ってきたのか、いかなる理由があろうと、出撃の意志がないから帰ったことは明白である。死んだ仲間に恥ずかしくないのか」。

そんなある日、大貫健一郎は再度の出撃を命ぜられた少尉から相談を受けた。ある中尉から、突入の目標を沖縄ではなく第六航空軍司令部に変えろと、両手をつき頭を床につけて頼まれたという相談である。しかし、これは反逆罪となる。家族に累がおよぶ。佐藤早苗は、「一発触発、息もつまるような緊張した時間が走った」としている。しかし、その少尉の出撃そのものが取りやめになり、「司令部突入」も沙汰止みになったという。

このくだりも、『月光の夏』の「風間森介」の経験と大貫健一郎の経験は類似する。とにかく両著の内容が類似する。

振武寮の記録は残っていないらしいということは前述した。記録がないということは、そもそも振武寮は無かったとも言える。そういう意見もある。反対に、あまりにも酷《むご》い施設であったが故に、存在してはいたが記録から抹消されたとも受け取れる。一体どちらであろうか。筆者は、振武寮は存在したと考える。高木俊朗、毛利恒之、佐藤早苗などの作家による取材がそのことを立証している。実は、この人たちの取材以前に振武寮は存在していたという確かな証言がある。それは生田惇の『陸軍航空特別攻撃隊史』（前掲）の中にある。旧陸軍航空関係者の著であり、記述内容は客観的であり、冷静であることで高い評価を受けている。ところで、振武寮と考えられる箇所は、短い控えめな記述となっている。それだけに振武寮の本質が隠されているように考えられる。その箇所を引用させていただく。

第六航空軍では、これらの者（特攻生還者―引用者注）を福岡に集合させ再出撃のための心の準備をさせたようである。そこには、他の特攻隊員に与える影響、神様扱いされてきた隊員の名誉を守る配慮があったと思われる。しかし、特攻不成功の理由は多様であって一律に扱えるものではない。参謀と隊員の間に激しい心の葛藤を生じたことがあったかもしれない。過酷な戦場における、極めて特殊な作戦下の出来事である。他の者からどのように見られようと、その条件下で参謀も隊員も自分の信念にしたがって是と信ずるところを実行したであろう。筆者にはこれを批判する資格はない。

ここでは振武寮という固有名詞は出てこない。しかし、前後の関係からこれは紛れもなく振武寮のことであると推測する。記事は、振武寮では隊員と参謀との間に「葛藤」があったとしている。さらに「筆者にはこれを批判する資格はない」の記述は、癒すことのできない、深い傷が今日も残っているという暗示を与えている。

生田惇の記述は元隊員と元参謀の両者に配慮した書き方となっている。内容は抽象的で曖昧ではある。また、配慮が行き届き遠慮がちである。しかしながら、高木俊朗や毛利恒之、そして佐藤早苗などの労作からも、このデリケートで配慮の行き届いた記述が、かえって振武寮の存在を鮮明に映し出していると筆者は受けとめている。この生田惇の記事からも、振武寮という収容施設が存在していたことは確かであると考える。

知覧高等女学校なでしこ部隊の前田笙子『日記』（前掲）にも、振武寮のことと推測できる記述がある。

一九四五年（昭和二〇）四月一七日付『日記』に、特攻出撃から二度生還した第六九振武隊の渡井隊員の言として、「早く死んだ方が幸福だよ、福岡辺りまで行かねばならぬからね」としている。この「福岡辺り」という表現は、振武寮のことを言っているように思えてならない。「早く死んだ方が幸福だよ」という表現は、生きている方が辛いの意である。渡井らは前田笙子らに見送られて、四月一八日に「福岡辺り」に向けて知覧を発っている。「渡井」は特攻戦死の記録には記載されていない。

生還した全ての特攻隊員が振武寮に収容されたかというと、そうではなさそうだ。『昭和は遠く』（前掲）の松浦喜一は、万世基地から出撃し万世基地に生還している。その際に乗機を不時着水させており、大事な一式戦闘機『隼』一機を喪失している。振武寮行きとなる状況ではある。しかし、松浦喜一は何の咎《とが》めもうけていない。それどころか、万世基地を管理していた飛行第六六戦隊の将校から労をねぎらわれたという。

松浦は、自著の中で高木俊朗『特攻基地知覧』の上級士官の横暴を引用している。だから振武寮は認識している。しかし、松浦喜一の著には振武寮の名さえ登場しない。そしてつぎのように記している。

高木俊朗氏の著書『特攻基地知覧』によると、上級将校の横暴の様子が度々書かれているが、私の場合、幸運だったのか、この万世にはそのような上級将校は存在せず、我々を管理していた第六十六戦隊では少佐が二人、同じ宿舎にいたが何も干渉された記憶はない。これも戦隊という第一線の飛行隊であり、それまでに多くの部下を沖縄で戦死させているので、もともと教育飛行隊であった知覧の上級将校や六航軍の参謀などと違い、下級者へのいたわりの気持ちが強かったのであろう。

私の六月十九日の特攻出撃から生還のことも、天草での不時着水で飛行機を失ったことも、全く問題にされず、かえって労をねぎらわれただけである。私は当時、第六十六戦隊のことも、上級将校のことも意識することなく、自由に暮らさせてもらっていたという事になる。

松浦喜一は、万世では振武寮行きはなかっと証言している。それでは、振武寮は知覧からの生還隊員に限ったものであったのだろうか。

川崎渉は知覧で何度も生還した。この人の行動は振武寮に送られる可能性は高い。しかし、高木俊朗『特攻基地知覧』は、川崎渉と振武寮の関係を記載していない。また、何度か知覧に生還し、再度出撃した隊員も結構多くいたが、その隊員と振武寮との関係は、彼らを紹介する各種文献資料には全くと言っていいほどに記されてはいない。知覧の生還者もその全てが振武寮に送られたのではなさそうだ。筆者の推測ではあるが、振武寮は確かに存在はした。しかし、振武寮はある特定の限られた範囲の事柄であったと考えている。

第六項　特攻司令官菅原道大と敗戦

沖縄戦で陸軍航空特攻を統帥した菅原道大（中将、第六航空軍司令官）は敗戦後を生存することとなる。敗戦後の菅原の評価は、人により様々である。高木俊朗『特攻基地知覧』（前掲）よりその一節を紹介する。

知覧の高級参謀に鈴木京（大佐）がいた。停戦命令の出ないうちに「よしやろう」と決意した。司令官特攻である。重爆撃機に爆装したうえで、菅原に特攻を決意するよう具申している。以下、『特攻基地知覧』より引用させていただく。

「軍司令官閣下もご決心なされるべきかと思います。重爆一機、用意をいたしました。鈴木もおともをします」

菅原中将は参謀長と顔を見合わせ、当惑した色を浮かべた。ふたりは低い声で、しばらく語っていた。そのあとで、菅原中将はねちねちと、

「海軍がやったとしても、自分は、これからのあと始末が大事だと思う。死ぬばかりが責任をはたすことにならない。それよりも、あとの始末をよくしたいと思う」

川島参謀長も同じ意見をのべた。鈴木大佐は、それ以上、強要しなかった。死ねる人ではない、と、あきらめてしまった。

ところで、この同じシーンを菅原道大の二男である深堀道義（一九二六年生、海軍兵学校七五期）は自著『特攻の真実』（原書房　二〇〇一）の中で、「陛下の終戦玉音を拝聴した後は、余（菅原道大―引用者注）は一人の兵士をも殺すわけにはゆかぬ。皆、おとなしく帰れ」と、鈴木参謀らを諭したとしている。高木俊朗の紹介する「ねちねち」とは違った「毅然」とした菅原道大の姿がそこにはある。著者の深堀道義は菅原道大の二男である。だから実父への偏りがかかるものと誰もが考える。しかし、『特攻の真実』は、菅原道大に対して客観的な立場で書かれている。菅原道大の敗戦後を知る上での好著である。深堀は実父である菅原道大に自決すべきであったと言っている。自決しなかった以上は、非難されても仕方が無いといっている。（菅原と性が違うのは母方の深堀性を相続したことによる）。

高木俊朗『特攻基地知覧』に戻る。高木は一九六四年二月に防衛庁内で菅原に会っている。その日、

菅原は、戦争中の部下で防衛庁に勤める幹部を訪ねている。高木もその幹部のインタビューで防衛庁に来ており、その折に菅原と会っている。

ところで菅原は、東京世田谷の特攻観音建立に腐心しており、その開眼供養は一九五五年九月におこなわれている。このことを踏まえたうえで、以下『特攻基地知覧』より引用させていただく。

菅原は元将軍らしく命令口調で、私にいった。

「特攻隊のことを書くのは結構だが、特攻観音のことも、大いに書いてもらいたい。わたしは、きょうも、お参りに行くところだが、このことを、よく念をおそうと思って君のくるのを待っていたのだ」

菅原道大は、部長室からいったん退室している。菅原は、敗戦後に特攻隊遺族の弔問をしている。全部ではない、一部ではある。戦後の混乱期である。全部を回ることは不可能であったろう。そこで、特攻観音の建立に腐心している。このことがせめてもの菅原の気分を慰めたのであろう。

まもなく菅原道大がもどってきた。

「それでは田中君、わしは特攻観音に行くからな。車をたのむよ」

戦時中の軍司令官が、参謀に用をいいつける調子であった。特攻観音に行くのに、防衛庁の車を使うことが、当然のようにも聞こえた。

ところで、東京の世田谷観音で特攻平和観音堂を営む太田賢照は、敗戦後も間もない頃のこととして、菅原が埼玉の飯能に帰るときは、国鉄の線路の上を歩いて自宅に帰ったと証言する（二〇〇二年八月のインタビュー）。高木の言う「防衛庁の車」とは少し雰囲気が違う。また、太田賢照は、高木の著作は菅原道大が所有していた多くの資料に依拠していたという。このことは、深堀道義も自著『特攻の真実』で触れている。とにかく高木俊朗は、自分の仕事のために菅原道大から多くの資料を借用したようだ。そのことについて菅原は、「（資料を）高木にもっていかれたよ」と意にも介せず、快活に回りに漏らしていたという。太田賢照によると、菅原道大の精神は「一点の曇り」も無かったという。

佐藤早苗『特攻の町知覧』（光人社　一九九七）も、菅原道大に対して高木俊朗とは少し違った見方をする。

佐藤早苗は「菅原司令官は、八月中旬の航空総攻撃に司令官特攻を計画し、飛行機を準備させていた」とする。しかしながら、決行予定日の前に無条件降伏が決定してしまったので司令官特攻が出来なかったとしている。

菅原司令官が自決の時期を逸したことによって、自決した人よりどれだけ多く地獄を目撃し、苦難を体験しなければならなかったか。そして同時に苦難と引き替えに、どれだけ多くの償いができたかということ、そんなことを考えると、生きるということの意味と重大さを感じる。もちろん若い特攻隊員たちの命の価値もふくめてである。

佐藤は、菅原道大にも敗戦後の生き地獄と苦難があったとする。敗戦後の菅原道大の住まいは雨漏りのするバラック小屋同然のものであったらしい。菅原はこれを「よし」としていたようだ。埼玉県飯能市で何も求めることもなく、寡黙に言い訳もなく、僅かな収入をも特攻隊員の慰霊に費やし、極貧の生活であったという（深堀道義『特攻の真実』）。

佐藤早苗は敗戦直前に書かれた菅原道大の日記を、自著『特攻の町知覧』（前掲）で紹介し引用している。佐藤はこの日記をとおして、敗戦後を生存する菅原道大の軌跡をたどる。佐藤早苗『特攻の町知覧』（前掲）から菅原日記を引用させていただき、菅原道大の敗戦直後の心境を辿ってみる。

八月一五日付の日記には、「三好少尉より阿南陸相自刃の報を受く。『アアしてやられた』との念湧く。陸相よくやってくださったとの念も湧く」の記事がある。菅原には自決の意思が確かにあった。とにかく、佐藤早苗によれば、菅原道大は自決への焦りと自決に対する疑問をもちつつ、自決決行の計画を立てたとしている。

八月三〇日付の日記には、「自決は九月一日にても可。その後真に敵と接する直前にても可。また、任務遂行よりすれば軍司令部復員の際を至当とす」としており、連合国軍の日本への進駐が一つの時期としている。要するに、自決の決行日をいつにするかを探っている。

九月一二日には、「先ず来月十日頃の進駐として、余もあと三週間位の寿命か。敵の無軌道手段にて進駐直後、軟禁などせられては困りものなればなり」とし、進駐軍による逮捕を快しとしていない。その前の自決決行計画と読み取れる。

九月二二日には、「米軍来たり司令部を移すこととなれば、予て覚悟の決行時期につき、更に考慮を巡らす必要あり」として、自決決行日の前倒しを決意している。

ところがである。その翌日の九月二三日には、あっさりと自決を断念している。その理由は、元参謀の川島某が特攻隊の顕彰事業を菅原道大に薦《すす》めたからであったと佐藤早苗は言う。九月二三日の日記は、「正に然り、特攻精神の継承、顕彰は余を以て最適任者たること、予之を知る」。特攻顕彰は自分をおいて他にないとしている。

九月二六日付の日記は、つぎのようになっている、昨夜、過日来川嶋参謀長の意見具申に基づき考え居たることを纏めて心境を同官に打明く。今まで一徹に自決せんとのみ固執し、爾余の事考えざりしは、米軍の掣肘を受け当分何事もできざるべく、また老人の穀潰し生活に終はるを忌避したればなり。

しかるに有意義なる仕事あり。それは予が最も適任にして、他の人なしといふに於いては、むしろ生き永らえて国家の為、有意義に余命を捧ぐべきは予乃義務なるに思い至れるなり。結局特攻精神の昂揚、特攻勇士の顕彰を目的とするも当面之を表面に出さず、先ずは特攻勇士の回向、追善其の遺族の慰問の為、全国を行脚せんとするに在り。

而して五年計画を第一期とし、此の間に約六百五十戸を歴訪せんとするなり、斯く考えを変え来れば、飽迄生き抜かざるべからざるを覚ゆ。


菅原はその後、日記どおりに遺族の弔問をしている。日記には「六百五十戸」を歴訪したいとあるが、現実は一九四六年、一九四七年、一九五〇年、一九五一年に合計六四遺族を弔問したという。敗戦の混乱期である。これが菅原に出来る精一杯の弔問であったと考えられる。菅原の言っている内容に大きな問題点はない。生きて特攻の霊をまつる行為は当然に正当である。

確かに、菅原の行動は今日的な解釈では正当性を持つ。しかし、敗戦のその瞬間での、すなわち、その時点での価値観なり状況なりから判断した場合に、果たして正当性を持ち得るかどうかは別問題である。そこで、筆者（私）の率直な感想を記しておきたい。

菅原自身のその瞬間での価値判断は、日記からはあくまで「自決」である。自決が前提としてある。日記の内容は、その自決の時期に思いを巡らしている。「生きる」という選択肢は日記にはない。しかし、ある瞬間に「生きる」という選択肢を川島参謀から与えられた。そこから、今度は「生きる」

口実を自分なりに求めていっている。もちろん、そこには時間の流れと世間的な価値観の変転も当然に考慮されなければならない。だから生きるという選択は当然に是とする。しかし、それでもなお、と敢えて言っておきたい。

特攻隊員は死が前提としてあった。そして、死の訓練に耐えて、死の実行をした。死ぬことが今を生きている目的であった。死に喜びさえ求めている。たまたま生還した隊員は、「生き残った」ことに苦しみ悶えている。そして、ある者はその苦しみから逃げるように死に急ぎ、ある者は敗戦後を苦悶のうちに「生き残る」ことになる。「生き残り」は自分の意志ではない。たまたまの結果である。「生き残った」人々は、その「生き残った」が故の自責の念から、敗戦後も「死人」同様に寡黙であり続ける。

高木俊朗『特攻基地知覧』（前掲）に、菅原道大の訓示が掲載されている。一九四五年五月一一日の出撃に際して、その前夜におこなわれた訓示である。高木は途中で解説なり情景描写なりを挟んで紹介している。ここでは、解説と情景描写を省いての引用であることを断わっておく。

明朝の出発は早いし、出撃準備にあわただしいことであるから、とくに今、集まってもらった。明朝は見送りするが、今ここで、決別の言葉をいっておきたい。

特別攻撃隊の使命とか任務については、今さら改めていう必要はない。戦局はすでに、かかる必死の攻撃をとるのでなければ、国家の興隆は期しがたいところまで、たちいたっているのである。物量に対するに、物量をもってする戦さでは、かのドイツの強さをもってしても、やぶれざるを得なかった。物量を倒すには、一機一艦をほふる方法でなくては勝てない。

諸士は特攻隊員として、明朝出撃する。諸士は、あらかじめ計画したところにより、それぞれ敵艦を求めて攻撃する。諸士の攻撃は、必死の攻撃である。しかし、諸士が戦場で死んでも、その精神は、かの楠公が湊川におけるがごとく、必ず生きる。特攻隊は、あとからあとからつづく。また、われわれもつづく。特攻隊の名誉は、諸士の独占するものではない。各部隊が、みんなやるのだ。諸士だけにやらせて、われわれがだまって見ているというのではない。ただ、諸士に先陣として、さきがけになってもらうのである。

いよいよ飛立って、敵艦にあたるまでは、諸士も、諸士の飛行機も、大切である。整備は十分にせよ。今夜は、とくに、ゆっくり眠って、明朝は、さわやかな気持で、操縦桿を握ってもらいたい。途中は索敵に十分注意して行くように。

今、諸士を特攻隊として送るにあたり、諸士の父兄の気持を思うと、感慨無量である。自分には、諸士と同じ年ごろのこどもがある。諸士の父兄の気持を推察する時、胸に迫るものがある。しかし、自分には、一つの信念がある。それは、こうである。肉に死して、霊に生きよ。個人に死して、国家に生きよ。現代に死して、永久に生きよ。これを、諸士の信念にしてもらいたい。

とくに諸士の成功を、くれぐれも祈ってやまない、必ず一艦をほふれ。一船をほふれ。それまでは、万全の注意をしてやれ。諸士がその覚悟である限り、必ず勝つ。あとのことは、われわれが引き受ける

最後の時にあわてるな。終わり。

訓示の行き着くところは、やはり、菅原道大自らの司令官特攻しか出てこない。少なくとも敗戦後を「生き残る」という内容にはなっていない。それならば自決すべきであったのかもしれない。この自決について深堀道義『特攻の真実』（前掲）は、つぎのように記す。

大将、中将など高い職責にあった者が八月一五日、一六日に自決したのは、責任の放棄であると思っている。戦いの現場で追いつめられての自決は当然であろう。けれども降伏という事態となり、しかも米軍の上陸は半月以上も先なのであるから、その戦後処理の任務達成の目処がついてからの決心が望ましいのであるが、これも難しいといってよいであろう。

菅原がまず任務を果してからと考えた時、本人の心理がどうであれ、自決という行為は彼の手の中から去っていたともいえる。(略)

父は、終戦になって即時の自決ではなく、降伏という過程をとったのであるから、軍司令官としてなすべき終戦処理を果してから自決することを決心したのであった。これは一番の正解である。

けれども終戦直後というような激動の一瞬を逃しては、自決のような機会は去って行ってしまうのである。父は正解を求めたがゆえに、自決しなかった特攻隊指揮官の汚名を一生負わねばならなかった。

深堀道義は、菅原道大の苦しい胸の内を代弁する。

菅原道大の特攻「志願」説にも触れておきたい。菅原に対して客観的で冷静な判断をする佐藤早苗が、『特攻の町知覧』(前掲)で菅原を叱る箇所がある。菅原の書き残した「行脚所感」の中の「特攻参加の動機は全く英霊達の発意なり」を引用しながら、

この期に及んでまだ元司令官は「特攻参加の動機は英霊達の発意なり」と断言していることだ。だが、かならずしもそうでなかったことは、多くの体験者が証言している。もちろん少年飛行兵

のように筋金入りの志願特攻兵もいたし、また実際には行きたくはなかったのに「誘導志願」や「半強制的志願」もあったと何度も聞いている。

この日記が筆者の生死を決定する感情の動きまでを、克明に書き残した記録なら、ここでタテマエを掲げられたのは、じつに残念な気がする。

菅原道大の特攻「志願」説は有名である。一貫して特攻は、「命令」ではなく「志願」説を貫いたようだ。このあたりの事情を、深堀道義『特攻の真実』はつぎのように記す。

もし父が「命令でした」と言えば、上官の命はすなわち朕（天皇―引用者注）の命であり、体当りを天皇が命じられたことになる。天皇に責任を及ぼしてはならない。ゆえに「志願でありました」と言い通したのではなかったのではないだろうか。

菅原は軍人として筋をとおしたことになる。天皇への責任を一身に背負ったことになる。そうかもしれない。

菅原道大の敗戦後の評判はすこぶる悪い。陸軍航空特攻の責任者のひとりとして、これは仕方のないことである。仕方がないことは本人が一番よく知っている。だから、菅原道大は陸軍航空特攻の「大罪」を一身に背負い、言い訳をすることなく、また弁解も無く、九五歳までを極貧のうちに過ごし、寡黙のままに生涯を閉じようとしたのではないか。筆者にはそのように思えてならない。

菅原道大の長男は、マラリアの後遺症と敗戦後の重労働で昭和二一年に病没する。その死の間際に「私が死ぬと御両親は少しは肩身が広げられますね」と言い残したという。ほぼ同年代であった特攻隊員とその遺族への思いである。自分が若くして死ぬことによって、その人たちへの罪滅ぼしと考えたのであろうか。このひと言は重くて悲しい（深堀道義『特攻の真実』）。また、菅原の妻は、老朽化したバラック小屋同然の住まいについて、

戦死なされた方々のことを思い返せば私共こうして生かされて頂いていることは勿体ない限りなのでございます。住居や衣食について不足不満など申しては罰があたりましょう。山の清らかな空気が、家の隙間をとおしてそのまま私共を包んでくれます中で、ひつそりと過ごさせて頂くことは生き残った宅や私にとっては何にも勝る安心、幸せなのでございます。（深堀道義『特攻の真実』）

このことについて、世田谷観音寺で特攻平和観音を祭る太田賢照は、菅原道大の家は板の間にムシロが敷いてあったと証言する。畳ではない、ムシロである。菅原は、「本来なら切腹、しかし、死に切れなかった。生き恥をさらしている身では、畳の上では死ねない」と常々語っていたと、太田は証言する（二〇〇二年八月、筆者インタビュー）。菅原道大の敗戦後の厳しい生活を垣間見る思いがする。

第七項　最後の特攻機『タ号』

本稿第四章では、特攻に運用された飛行機について述べた。陸軍では特攻機という特攻専用機はない。通常の飛行機を特攻運用している。それでは全く特攻専用機はなかったのかというとそうではない。特攻専用機はあった。

特攻が実施された一九四四年（昭和一九）から一九四五年（昭和二〇）のこの時期は、あいつぐ戦線の敗北、日本各地の空襲、物資の枯渇、技術者や熟練工の徴用、そして特攻機の出撃といった灰神楽の混乱した社会にあって、日本の軍用機技術はひとつの頂点に達していたと筆者は考えている。

旧式機も混ざった特攻機が次々と出撃していく中で、軍と航空機メーカーは、「来たるべき本土決戦」に備えて新鋭機を次々と試作製造していた。その中にはユニークで斬新なものもあった。戦争遂行が絶望的なこの時期にあって、日本航空技術はそれとは裏腹に最も昂揚し華やいだ時期でもあった。

一九四五年には陸軍では米軍戦略爆撃機『B二九』に対応した『キ－八三双発高高度戦闘機』、『キ－八七高高度戦闘機』やまた『キ－一〇二襲撃機』などの試作機、海軍では局地戦闘機『紫電改《しでんかい》』が実用化、さらに『震電《しんでん》』や『烈風《れっぷう》』などの戦闘機が試作されている。『景雲』という戦略偵察機も試作されている。この飛行機は、エンジンが胴体の真ん中に着装されるミッドシップ方式がとられている。これはジェットエンジン化に備えた設計となっている。これらの新鋭機は今日に残る写真からも、いずれもスマートであり、またユニークな形状をしている。工作技術の完成度も高いようだ。

ジェット機ではドイツのメッサーシュミットME二六二のコピーである『橘花』が試験飛行に成功している。この時のジェットエンジンは、『ネ－二〇』と言われるものである。ドイツBMW社のコピーである。ジェット機の開発は欧米に比べて相当に遅れている。オリジナルの技術はほとんどなかったといってよい。しかし、ドイツのコピーとはいえ、灰神楽の状況下で、しかも短期間で試作まで到達した事実は評価されるべきかもしれない。

一方、これらの新鋭機の開発とは裏腹に、この時期に日本は世界でも例のない飛行機を設計製造し

ている。特攻専用の飛行機である。陸軍と中島飛行機は特殊攻撃機『剣《つるぎ》キ－一一五』の開発をおこなっている。『剣』の外観は戦闘機のように見えるが、戦闘機にしては簡素で荒削りである。車輪は離陸後は脱落し、一度飛び立つと二度と車輪では着陸することはできない。胴体下には五〇〇キロ爆弾を懸架する。『剣』は操縦が難しく、一〇五機が生産されたが、実戦には使用できない失敗作となった。不幸中の幸いであった。野沢正編『日本航空機総集　中島編』（前掲）の編者は、本機を「中島の設計者もこの機体には、はじめから気乗りしなかったということである」と記している。しかし、『剣』は初めから特攻専用機として設計されたのではない。

『剣』（写真）の主任設計者は、中島飛行機の青木邦弘である。その青木邦弘著『中島戦闘機設計者の回想』（光人社　一九九九）から『剣』開発の経過を概略したい。

一九四四年（昭和一九）も押し詰まった頃と推測する。青木邦弘らは中島飛行機三鷹研究所で、陸軍『キ－八七試作高高度戦闘機』の設計も終わり、試作機の完成を待っていた。青木は、この最精鋭機を設計し終えて仕事がなくなった。そこで三鷹研究所の余剰の力で、即戦力となる小型爆撃機を自主的に開発しようということになった。これが特殊攻撃機『剣《つるぎ》キ－一一五』である。青木によると、『剣』は当初から特攻機としての開発ではなかったとしている。これまでの中島飛行機の経験を活かして、風洞実験やら荷重倍数実験など厄介な基本を全て省略して、これまでの経験則をもとにして、爆弾を落として還ってくるトンボ返りの「小型単座爆撃機」を開発したとしている。この小型単座爆撃機『剣』に目をつけ、特攻機として運用しようとしたのは軍の用兵上の問題であり、航空技術上でのことではないとしている。ところで、『剣』は当初から車輪は離陸と同時に脱落するようになっている。このことから『剣』は、設計から特攻専用機であったとする見解もある。この「車輪脱落」について、設計者である青木邦弘はつぎのように言う。

飛行機とは本来、主翼と尾翼とこれらを連結する胴体のほか、エンジンとプロペラがあればよい。降着装置は離陸時に必要なだけで、飛行機そのものには必要なく、むしろ邪魔になる。

飛行機には車輪は必要ないと言い切っている。乱暴な言い方である。自ら『剣』は特攻専用機であると認めているように聞こえる。しかし、これは青木の「言葉足らず」である。元陸軍飛行第六六戦隊の苗村七郎は、この車輪脱落は理にかなっていると主張する。その理由はこうだ。飛行機が車輪で着陸する場合は、整地された滑走路が前提条件となる。しかし、着陸時に必ずしもこの条件があるとはかぎらない。海上、砂地、草原、荒地、田畑への不時着など様々な情況が想定される。このような場合、車輪はかえって邪魔になる。海水や草または地上の凸凹に車輪が引っかかって、頭からひっくりかえる危険がある。胴体着陸の方が安全である。だから車輪の脱落は合理的である。車輪がないからと言って、生還を期さない特攻専用機であると断定するのは間違いである、と苗村七郎は言う。

雑誌『丸』（潮書房　平成一〇年七月別冊）には、当時、陸軍航空審査部員であった荒蒔義次（中佐）の「特攻専用『剣』開発物語」と題する転載記事（昭和五二年四月号）がある。これは青木邦弘のいう『剣』用兵側（陸軍）の記事である。それによると一九四五年当時、中島航空機が自主的に小型水平爆撃機を開発しようとしていたところ、陸軍から中島飛行機に特攻専用機の試作指示があり、それが『剣』の開発に繋がったとしている。荒蒔義次の説からも、『剣』は陸軍の用兵上で特攻専用に転用されたと考えられる。荒蒔は続けて、中島飛行機の技術陣は、「それこそ特攻精神をもって、キ－一一五（『剣』－引用者注）の設計を昼夜不眠ではじめた」としている。「中島飛行機のあれだけの人材があつまって、しかももっとも手馴れたともいうべき飛行機をつくったのであるから、けっして失敗作ではなかったはずである」。そして、記事の結論は、「そしてできれば、キ－一一五の利点をひきだしてやりたかったと、いまでもおもうのである」としている。記事全体の印象は、『剣』開発の苦労話とも自慢話とも、また「不出世」におわった不満ともつかない内容となっている。

ところで、青木邦弘は『剣』の設計は風洞実験と荷重倍数実験を省略したとしている。風洞実験とは、大小の模型をつくり、風洞内で機体に流れる気流を測定するものである。飛行機の性能と安全測定に欠かせない実験である。荷重倍数実験とは、実物の機体に各種の荷重を掛けて、機体の強度を測定するといった、これも機体設計上の基本である。いかなる飛行機も、これらの基本測定を通過して設計され実用に供される。しかし、青木によると、この基本は『剣』では施されていない。まさしく基礎を省いた「手抜き」工事である。青木は、自著のなかで、「それは決して技術の低下を狙ったものでなく、省略の限界を狙ったものであった」。さらに「そんな中にあって、仮にも剣《つるぎ》は高速で飛行機である。当時の日本としては、最高のぜいたく品であったといえるのではなかろうか」。そして自著の最後には、「このメモを読まれてどう解釈されるかは、読者それぞれの判断にお委せするしかない」としている。当時の灰神楽のような状況にあって、この一言は技術者としての焦りと憂いがない交ぜになった苦悩と解釈したい。青木は言う。

> 一群の若い技術者たちが、自分たちのもっている唯一の能力を振り絞って必死になって最後の飛行機を設計した。そこには特攻機などという考えは入り込む余地はまったくなかった。

ところで、若い技術者が必死に造った『剣』の翼面荷重（機体自重kgを翼面積m²で割った数値）は二一二kg／㎡である。この数値は日本軍機の中でも最大級に高い数値であり、高速の戦闘機並みである。要するに、翼面積のわりに重量が重いということである。ベテランの空中勤務者でも、『剣』の操縦は相当に難しかったと推測する。『剣』は性能と安全をまったく度外視したもので、ただ単純に地上から離陸さえすればよいといった代物であった。そして基本の設計を欠落した『剣』は、離陸さえもおぼつかないものであった。特攻専用機であったかどうかはともかく、『剣』は明らかに技術の後退である。

日本陸軍は、この『剣』以外に、文字通りの特攻専用機を作っている。『タ号』である。先述の『剣』のエンジンは『ハ－一一五』、戦闘機用の一〇〇〇馬力エンジンの搭載であった。

ところが、この『タ号』は小型機用五〇〇馬力エンジンと一一〇馬力エンジン搭載の二機種が計画された。最大時速は、推測ではあるが、五〇〇馬力搭載で時速三〇〇㎞／H、一一〇馬力搭載で時速一五〇㎞／Hと推測する。いずれにしても、戦闘能力はゼロに等しい。写真に残る『タ号』の機体も角張った「凧」といった感じである。骨格は木製、外皮は布張であった。大型の模型飛行機、もしくはエンジン付きの凧といった体である。およそ人間の乗る代物ではない。

この時期、日本軍用機の技術はひとつの頂点に達していたことはすでに記した。一群の試作機は、今日に残る写真からもその技術の高さは推測できるし、工作の程度も相当にしっかりしている。灰神楽の混沌とした時期にあって、これはひとつの奇跡と言ってよい。

しかし、その一方で『タ号』があった。技術の進歩と同時に技術の後退も進行していた。

『タ号』は陸軍航空技術研究所の水山嘉之（当時技術大尉）が発案したという。次頁写真（上）の『タ号』は立川飛行機製で、『日立ハ－一三甲』エンジン五〇〇馬力搭載である。機体の割に大きな車輪がついているが、五〇〇キロ爆弾搭載を計画していたことから、これを支えるには大きな車輪が必要であったと推測する。この車輪は離陸後は脱落式となっていたようだ。構造は木製布張である。

一方、写真（下）の『タ号』は、大阪に本社のあった日本国際航空工業製で、『初風』エンジン一一〇馬力搭載の試作機である。

航空雑誌『エアーワールド』誌（昭和五二年二月号）に、『タ号』発案者である水山嘉之自身による「本土決戦用特攻機〝タ号〟の思い出」と題する記事が載っている。

水山嘉之は記事の中で、当時の灰神楽の様相の中にあって、夢まぼろしの高性能の新鋭機開発に奔走する陸軍中枢を批判する。出来るか出来ないか分からない贅沢な戦闘機や襲撃機、そして爆撃機の開発よりも、すぐに実戦に役立つ飛行機が必要である。また資材の乏しい状況で、誰にでもどこでも作れる木製の簡単な飛行機が必要であったとしている。考え方としては合理的である。しかし、その結果が特攻専用機『タ号』である。

とにかく水山嘉之は、陸軍中枢の安穏とした夢まぼろしの新鋭機開発に腹を立てている。今すぐに国家に役に立つ飛行機が必要だとしている。その「憂国の士」の志の結末が『タ号』である。その志に呼応したのが立川飛行機と日本国際航空であったとしている。

『日立ハ一一三甲』エンジン五〇〇馬力搭載の立川飛行機の『タ号』は、関東での本土決戦特攻兵器である。それでは西日本はどうなるか。そこで水山嘉之は大阪に赴き、大阪に本社のあった日本国際航空に関西本土決戦特攻兵器の設計製造を依頼している。『タ号』に二種類あった理由はここにある。製造拠点を東西に分離している。考え方としては合理的である。

水山嘉之の記事は、ひとつの証言として貴重である。この『タ号』こそ、まさに水山嘉之の言うとおり国難に直面した「憂国の士」の志であったことは事実であろう。記事は特攻研究の貴重な資料となっている。このことは尊重したい。時間がそれ程までに切迫していたということだ。ひとりの技術者としての焦りが伝わってくる。そのことを踏まえたうえで、水山嘉之の記事の中にある矛盾に触れておきたい。

その矛盾とは、水山嘉之が飛行機の専門家なら、五〇〇馬力から一五〇馬力程度のエンジンを搭載し、時速もせいぜい三〇〇km／H前後か一五〇キロkm／H程度（いずれも筆者推測）の飛行機で特攻が出来ると本気で考えていたのであろうかという疑問である。記事によると、水山嘉之はその当時の米軍戦闘機の性能や工作程度の良さ、また内装や艤装の充実に驚愕している。そして、それとは比較にならない日本軍機の脆弱性を知悉《ちしつ》している。米軍機の優秀性と日本軍機の欠陥性に対するしっかりとした科学的認識をもっている。しかしながら、その結果が『タ号』の発案とは余りにも荒唐無稽の感がある。米軍の戦闘機の邀撃《ようげき》に『タ号』が耐えたかどうかは、技術者で航空知識の十分あった水山嘉之には、一目瞭然であったはずだ。重量感のある米軍機の風圧だけで『タ号』は墜ちたかもしれない。

また、水山嘉之は『タ号』に搭乗して出撃していく特攻隊員に思いを馳せたであろうか。水山嘉之は、記事のなかで特攻隊員を「気の毒の限りである」、また「これを本当に使うようになったら大変だ。使わないですむように祈った」としている。そして最後に「われわれのやったことが果たしてよかったか、悪かったか」としながらも、「できる限りの努力はしたという満足感だけが後に残る。これこそ本当の男の涙ではないか」と締めくくっている。『タ号』は技術者の科学的認識と判断の結果として生まれたというよりも、「憂国の士」による「満足感」と「男」の「涙」で生まれたと言っている。

写真を見る限り、『タ号』がプロフェッショナルな仕事の結果とはとても考えられない。木と布と五〇〇馬力や一一〇馬力エンジンの超小型機で、本気に戦ができると考えたのであろうか。『タ号』は明らかに技術の後退である。

ところで、『タ号』命名の由来は水山嘉之によると「竹槍」だそうだ。竹槍の頭文字の「タ」である。竹槍で戦争をするの意である。水山嘉之は、『本土決戦用特攻機〃タ号〃の思い出』の記事の中で、「竹槍を準備せよという噂には、驚くというより、上官の命令に黙って従うわけにはいかない」として、軍中央の「竹槍思想」を批判している。ところが、その同じ記事の中で。『タ号』の命名は竹槍から採ったとしている。

『タ号』には空しさだけが漂っている。遠い世界の悪夢を見ているようだ。ところで、『剣』も『タ号』も実戦では使用されていない。これが何よりの救いである。

終章――寡黙な人々（おわりにかえて）

終章にあたって、陸軍航空特攻の「無言の証言」について触れておきたい。特攻隊員が残した遺書や、特攻から生還した人たちの証言、そして特攻隊を見送った人々の日記など、陸軍航空特攻を今日に伝える資料は結構に多い。しかし、一方では陸軍航空特攻をも含めた航空特攻の特徴のひとつに、特攻関係者の「寡黙」があると筆者は感じている。特攻に関係した多くの人たちの口は硬く閉ざされており、今もって開いていない。いったん閉ざされた口が、再び開かれることは恐らくないであろう。口を閉ざすほどに、また閉ざさねばならないほどに特攻は、これらの人たちにとって峻烈な癒《いや》し難い体験であったようだ。

忘れたい、しかし、忘れることができない。ただただ寡黙であり続けることにより、特攻の辛い記憶から逃れたいと訴えているかのようだ。戦友が死んだ「痛恨」、自分が生還し生存していることの「自責」、統帥への「悲憤」、そして意に反して敗戦を過ごす「屈折」、その時に戦友と共に死ねば全て解決するはずの自己が、現在に在ることの「贖罪《しょくざい》」。これらのことが人々の心の奥底に沈殿しているかのようだ。とにかく言葉では言い表わすことの出来ない、深い傷が今も癒されずに疼《うず》き続けているかのようだ。筆者はこの特攻関係者の寡黙を「無言の証言」と言いたい。

第六六振武隊にM少尉とS少尉がいた。隊長は後藤光春で、「完全ナル飛行機デ出撃致シ度イ」の遺書を残し、一九四五年五月二五日に出撃戦死している。このことはすでに述べた。第六六振武隊のM少尉とS少尉は、状況は詳《つまび》らかではないが特攻から生存している。

後藤光春の実弟である後藤慶生は、敗戦後も五〇年を経た一九九四年にM元少尉を探し当てている。手紙での連絡では、M元少尉からの応答はなかったという。そこで第三者を介して連絡をとったところ、その返事は「〈当時、知覧にも万世にも不在であった、尚且つ忘却した〉と一種の証言拒否ともうけとめられる返事で釈然とせず、歯切れの悪いお返事で」（後藤慶生『流星一瞬の人生　後藤光春の実録』前掲）あったとしている。もし、このMが当該の人であれば、この返事の内容は明らかに虚偽である。

後藤慶生は、このM元少尉の行為を「証言拒否」と受け止めている。そしてM元少尉のこの行為を、「釈然としない」「歯切れが悪い」としている。たしかにそうであろう。しかし、ひるがえって考えれば、M元少尉にもそうせざるを得ない何かが今も疼《うず》いているのであろう。隊長の後藤光春は戦死し、自分が生存した。この生と死の境界線に、M元少尉は今以て呪縛《じゅばく》されているのではないかと筆者は考える。M元少尉の「証言拒否」、これも寡黙の一つの表われであると考える。

後藤光春は出撃直前に多くの遺書を残しているが、その中の一通に奇妙な遺書がある。自分の墓をデザインしているのである。「石ハ重イ依ッテ木製ヲ依頼ス」としたうえで、三本の木の墓標を書いている。真ん中が自分自身の「後藤光春之墓」、その向かって左は「荒川英徳の墓」、そして右に「S之墓（本名が記されているが本稿ではSとする―引用者注）」としている。荒川英徳（特操出身　二五歳）は、後藤光春より三週間前の五月四日に出撃戦死している。一方、Sは生存している。後藤慶生はこのS元少尉も探しあてている。察するに、このS元少尉も電話と手紙との簡単な事務的な往復で面談は出来ていないようだ。

高木俊朗『特攻基地知覧』に河崎広光が登場する。第三〇振武隊の生還者である。この人の名は、前田笙子『日記』にも、「河崎伍長さん」としてたびたび登場する。一九四五年四月一日に出撃したが、雲に遮《さえぎ》られ生還している。その後、河崎広光は黄疸が激しくなり出撃していない。そして敗戦を迎え、特攻から生還した。

高木俊朗『特攻基地知覧』（前掲）は、河崎広光の重い閉ざされた口が徐々に開いていくことから物語が始まって行く。河崎広光は、敗戦から一年後に知覧を訪ねている。そして元知覧高等女学校なでしこ部隊の女性たちと会っている。なつかしい面会であるはずであった。「だが、意外なほど、話がはずまなかった。女学生たちは言葉すくなに返事をし、岩脇（岩脇ヨシ子―引用者注）先生はひかえ目にしていた。話はとぎれがちになり、座の空気は沈むばかりだった。（略）〈河崎は平気な顔で生き残り、よくここまでこられたものだ〉と思っているように感じた」と、高木俊朗『特攻基地知覧』（前掲）は記す。敗戦翌年のことである。元特攻隊員の来訪に、女学生の側に戸惑いもあったのであろう。この戸惑いが人をして寡黙にする場合もある。そして、この人たちを寡黙にするほどに知覧の特攻は峻烈な体験であったと考える。

前述の岩脇ヨシ子先生は、知覧高等女学校の裁縫の先生であった。知覧高女なでしこ部隊の引率者である。この人も生徒たちと一緒に知覧基地で多くの特攻隊員を見送っているはずである。この人が第六九振武隊員本島桂一（特操出身　四月一六日戦死　二二歳）の遺書末尾に添え書きをしている。佐藤早苗『特攻の町知覧』（前掲）と、なでしこ会編『知覧特攻基地』（前掲）より引用させていただく。

　　国の為南海華と散り行きぬ

我も続かん大和男子に
豊玉の宮居の桜に魂を秘めて
ともに沈めん憎き米英を

私共も教えるとともに最期まで頑張ります。勝ち抜くまでは倒れても職務に邁進します。南の基地、此の知覧の守り神豊玉の御神も皆様方の轟沈を御照覧下さる事を信じます。
十五時三十分、はるか南海の地を拝み御成功を御祈り致します。知覧高女　岩脇ヨシ子

文面には、岩脇ヨシ子の特攻精神と殉国精神が溢れている。女性ではあるが、気持ちは特攻隊そのものである。本島の死を悲しんではいない。むしろ激励している。佐藤早苗は、「本島が遺書を書いて出撃、成就の後、遺品と遺書が実家に送られるまでの間に、どういう経過をたどって添え書きがなされたものか、それは定かでない。しかし、確かに宮脇《ママ》ヨシ子（岩脇の誤植か—引用者注）が、本島の遺書を読んでから書き添えたことは確かである」としている。さらに「宮脇《ママ》ヨシ子先生は、知覧にいまも御健在だと聞き、確認しようと何度も試みたがはたせなかった」としている。

佐藤早苗のこの文章からは、岩脇ヨシ子は敗戦後には誰にも証言はしていないようだ。多分、知覧在居なのであろう。しかし、それすらも知られたくないふうであるようにも受けとられる。敗戦も五〇年以上を経てこの状況である。特攻の体験がこの人にとってもどれほどの悔恨かを痛烈に物語っている。

ベルナール・ミロ『神風』（前掲）の日本語翻訳者である内藤一郎も、戦時中は航空特攻に深くかかわっていたようだ。それ故に同著の日本語翻訳の依頼を、再三に断わり続けている。その理由を同著の「訳者後記」につぎのように記している。引用させていただく。

学友や同僚の数人を特攻に散華させた同年代の一人として、また現実に多数の特攻出撃をこの眼で見送り、さらにこの手で特攻兵器の試作や製造にたずさわった者の一人として、訳者にとって特攻出撃はあまりにも厳粛な事実であり、終生片ときもそれから想念をそらしてはならぬことで、深く自省するとともに、それの教えてくれたものを体してゆかねばならぬ身として、彼等特攻隊員の物語を易々と公刊するなどということは、到底考えられぬことであった。ものごとについて記述され、それが読まれるということは、そこにたとえどんな些末な程度にせよ、誤解が二重に混入してくる可能性をもつ。いやしくもこと特攻に関するかぎり、誤解は冒瀆であり、その何ものにも増して尊い我々に対する教訓をゆがめることになると恐れたからである。

ここにも、ひとつの「寡黙」がある。ところで、内藤一郎が自己の意志をひるがえして翻訳を引き受けたきっかけは、あるテレビ番組で、特攻隊員を「この世で最もぶざまな死に方です」とする「市民反戦指導者」を自称するひとりの青年の「軽薄な態度」であったとしている。

陸軍航空特攻からの生還者あるいは生存者は案外と多いはずである。ここで簡単な計算をしてみたい。沖縄戦で出撃した多くの陸軍航空特攻隊のうち、「振武隊」を冠する部隊の出撃は全部で七七部隊となっている。各部隊は中隊編成であったことから、隊員は一部隊あたり一二名前後となり、全員で九二四名程度と推測する。この人たちが特攻出撃命令を受け、実際に出撃している。

ところで、筆者の集計によると、この九二四名のうち六四三名の人たちが特攻戦死している。この人たちの戦死記録は今日に残されている。ということは、残り二八一名は特攻からは生還していることになる。現実に出撃命令が出され、そして出撃した部隊であっても約三〇％の人たちは特攻からは生還したことになる。

つぎに「誠隊」を冠する特攻部隊を抽出すると、出撃は二〇部隊であることから、隊員は二四〇名程度と推測する。これらの人々が現実に出撃している。しかし、そのうち特攻戦死として記録されている人は一四四名である。残り九六名、すなわち四〇％の人たちは生還していることになる。

さらに、その時点での陸軍航空特攻隊は、後方基地で錬成中の部隊や、編成命令が出されて前進待機中の部隊、また、前進基地での出撃命令待機中の部隊など、相当の数になっていたものと推測される。筆者はこれらの待機中に敗戦を迎えた特攻隊員は、戦死した人たちよりも遥かに多いと考えている。

この人たちも、当然に生と死の間の烈しい苦悶があったはずだ。そして出撃のないままに生存したことになる。当然にこの人たちの証言があっていいはずである。しかし、証言は案外と少ない。否皆無といってよい。当時は死ぬことが「生き様」であった。故に生還者には生きていることへの耐えがたい自責と痛恨だけが残った。そして、このことが多くの人たちを寡黙にした。この寡黙、すなわち「無言の証言」こそが、陸軍航空特攻を含む全ての特攻の、ひとつの実像であると考える。

筆者は本稿を草するにあたり、ひとつの気がかりがある。それは、本稿の饒舌《じょうぜつ》が寡黙を守るこれらの多くの人たちへの冒瀆《ぼうとく》とならないかという心配である。そのことを恐れる。

さて、本稿を終えるにあたって、陸軍航空特攻隊員の遺書二通を紹介する。

沖山富士雄の遺書。陸軍第六一振武隊、少年飛行兵出身、一九四五年五月一一日出撃戦死、享年一八歳。

父上様、二十年の間色々と有りが度う御ざいました。子として何も出来ず申訳ありません。之れのみ心のこりで御ざいます。然し今度の任務こそは必ずや親孝行の一端と存じます。決して驚かないでください。特攻隊員として出撃するも名誉実に大であります。日本国民として二十年実に生き甲斐がありました。体当たりして遺骨これなくとも遺髪を残してをります故、部隊の方から送付して下さる事と思ひます。親兄弟よりお先に逝きます事を御許し下さい。では家の事はくれぐれもおたのみ致します。お祖母さまに会へないのが残念。
では最後に村の皆さまにくれぐれも頼みます。私の墓場は家の者全部の所にして下さい。御健勝と御奮励を祈ります。此の便りが着くころは世にはいないものと想って下さい。

（神坂次郎『今日われ生きてあり』前掲）

何の気負いもない淡々とした遺書である。

枝幹二（少尉）の遺書。陸軍第一六五振武隊、早稲田大学出身、特別操縦見習士官出身、一九四五年六月六日出撃戦死、享年二二歳。
この人の遺書は四百字詰め原稿用紙に書かれており、内容的には三つの部分から構成されている。書かれた日も三日間にわたっているようだ。後方基地で書かれたと推測する前半部分は省略する。引用するに当たり、知覧特攻平和会館から多大の協力を得たことを感謝する。

（前半は略）
あんまり緑が美しい
今日これから

死にに行くことすら
忘れてしまひさうだ。
真青な空
ぽかんと浮ぶ白い雲
六月の知覧は
もうセミの声がして
夏をおもわせる。
　　作戦命令を待ってゐる間に　六・五

小鳥の声がたのしさう
俺もこんどは
小鳥になるよ
日のあたる草の上に
ねころんで
杉本がこんなことを云ってゐる
　笑わせるな
　　　　　　六・五

本日一三、三五分
いよいよ知ランを離陸する
なつかしの

祖国よ
　さらば
使いなれた
万年筆をかたみに
　　送ります。

何とも名状し難い内容である。「あんまり緑が美しい」の一言に、自己の置かれた立場を凝視しているかのようだ。また、「ぽかんと浮ぶ白い雲」に、この人の達観がひしと伝わってくる。

特攻は日本の歴史の中では負の歴史である。だから、今日でも大きな歴史的な位置はない。それはそれでよい。特攻隊員の残した遺書も特攻と戦争のすべてを語っているわけではない。遺書は決して饒舌《じょうぜつ》ではない。むしろ控えめだ。また、何も語らず一片の遺書をも残さず飛んでいった特攻隊員も多い。彼ら自身がすでに負の歴史の主人公であることを悟っていたかのように、ただただ寡黙に従容《しょうよう》として死地に赴いた。

一体にこの人たちは何を想い、何を見つめて特攻機上の人となったのか。この人たちにとって特攻とは何であったのか。

陸軍航空特攻隊員の上原良司は、「日本の自由独立の為、喜んで命を捧げます」と遺書の一行にしたためている。

陸軍航空特攻から生還した松浦喜一は、特攻は「生命の愛」「愛するものの祈り」と証言している。

朝鮮人特攻隊員の朴東薫（大河正明）は、朝鮮人の「肝っ玉」のため、朝鮮人としての誇りをもって出撃したと、同胞の飯尾憲士は推測する。

多くの特攻隊員は、愛する者のために、美しい日本のために、そして、日本の再生と将来のために、また、朝鮮人特攻隊員は祖国朝鮮の未来と朝鮮人としての誇りのために、そこにこそ死ぬ意味を、そこにこそ特攻の意義を見出したのではないだろうか。その確信があればこそ、特攻が志願であれ命令であれ、出撃の時が笑顔であれ泣き顔であれ、従容として出撃できたのではないだろうか。

この人たちの残した遺書からも、ひとりひとりの特攻隊員の無類の「献身」と「純朴」を感じる。もともとそういう人が特攻隊員となったのか、それとも特攻隊員の故にそうなったのか、おそらくは両方であろう。自分を犠牲にし、家族のため、愛する者のため、そして自分たちの国家や祖国の未来のために自らの命を惜しげもなく引き換えにするといった、健気《けなげ》と真心《まごころ》が確かにそこには生きづいている。これほどまでの無私無欲が、果たして日本の歴史にどれほど多くあったであろうか。

ひとりの高名な政治家や高僧、あるいは一群の武士団による自己犠牲は確かにあった。そして、そのことは歴史に刻み込まれている。しかし、無名で、その後も名を残すことなく、歴史として決して顧《かえり》みられることもなく、これほどに多くの若い人たちによる無私無欲の自己犠牲が、果たして過去にどれほどあったであろうか。特攻そのものの是非はともかく、このような一群の若い人が存在したという事実は認められるべきであろう。このことは特攻を顕彰することではない。その時代の、その刹那に生きた人々のひとつの事実としての認識である。

最後に、本稿冒頭に記した、ひとりの特攻隊員の遺書全文を紹介する。父母宛ての遺書である。知覧特攻平和会館の展示資料から引用させていただく。

今更改めて書くこともありません。又　書けません

一、不孝者たりしことを御詫びします
一、先だつ不孝を御許し下さい
一、〇〇（実名は略す―引用者注）は必ず成功致します
一、皆様仲良く御元気で御過し下さい
一、元気で命中に参ります
父母に捧ぐ
たらちねの
老の心は
知られども
征かしめ給え
大和男の子を
不孝者たりし子

（知覧特攻平和会館展示資料より）

親に先立つことは親不孝であるとしている。「不孝者たりし子」のひと言が、これを読む者の心に突き刺さる。そして、「征かしめ給え」と、その先立つ親不孝を詫びている。「元気で命中に参ります」の一言から、この人は死の直前まで身も心もすこぶる健康であったと推測する。陸軍特別操縦見習士官出身、一九四五年五月六日戦死、享年二二歳。合掌

【参考・出典文献】

相星雅子著『華のときが悲しみのとき　知覧特攻おばさん鳥浜トメ物語』高城書房　一九九八
青木邦弘著『中島戦闘機設計者の回想』光人社　一九九九
赤沢八重子『私記くちなしの花　ある女性の戦中・戦後史』光人社　一九九八
朝日新聞西部本社編『空のかなたに　特攻おばさんの回想』葦書房　平成五
ALBERT AXELL and HIDEAKI KASE『KAMIKAZE』Person Education　二〇〇二
防衛庁戦史室『戦史叢書』朝雲新聞社
文藝春秋社編『完本太平洋戦争』文藝春秋社　一九九一
文藝春秋社編『「文藝春秋」にみる昭和史　第一巻』一九八八
ベルナール・ミロ著／内藤一郎訳『神風』早川書房　昭和四七
知覧高女なでしこ会編『知覧特攻基地』話力総合研究所　平成四
知覧高女なでしこ会編『群青　知覧特攻基地より』高城書房出版　平成九
C・W・ニミッツ／E・B・ポッター著／実松譲／冨永謙吾訳『ニミッツの太平洋海戦史』恒文社　一九九三
土井全二郎著『歴史から消された兵士の記録』光人社　一九九七
デニス・ウォーナー／ペギー・ウォーナー著／妹尾作太男訳『ドキュメント神風　上下』時事通信社　昭和五七
デニス・ウォーナー／ペギー・ウォーナー著／妹尾作太郎訳『摑めなかった勝機　サボ島海戦五十年目の雪辱』光人社　一九九四
蝦名賢造『最後の特攻機　覆面の総指揮官　宇垣纏』中央公論新社　二〇〇〇
福山琢磨編『孫たちへの証言―戦争・それからの私たち』新風書房　平成四
藤良良亮著『特攻の実相　一七歳の海軍中尉が明かす』新風書房　平成五
藤根井和男編『歴史への招待二一　昭和編』日本放送協会　昭和五七
深堀道義著『特攻の真実　命令と献身と遺族の心』原書房　二〇〇一
源田實著『海軍航空隊始末記　戦闘編』文藝春秋社　昭和三七

源田實著『海軍航空隊始末記　戦闘編』文春文庫　一九九七
後藤弘著『征き死なん春の海　海軍飛行予備学生の日記』税務経理協会　平成六
後藤慶生著『改訂版　流星一瞬の人生　後藤光春の実録─総集編─』自家本　平成六
白鷗遺族会編『雲ながるる果てに　戦没海軍飛行予備学生の手記』河出書房　平成七
平義克己『我敵艦ニ突入ス』扶桑社　二〇〇二
広井忠男著『蛍になった特攻兵　宮川三郎物語』日本海企画社　平成八
林茂著『日本の歴史　太平洋戦争』中公文庫　一九九二
飯尾憲士著『開聞岳』集英社文庫　一九八九
碇義朗著『紫電改の六機』光人社　一九九二
碇義朗著『戦闘機「飛燕」技術開発の戦い』光人社　一九九八
生田惇著『陸軍航空特別攻撃隊史』ビジネス社　昭和五三
猪口力平／中島正著『神風特別攻撃隊の記録』雪華社　昭和五九
J・ハーシー他著／西村健二訳『米軍兵士の太平洋戦争─最前線の戦闘』中央公論　一九九四
ジャネット妙禅デルポート著／服部省吾訳『関大尉を知っていますか』光人社　一九九七
鹿児島県知覧特攻平和会館編『陸軍特別攻撃隊員名簿　とこしえに』
蔭山慶一著『海軍飛行予備学生よもやま話』光人社　一九九七
加賀博子編『林市造遺稿集　日なり楯なり』櫂歌書房　一九九五
海軍飛行予備学生第十四期会編『あゝ同期の桜　かえらざる青春の手記』光人社　一九九五
甲斐克彦著『淵田美津男』光人社　一九九六
菊地乙夫／横山孝三著『陸軍少年飛行兵　特攻までの記録』三心堂出版　一九九五
カミカゼ刊行委員会編『写真集　カミカゼ陸・海軍特別攻撃隊』KKベストセラーズ　一九九七
姜徳相著『朝鮮人学徒出陣　もう一つのわだつみのこえ』岩波書店　一九九七
神坂次郎著『特攻隊員の声が聞こえる』PHP　一九九五
神坂次郎著『今日われ生きてあり』新潮文庫　平成五
桐原久著『特攻に散った朝鮮人　結城陸軍大尉「遺言の謎」』講談社　一九八八

工藤雪枝『特攻のレクイエム』中央公論新社　二〇〇一
草柳大蔵『特攻の思想〈大西瀧治郎伝〉』文藝春秋　昭和四七
毎日新聞社編／発行『一億人の昭和史三　太平洋戦争　死闘一三四七日』一九七六
松浦喜一著『昭和は遠く　生き残った特攻隊員の遺書』径書房　一九九四
三国雄大『高知海軍航空隊白菊特別攻撃隊』群青社　二〇〇一
三村文男著『神なき神風〈特攻〉五十年目の鎮魂』MBC二一　一九九七
村永薫編／著『知覧特別攻撃隊』ジャプラン　一九九一
三野正洋著『日本軍の小失敗の研究』光人社　一九九五
モデルアート七月号臨時増刊『陸軍特別攻撃隊増補版』一九九五
モデルアート一一月号臨時増刊『神風特別攻撃隊増補版』一九九五
森史朗著『敷島隊の五人　海軍大尉関行男の生涯』光人社　一九九五
森本忠夫著『特攻　外道の統率と人間の条件』文藝春秋社　一九九二
森本忠夫著『特攻　外道の統率と人間の条件』光人社NF文庫　一九九八
森本忠夫著『敗亡の戦略　山本五十六と真珠湾』東洋経済新聞社　一九九一
毛利恒之著『月光の夏』汐文社　一九九三
森岡清美著『決死の世代と遺書』新地書房　一九九一
森岡清美『若き特攻隊員と太平洋戦争』吉川弘文館　平成七
門司親徳『回想の大西瀧治郎』光人社　一九八九
苗村七郎著／編『陸軍最後の特攻基地　万世特攻隊員の遺書・遺影』東方出版　一九九三
日本戦没学生記念会編『新版きけわだつみのこえ』岩波文庫　一九九八
野沢正編『日本航空機総集I～VIII』出版協同社　一九五八～一九八〇
生出寿著『特攻長官　大西瀧治郎』徳間文庫　一九九三
御田重宝著『特攻』講談社文庫　一九九五
永末千里著『白菊特攻隊　還らざる若鷲たちへの鎮魂譜』光人社　一九九七
大濱徹也／小沢郁郎著／編『改訂版　帝国陸海軍辞

典』同成社　一九九五
大谷内一夫訳編『JAPANESE AIR POWER 米国戦略爆撃調査団報告』光人社　一九九六
小沢郁郎著『つらい事実　虚構の特攻隊神話』同成社　一九九五
島原落穂著『白い雲のかなたに　陸軍航空特別攻撃隊』童心社　一九九五
城山三郎『指揮官たちの特攻』新潮社　二〇〇一
写真集『報道写真の青春　名取洋之助と仲間たち』講談社　平成三
「丸」編集部編『日本軍用機写真総集』光人社　一九九七
佐藤早苗著『特攻の町知覧』光人社　一九九七
澤地久枝著『蒼海よ眠れ　二』毎日新聞社　昭和五九
戸部良一他著『失敗の本質　日本軍の組織論的研究』ダイヤモンド社　昭和六〇
角田和男著『修羅の翼　零戦特攻隊員の真情』今日の話題社　平成二
田口頌二著『陸軍航空整備兵物語　エースを支えた陰の主役たち』光人社　一九九六
特攻隊慰霊顕彰会編『特別攻撃隊』平成四
高木俊朗著『特攻基地知覧』角川文庫　平成七
高木俊朗著『陸軍航空特攻　上下』文藝春秋社　一九八三
宅嶋徳光著『くちなしの花　ある戦没学生の手記』光人社　一九九五
武田五郎著『回天特攻学徒隊員の記録　止むにやまれず破った五十年の沈黙』光文社　一九九七
豊田穣著『海軍軍令部』講談社文庫　一九九三
宇垣纒『戦藻録　宇垣纒日記』原書房　一九九四
わだつみ会編『学徒出陣』岩波書店　一九九六
山田盟子著『従軍慰安婦「兵備機密」にされた女たちの秘史』光人社　一九九七
柳田邦男『零式戦闘機』文春文庫　一九八三
靖国神社編『散華の心と鎮魂の誠』展転社　平成一一
安延多計夫著『あゝ神風特攻隊』光人社　一九九五
横田寛著『あゝ回天特攻隊　かえらざる青春の記録』光人社　一九九二
米田佐代子著『ある予科練の青春と死』花伝社　一九九五
柳原一徳著『「従軍慰安婦」と戦後五十年』藻川出版　一九九五
財団法人特攻隊戦没者慰霊平和祈念協会編『特攻隊員の日記』平成一二会報「特攻」別冊

雑誌『丸』潮書房　平成一〇年七月号別冊
雑誌『エアーワールド』エアーワールド　昭和五二年二月号
週刊『目録二〇世紀三』講談社　一九九九
『人口の動向　日本と世界　人口統計資料集』国立社会保障・人口問題研究所　平成一一
『最新日本地図』人文社　平成九

【映像資料】

小笠原基生企画　西村健治・内山隆治制作『日本軍用機集　陸軍編』一九九六　日本クラウン
小笠原基生企画　西村健治・内山隆治制作『日本軍用機集　海軍編』一九九六　日本クラウン
原勝洋監修『ドキュメント　特攻　前編』一九四四年記録　文藝春秋社
原勝洋監修『ドキュメント　特攻　後編』一九四五年記録　文藝春秋社
サンユーフィルムジャパン制作『世紀のドキュメント　神風特攻隊』日本クラウン
陸軍報道部監修『復刻版シリーズ　陸軍特別攻撃隊』昭和二〇年作品　日本クラウン
『海軍飛行予科練習生』一九九七　日本クラウン
『ドキュメンタリー　空の少年兵』一九四〇年記録　大映
『陸軍少年飛行兵』一九九七　日本クラウン
『太平洋戦史八』マイカルハミングバード
『太平洋戦史九』マイカルハミングバード
堀内真直監督作品『雲の墓標　空ゆかば』昭和三二年作品　松竹ホームビデオ
家城巳代治監督作品『雲ながるる果てに』昭和二八年作品　大映
佐々木康監督作品『乙女のゐる基地』昭和二〇年作品　松竹ホームビデオ
苗村七郎監修『陸軍最後の特攻基地　至純の心を子孫に』民芸閣
小畠敏・安田日出夫製作『日本かく戦えり』一九五六　大映
大城昇・新村広之作成　苗村七郎監修『遺書　神風特別攻撃隊』千早書房

【著者紹介】
今井健嗣（いまい・けんじ）
1944年、大阪市生まれ
1967年、関西学院大学・社会学部卒業
現在、　戦史「航空特攻史」研究者

『元気で命中に参ります』

2004年3月30日　第1刷発行

著　者　今井　健嗣
発行人　浜　　正史
発行所　株式会社　元就《げんしゅう》出版社
〒171-0022　東京都豊島区南池袋4-20-9
サンロードビル2F-B
電話　03-3986-7736　FAX　03-3987-2580
振替　00120-3-31078
装　幀　純谷　祥　一
印刷所　中央精版印刷株式会社

※乱丁本・落丁本はお取り替えいたします。

ISBN4-86106-003-6　C 0021

国境を越える旅
西ヨーロッパ

作家であり医師でもある著者が三回の欧州留学経験をもとに執筆した、ヨーロッパを知りたい人のためのガイドブック。15軒のミシュラン星付きレストランや、主な見所も掲載。

定価一八九〇円（税込）

日本図書館協会選定図書

内田正浩

ヨーロッパの田舎はこんなに楽しい！